Stephen Leeb | Gregory Dorsey

**Die gelbe Gefahr**

Stephen Leeb | Gregory Dorsey

# Die gelbe Gefahr

## Wie Chinas Gier nach Rohstoffen unseren Lebensstil gefährdet

FBV

Bibliografische Information der Deutschen Nationalbibliothek
Die Deutsche Nationalbibliothek verzeichnet diese Publikation in der Deutschen Nationalbibliografie; detaillierte bibliografische Daten sind im Internet über http://d-nb.de abrufbar.

Für Fragen und Anregungen:
leeb@finanzbuchverlag.de
dorsey@finanzbuchverlag.de

1. Auflage 2013


ein Imprint der Münchner Verlagsgruppe GmbH
Nymphenburger Straße 86
D-80636 München
Tel.: 089 651285-0
Fax: 089 652096


Die Originalausgabe erschien 2011 unter dem Titel »Red Alert – How China´s growing prosperity threatens the American way of life« bei Business Plus, Hachette Book Group, New York.
This edition published by arrangement with Grand Central Publishing, New York, NY, USA.


Übersetzung: Horst Fugger
Lektorat: Matthias Michel
Satz: Georg Stadler, München
Druck: CPI – Ebner & Spiegel, Ulm

ISBN Print 978-3-89879-703-0
ISBN E-Book (PDF) 978-3-86248-270-2

Weitere Informationen zum Verlag finden Sie unter
www.finanzbuchverlag.de
Beachten Sie auch unsere weiteren Verlage unter:
www.muenchner-verlagsgruppe.de

Für unsere Kinder und Enkelkinder Tim, Will, Cameron, Bridget und Erin

# Dank

Wie bei jedem Buch, an dem ich mitgearbeitet habe, spielte meine Frau Donna auch bei *Die gelbe Gefahr* eine wichtige Rolle. Donna leistete entscheidende Beiträge zur Ausrichtung des Buchs, zu Struktur und Inhalt der Einleitung und der ersten beiden Kapitel. Ein herzlicher Dank geht auch an Michael und Alexander Poukchanski. Michael ist seit mehr als zehn Jahren mein Schachlehrer und Freund. Sein enormes Wissen über Schach hat mein Verständnis der Begrenztheit der Computerintelligenz und der Grenzen der Technologie im Allgemeinen sehr gefördert. Michael und Alexander sind größtenteils für mein begrenztes, aber meiner Meinung nach wichtiges Verständnis Russlands verantwortlich. Besonderer Dank gilt Patrick DeSouza, dessen Ratschläge, als Kollege wie auch Freund, sehr wichtig für mich waren. Vielen Dank auch an Eveline Chao für ihre Informationen über das Alltagsleben in China.

Wir wollen auch unserem Agenten Al Zuckerman danken, der unser Projekt unermüdlich gefördert und Beiträge zu vielen Kapiteln geliefert hat. Zudem sind wir auch unserem Redakteur Rick Wolff sehr dankbar für seine Anleitung und seine durchdachten Kommentare, die dem Endprodukt ausgesprochen zugutekamen. Sehr zu schätzen wissen wir die Arbeit des gesamten Business Plus-Teams: Mari Okuda, Roland Ottewell, Meredith Haggerty und Jen Musico. Auch Genia Turanova, David Sandell, Scott Chan und andere Kollegen in der Leeb Group waren eine wichtige Quelle von Ermutigung und Ideen. Und wir danken Ray Holland, der ansonsten geheimnisvoll bleibende Charts leicht verständlich dargestellt hat.

# Inhalt

# Vorwort

Von dem preußischen Kanzler Otto von Bismarck ist der Satz überliefert, wonach ein Staatsmann ein Politiker sei, der an seine Enkel denkt. Dieser brillante Architekt der deutschen Einheit im 19. Jahrhundert besaß mit Sicherheit keinen tadellosen Charakter, aber er war ein außerordentlicher strategischer Denker – und in diesem Punkt lag er vollkommen richtig: Wahre Staatsführung ist mehr als eine taktische Übung; sie erfordert einen langfristigen Plan. Wir im Westen haben heute keinen Plan, wie wir die Ressourcen sichern oder entwickeln sollen, die das Lebensblut unseres Wohlstands sind, während man im Osten (und insbesondere in China) über einen solchen Plan verfügt. Diese Tatsache und ihre Folgen sind das wichtigste Thema von *Die gelbe Gefahr*.

Ich bin ein aufrichtiger Bewunderer von Stephen Leebs Arbeit und glaube, dass man die Thesen in *Die gelbe Gefahr* ernst nehmen muss. Und ich habe gute Gründe, die Leser dazu aufzufordern, dies ebenfalls zu tun. Aus meiner Sicht ist Stephen einer der besten Langfriststrategen seiner Generation. Und das ist keine bloße Schmeichelei. Einfach ausgedrückt, haben sowohl mein Verstand als auch meine Brieftasche von seinem Wissen profitiert. Seine Einsichten waren für mich ein wichtiger Bestandteil bei der Gründung nicht nur einer, sondern mehrerer erfolgreicher Firmen. Um es auf den Punkt zu bringen: Seine Ratschläge zur Entwicklungskurve von Silber, den Metallen der Platingruppe, Öl, Gas, Kupfer und den anderen Rohstoffen, auf denen ich meine Karriere aufgebaut habe, halfen mir dabei, Geld zu verdienen. In einigen Fällen hat er meine eigenen Überzeugungen bestärkt, zum Beispiel bei fossilen Brennstoffen und bei Gold. In anderen Fällen hat er mein Denken um ganz neue Dimensionen ergänzt, zum Beispiel bei Kupfer und vor kurzer Zeit auch bei Silber. Stephens Sichtweisen und sein Wissen waren unglaublich wertvoll, und ich hatte das Privileg, Zugang zu ihnen zu haben.

Das Außergewöhnliche an Stephen: Sosehr ich ihn auch für eine meiner Geheimwaffen halte, ist er doch überhaupt kein Geheimniskrämer. Er veröffentlicht einen hervorragenden Börsenbrief. Er tritt regelmäßig im Fernsehen und bei Anlegerkonferenzen auf. Und in diesem Buch hat er der Öffentlichkeit nichts von dem verschwiegen, das er mir zuvor im privaten Rahmen gesagt hatte.

Stephen hat schon früh an die Wachstumsgeschichte in Asien geglaubt und die Bezeichnung »Chindia« geprägt, lange bevor viele seiner Berufskollegen den Einfluss Indiens und Chinas auf die Rohstoffmärkte verstanden. *Die gelbe Gefahr* stellt neue Fragen zu diesem Thema. Man muss nicht nach übersinnlichen Erscheinungen suchen, um zu der Schlussfolgerung zu gelangen, dass vor allem die Chinesen begriffen haben, in welche Richtung sich die Welt bewegt, und dass das Land trotz großer politischer Herausforderungen (darunter die Unterschiede zwischen Stadt und Land und der schwierige Weg zu einem dauerhafteren politischen Gleichgewicht) und physischer Einschränkungen, die ihre Ambitionen behindern könnten (darunter Wasserknappheit und ein Mangel an fruchtbarem Ackerland), dazu bereit sind, alles Nötige zu tun, um in einem Zeitalter zu überleben, das sich durch hohe Ressourcenknappheit auszeichnen wird.

Die Chinesen verstehen nur zu gut, was ihre Strategen als Korrelation der Kräfte bezeichnen (was wir »Gleichgewicht der Macht« nennen). Sie haben gründlichst darüber nachgedacht, was sie brauchen, um an die Spitze zu kommen – und dort zu bleiben. Wie Stephen unermüdlich und gnadenlos darlegt, kommt der intellektuellen und finanziellen Bereitschaft der chinesischen Führung, sich auf den Kampf um Rohstoffe zu konzentrieren, umgekehrt proportional nur die Unfähigkeit der westlichen politischen Führer gleich, dasselbe zu tun.

Dass wir wenige bis gar keine Staatsmänner vom Format Bismarcks haben, ist nicht nur Pech, sondern systembedingt. Denn wir sind heute schlecht auf den strategischen Wettbewerb vorbereitet, in den wir verwickelt sind – und wir haben das Problem noch nicht einmal wirklich erkannt. Ich glaube, unsere politische Führung hat nicht die geringste Ahnung von der Dringlichkeit der meisten Themen, die Stephen in diesem Text anspricht. Daher befürchte ich, der uns bevorstehende Schock könnte dem Titel eines früheren Buches von Stephen entsprechen: *Game Over*, was den klassischen, optimistischen auf Wachstum fokussierten Ausblick betrifft, der zu den Grundlagen des amerikanischen Traums gehört. Für einen Forscher auf dem Gebiet des Eingehens von Risiken auf der Suche nach raren Rohstoffen, der aus diesem Grund auch ein unverbesserlicher Optimist ist, sind solche Prognosen eine neuartige Erfahrung. Diese Befürchtung beweist die Bedeutung und die Rechtzeitigkeit von *Die gelbe Gefahr*.

Ebenso wie Stephen sehe ich keine offensichtliche Lösung unserer Probleme. Abgesehen von den letzten 40 Jahren, in denen es immer einmal wieder zu Ölschocks kam, hatten die Amerikaner allein in den letzten zehn Jahren Chancen, das Richtige zu tun und »an ihre Enkelkinder zu denken«. Und wir haben diese Chancen im Rahmen eines Zweiparteienkonflikts ungenutzt gelassen. Das Trauma vom 11. September, die Finanzkrise, die zum American Recovery and Reinvestment Act von 2009 führte und, wie ich hinzufügen könnte, das Deepwater Horizon-Desaster im Golf von Mexiko waren Wendepunkte, an denen ein wahrer politischer Anführer eingegriffen hätte. Er hätte die öffentliche Meinung von einem massiven Förderprogramm überzeugen können, um in alternative Energien zu investieren, die es unserer Zivilisation ermöglicht hätten, sich von ihrer Abhängigkeit von Ölimporten zu befreien, neue Industrien zu schaffen und den Umweltschutz voranzutreiben. Im Gegensatz zu einem Frosch, der ja angeblich weiß, wann er aus immer heißer werdendem Wasser herausspringen muss, konnten selbst ganz offensichtliche Erschütterungen unserer Wirtschaft, unserer Politik und unserer Körperschaften die zum Überleben notwendigen Reflexe nicht auslösen.

Gleich nachdem ich den letzten Entwurf von *Die gelbe Gefahr* gelesen hatte, las ich ein anderes Buch von meinem Freund Jonathan Powell mit dem Titel *The New Machiavelli: How to Wield Power in the Modern World.* Es erwies sich als wertvolle Ergänzung zu Stephens Arbeit. Es gibt ein brillantes Zitat Machiavellis, das unsere Probleme sehr gut beschreibt:

*»Die Römer verhielten sich so, wie es alle weisen Herrscher tun sollten, die nicht nur ihre gegenwärtigen, sondern auch ihre zukünftigen Schwierigkeiten bedenken, vor denen sie sich mit aller Sorgfalt schützen mussten. Denn solche Probleme, wenn man sie sehr frühzeitig erkennt, sind leicht zu heilen. Doch wenn sie zum Ausbruch kommen, sind sie vielleicht schon unheilbar. Die Krankheit ist hoffnungslos geworden. Die Ärzte kennen das von der Schwindsucht. Anfangs ist sie leicht zu heilen, aber schwer zu diagnostizieren. Doch nach einer gewissen Zeit, wenn keine Behandlung erfolgt ist, kann man sie leicht erkennen, aber nicht mehr heilen.«*

Nach den Maßstäben von Konfuzius (»Ein Mann, der einen Fehler gemacht hat und ihn nicht korrigiert, macht einen weiteren Fehler«) sind die westlichen Politiker eine beklagenswerte Gruppe. Man könnte ihnen höchstens zugestehen, dass ihre Unfähigkeit allgemein bekannt ist, die Menschen auf die Zukunft vorzubereiten.

Wie es für ein abgeschlossenes Regime typisch ist, sind stichfeste Hinweise auf Chinas wahre Absichten schwer zu identifizieren. Sogar einige von Stephens Referenzen sind nicht eindeutig zu belegen. Aber natürlich ist es in vielerlei Hinsicht die Zusammenfügung der einzelnen Punkte zu einem derart überzeugenden Bild, die den dramatischen Beitrag Stephens zu unserem Verständnis eines der wichtigsten Themen unserer Generation deutlich illustriert.

Man muss Chinas totalitäres politisches System oder seinen pragmatischen Opportunismus nicht stillschweigend hinnehmen, um zu sehen, dass China die weltweite Rohstoffknappheit nicht verursacht hat. Zu ihren wichtigsten Ursachen gehört die mangelnde Exploration durch westliche Unternehmen. Hinzu kamen eine jahrzehntelange Baisse an den Rohstoffmärkten und die Nachlässigkeit einer politischen Klasse, die sorglos wurde, als sich die Ölschocks weniger stark bemerkbar machten. China zu beschuldigen ist also ungefähr so, als würde man demjenigen die Schuld geben, der als Letzter zu einer Party kommt und dann feststellt, dass die besten Häppchen schon vom Buffet verschwunden sind. Nachdem China dazu eingeladen wurde, an der Weltwirtschaft teilzunehmen und Wohlstand zu genießen, fühlte sich China ebenso berechtigt wie jedes andere Land, sich die nötigen Voraussetzungen für sein Wachstum zu sichern. Man kann nur anerkennen, dass China dies durch merkantilistische Praktiken tut statt durch reinen Kolonialismus, der den früheren Ressourcen-Imperialismus der westlichen Länder und Japans auszeichnete.

Natürlich werden sich Amerika und China einigen müssen. Albtraumhafte Bilder, in denen unsere Handelsflotten von chinesischen Geschossen versenkt werden, sollten wir besser durch Bilder gemeinsamer Patrouillen unserer Seestreitkräfte ersetzen, die Handelsrouten und die Freiheit der Seefahrt sichern. Tatsächlich ist es so: Je früher wir das Bild von China als »Feind« begraben, desto besser. Man muss weder ein Schwarzseher noch ein Utopist sein, um die Wirklichkeit zu verstehen. Wenn es nicht zu einer weltweiten Wirtschaftskrise kommt, die den globalen wirtschaftlichen Wettbewerb für die absehbare Zukunft völlig verändert und einen Rückschlag für die Weltwirtschaft bedeutet (besonders für China und Indien), muss gegenseitige Abhängigkeit notwendigerweise Zusammenarbeit bedeuten. Nicht zwangsläufig muss es zu Feindschaft kommen. Viscount Palmerston hat das im britischen Unterhaus am 1. März 1848 in Bezug auf seine eigene Regierung sehr treffend formuliert:

> *»Es ist eine engstirnige Politik anzunehmen, dass dies oder jenes Land der dauerhafte Verbündete oder der ewige Feind Englands sei. Wir haben keine dauerhaften Verbündeten und keine ewigen Feinde – unsere Interessen sind ewig, und es ist unsere Pflicht, diesen Interessen zu folgen.«*

China könnte unser Feind werden, wenn beide Länder einander keine anderen Wahlmöglichkeiten lassen. Aber eigentlich sollte das Wort »Wettbewerb« schon ausreichen, und das Wort »Zusammenarbeit« wäre optimal. Eines ist klar: Wenn wir aus unserem Tiefschlaf erwachen, könnte die Möglichkeit zur Zusammenarbeit schon vorbei sein, und unsere nationalen Interessen könnten China zu einem furchtbaren Gegner machen.

Wenn Historiker einmal die Ereignisse unserer Zeit schildern, ist es gut möglich, dass *Die gelbe Gefahr* eher als Prophezeiung denn als Finanzberatung gesehen wird. Meine Erfahrungen mit Stephens Prognosen sprechen jedenfalls dafür. Man wird abwarten müssen, ob die Menschen Stephen diesmal mehr Glauben schenken werden als bei früheren Gelegenheiten. Wenn wir uns ansehen, wie wenige von uns seine Prognosen unterschreiben würden, frage ich mich, ob es wirklich Ressourcenknappheit und soziale Unruhen erfordern wird, um uns zu »bekehren«. Anders ausgedrückt: Vielleicht brauchen wir ein paar Stromausfälle, um das Licht zu sehen. Daher sage ich den Lesern: Wenn Sie Stephens Warnungen in den Wind schlagen, tun Sie das auf eigene Gefahr.

*Thomas Kaplan*
*Chairman, Tigris Financial Group*

# Einleitung

Wenn in einigen Jahren Bücher geschrieben werden, die sich mit der historischen und wirtschaftlichen Entwicklung befassen, wird man als Gründe der zerstörerischen Wirtschaftskrise 2008/2009 solche Faktoren nennen, die bis heute kaum jemand erkannt hat. Man wird außerdem bemerken, dass diese Faktoren der amerikanischen Wirtschaft in den zehn Jahren vor der Rezession großen Schaden zugefügt haben. Und heute sind sie dabei, innerhalb weniger Jahre den Zustand unserer Welt radikal zu verändern.

Es ist allgemeine Ansicht, dass die Rezession von 2008 die schlimmste Finanzkatastrophe seit der Großen Depression war. In der Neuzeit ist die amerikanische Wirtschaft ihrer Auflösung niemals näher gekommen. Wir stimmen dieser Einschätzung zu. Schließlich fiel der S&P 500 von seinem Hoch Ende 2007 bis zu seinem Tief Anfang 2009 um mehr als 55 Prozent – der stärkste Rückgang seit den 1930er-Jahren.

Alle großen Banken waren auf staatliche Unterstützung angewiesen, und die Regierung wendete fast eine Billion Dollar auf, um die Implosion des Finanzsystems zu verhindern. Zwei von drei Autoherstellern – Ikonen der amerikanischen Wirtschaft – wurden insolvent und überlebten nur durch von den Steuerzahlern finanzierte Rettungsprogramme. Zwangsversteigerungen von Wohnhäusern erreichten ein Rekordniveau, während die Einkommen im Schnitt um 4 Prozent sanken. Das war der größte jährliche Rückgang seit der Großen Depression. Die Arbeitslosenzahl stieg.

Im Rahmen einer verzweifelten, wenn auch verspäteten Reaktion senkte die Federal Reserve für einen längeren Zeitraum die kurzfristigen Zinsen auf null. Und sie stützte das Bankensystem mit einer weiteren Billion Dollar, was sogar noch schockierender war.

Die monetäre Basis, der wichtigste Maßstab des umlaufenden Geldvermögens, verdoppelte sich innerhalb weniger als eines Jahres. Vor der Krise 2008 und 2009 lag der höchste Anstieg der monetären Basis bei etwa 35 Prozent.

Der Umfang dieses Absturzes ist allgemein bekannt, aber hinsichtlich seiner Ursachen bestehen massive Missverständnisse. Und daher herrscht größte Kurzsichtigkeit unter Ökonomen, Analysten, Regierungsbeamten und der Öffentlichkeit, was die nächste Zukunft betrifft. Es wird keine »Rückkehr zum üblichen Geschäft« geben, denn alles, was wir bislang erfahren haben, ist nur der Anfang dessen, was noch vor uns liegt – wenn wir nicht schnell, mutig und intelligent handeln, die Nebensächlichkeiten ignorieren und uns auf die wirklichen Bedrohungen konzentrieren. Dieses Buch will erklären, was das für Sie bedeutet. Man kann die Crux unseres Denkens in zwei Wörtern zusammenfassen:

*Rohstoffe und China.*

»Moment!«, hören wir Sie nun einwenden. »Warum ziehen Sie zur Erklärung der aktuellen Krise ausgerechnet Rohstoffe und China heran? Ist es etwa nicht bekannt, dass die Finanzkatastrophe das Ergebnis einer tödlichen Kombination hoher Verschuldungsniveaus war, an dem alle beteiligt waren – Konsumenten, Banken, Regierungen und laxe Gesetzgebung? Und bedeutet das nicht, dass die Zurückführung der Schulden und eine Gesetzgebung zur besseren Überwachung der Banken und anderer Finanzinstitutionen sowie der Schutz der Verbraucher uns vor einer Wiederholung einer solchen Katastrophe schützen können?«

Ja und nein. Hohe Verschuldung und mangelnde Aufsicht waren die unmittelbaren Auslöser des Debakels. Die Banken waren zu stark verschuldet, und auch die Verbraucher hatten im historischen Vergleich zu hohe Schulden. Und dann gab es natürlich noch die Wall Street, wo mit extremem Fremdkapitaleinsatz spekuliert wurde.

Was die Regulierung betrifft, hatte man der Wall Street einen Amoklauf gestattet. Sogar der frühere Fed-Chef Alan Greenspan, ein Zögling von Ayn Rand, gestand ein, dass die Finanzkrise ihn dazu gezwungen hatte, seine seit mehr als 60 Jahren bestehende Überzeugung abzulegen, am besten sei eine möglichst geringe Regulierung.

Daher erhalten wir jetzt nach der Krise eine Gesetzgebung, die darauf abzielt, die Verbraucher besser vor skrupellosen Kreditvergebern zu schützen und die Wall Street strenger zu regulieren. Zudem haben wir, zumindest zeitweise, eine kritischere Einstellung zu Krediten entwickelt.

Das sind auf ihrem jeweiligen Gebiet absolut gute Entwicklungen. Aber sie werden eine Wiederholung der Ereignisse von 2008 nicht verhindern. Die Wahrheit ist, dass wir uns immer noch auf einem Weg befinden, der, wenn schon nicht zu einem weiteren Finanzdebakel, so doch zumindest zu einem langen Rückgang des wirtschaftlichen Wohlstands und des Lebensstils in den USA führen wird. Wir werden ein klares Verständnis und eine Art kriegerische Einstellung benötigen, um uns von diesem Weg abzubringen und uns auf einen anderen Weg zu führen, der Hoffnung auf eine dynamischere wirtschaftliche Zukunft bietet.

---

Kehren wir also zurück zu den beiden Wörtern: China und Rohstoffe.

Wir müssen einen Blick zurück in die Vergangenheit werfen, wenn wir verstehen wollen, warum diese beiden Wörter so entscheidend sind, welche Rolle ihnen in der Rezession 2008 und 2009 zukam und was sie für die Hoffnung auf eine angemessene wirtschaftliche Zukunft bedeuten. Ein wichtiger Punkt ist die Feststellung, dass die Krise von 2008 und 2009 trotz ihrer Wucht keinen scharfen, unnormalen Abschwung der Wirtschaft bedeutete. Die damaligen Ereignisse waren nicht der erste Schlag, den die Amerikaner erlitten. Den Amerikanern ging es schon in den zehn Jahren vor der Katastrophe schlecht. Die Lage hatte sich bereits verschlechtert, und dabei waren Kräfte im Spiel, die der Wirtschaft schadeten und der amerikanischen Wirtschaft schwere Verwüstungen zufügten.

Erinnern Sie sich einmal an den Beginn des Jahrzehnts: Die Tech-Blase war geplatzt, Tech-Aktien befanden sich im freien Fall, und die Wirtschaft stand drei Monate vor der ersten Rezession seit Mitte der 1990er-Jahre. Als diese Rezession im März 2001 offiziell begann, verloren die Aktien, gemessen am Kurshoch, mehr als 20 Prozent an Wert. Zwischen März 2001 und den Terrorattacken vom 11. September fielen die Kurse um weitere 20 Prozent. Nach dem 11. September zogen die Politiker alle Bremsen an und die wirtschaftlichen Aktivitäten erreichten ihren Tiefpunkt. Das National Bureau of Economic Research erklärte später, dass die Rezession im November 2001 endete. Aber die Aktienkurse sanken weiter, wie man es noch nie gesehen hatte, und die Erholung begann erst im März 2003, mehr als 15 Monate nach dem Ende der Rezession.

Im historischen Vergleich begannen die Aktienkurse in der Regel vier bis sechs Monate vor dem Ende einer Rezession deutlich zu steigen. Es ist schon vorgekommen, dass Aktien und die Wirtschaft sich gleichzeitig erholten, aber eine Zeitverzögerung von 15 Monaten zwischen einem Aufschwung der Wirtschaft und einer neuen Aktienhausse hatte es noch nie gegeben. Nicht während der Großen Depression und nicht einmal nach dem Bürgerkrieg. Diese extreme Anomalie erfordert eine Erklärung.

Ein wichtiger Teil der Antwort hängt mit folgender Tatsache zusammen: Obwohl die Aktienkurse weiterhin sanken, entwickelte sich auf einem anderen Gebiet eine mächtige Hausse, nämlich bei den Rohstoffen. In den etwa 15 Monaten nach dem Ende der Rezession stieg zum Beispiel der Kupferpreis um 15 Prozent. Aber das waren noch Peanuts im Vergleich zu Öl. Dessen Preis ging um fast 100 Prozent auf fast 30 Dollar je Barrel hinauf. Breit gefasste Indizes industrieller Rohstoffe legten um fast 20 Prozent zu – eine Hausse nach jeder erdenklichen Definition. Daher lagen diejenigen falsch, die auf eine Hausse am Aktienmarkt spekulierten.

Während des gesamten Jahrzehnts, selbst nach der schließlichen Erholung der Aktienkurse, waren Rohstoffe die besten Investments. Von seinem Tief 2003 bis zu seinem Hoch 2007 stieg der S&P 500 um mehr als 85 Prozent. Unter Einberechnung der Dividenden waren es sogar mehr als 100 Prozent. Allerdings stieg der Kupferpreis im selben Zeitraum von etwa 70 Cent auf 4

Dollar. Der Ölpreis versechsfachte sich zwischen 2003 und 2008, und viele andere Industrierohstoffe erreichten vergleichbare Gewinne.

Sie sollten verstehen, dass der entscheidende Faktor für den Anstieg der Rohstoffpreise der scharfe Anstieg der Nachfrage aus den Entwicklungsländern war. Vor allem aus China, dessen Volkswirtschaft um etwa 10 Prozent pro Jahr gewachsen war. China und andere Entwicklungsländer hatten einen enormen Hunger auf Rohstoffe, und deshalb stiegen die Preise. Weil diese Länder so schnell wuchsen, konnten sie die steigenden Rohstoffpreise schultern, da diese Materialien zu weiterem Wachstum und zu Gewinnen führen würden. Für hoch entwickelte Länder wie die USA stellte sich die Situation hingegen völlig anders dar: Steigende Rohstoffpreise, verursacht nicht durch die eigene Nachfrage, sondern durch die Nachfrage aus anderen Ländern, führten zu wirtschaftlichen Problemen.

Für die entwickelte Welt waren steigende Rohstoffpreise die denkbar schlechtesten Nachrichten, weil sie einen Trend repräsentierten, der gleichzeitig deflationär und inflationär war. 2008 wirkten sich die höheren Rohstoffpreise auf die Inflationsraten aus. Weil die Inflation sowohl in den USA als auch in Europa anzog, dachten die Chefs der Zentralbanken darüber nach, die Kreditzügel anzuziehen. Tatsächlich erhöhte die Europäische Zentralbank die Zinsen knapp einen Monat nach dem Zusammenbruch von Lehman Brothers – was sich als erster Dominostein in einer katastrophalen Kettenreaktion erweisen sollte. Die Fed dachte fieberhaft darüber nach, denselben Fehler zu machen.

Man übersah damals, dass eine steigende Inflationsrate auch ein Zeichen dafür war, dass deflationäre Kräfte am Werk waren. Ja, höhere Benzinpreise waren inflationär, aber sie bedeuteten auch einen direkten Schlag auf die Brieftaschen der Verbraucher. Das Wirtschaftswachstum in den 2000er-Jahren, im Schnitt 1,8 Prozent, war das niedrigste seit den 1930er-Jahren – eine direkte Konsequenz der steigenden Rohstoffpreise.

Diese BIP-Daten sagen zwar einiges aus, stellen aber eine Abstraktion dar. Die statistische Kennzahl, die wirklich zeigt, wie schlecht dieses Jahrzehnt verlief, war der Rückgang des durchschnittlichen Familieneinkommens. Inflationsbereinigt lag es 1999/2000 bei 52.000 Dollar – der höchste Wert aller Zeiten. Bis 2005 sank es auf knapp über 50.000 Dollar, und das war der erste Rückgang über mehrere Jahre, seit diese Daten in den 1940er-Jahren erstmals erfasst wurden. Bis 2009 verblieb es auf diesem Niveau, ehe es auf etwa 48.000 Dollar fiel.

Dieser Rückgang aufgrund einer Wirtschaft, die wegen steigender Rohstoffpreise kaum noch wuchs, wäre für die Verbraucher schon schlimm genug gewesen. Aber steigende Rohstoffpreise führen auch noch zu einigen anderen Problemen, die den Verbrauchern in mancherlei Hinsicht Schaden zufügten. Von der Mitte bis zum Ende des Jahrzehnts stiegen die Energieausgaben der Haushalte von 4 Prozent des typischen Einkommens auf fast 10 Prozent. Und das waren nur die Energiekosten – die Preise anderer Rohstoffe erhöhten außerdem die Ausgaben für Haushaltsführung und Essen. Die steigenden Rohstoffpreise waren wie eine noch nie gesehene und vielfältige Steuer zu einer Zeit, als eben diese Rohstoffe das Wirtschaftswachstum einschränkten, was zu einem Rekordverlust an Einkommen führte!

Sie erklären ebenfalls die rekordhohen Schulden der Verbraucher, die beim Zusammenbruch 2008 und 2009 eine so große Rolle spielten: Die Verbraucher mussten sich verschulden, um wirtschaftlich zu überleben.

2008 konzentrierte sich die Fed allerdings auf die inflationären Auswirkungen steigender Rohstoffpreise – im Rückblick mit Sicherheit das geringere von zwei wirtschaftlichen Übeln. Sechs bis sieben Monate nach dem Beginn einer Rezession sollten die Zentralbanker die Leitzinsen bereits gesenkt haben, um die Wirtschaft anzukurbeln. Das Verschuldungsniveau war hoch, die Häuserpreise waren niedrig und mächtige deflationäre Kräfte waren am Werk – scharf ansteigende Rohstoffpreise. Daher lag es natürlich nahe, die Kreditzügel zu lockern. Allerdings blickte die Fed wie hypnotisiert auf die inflationäre Bedrohung, die sie in den steigenden Rohstoffpreisen zu erkennen glaubte, entschloss sich dazu, die Leitzinsen nicht zu senken, und verpasste so die Chance, einer erstickenden Volkswirtschaft Sauerstoff zuzuführen.

Wie man es auch betrachtet – steigende Rohstoffpreise waren der Auslöser der großen Rezession. Sie waren der Grund für das extrem niedrige Wachstum in diesem Jahrzehnt, für die sinkenden Einkommen und die hohe Verschuldung. Und sie waren verantwortlich für die Entscheidung der Fed, die Kreditzinsen mitten in einer Rezession nicht zu senken, was die Lage noch verschlimmerte. Und der Grund für die steigenden Rohstoffpreise war dieses gigantische, globale Wirtschaftsphänomen: China.

---

Verstehen Sie uns nicht falsch. Es liegt nicht in unserem Interesse, China als böse oder als unseren Todfeind zu beschreiben. China hat nicht den Wunsch, uns zu zerstören, sondern es will seinen eigenen Lebensstandard erhöhen, was für jede Regierung ein lobenswertes Ziel ist. Es hat keinen Sinn, China dafür zu dämonisieren, dass das Land seine eigenen ökonomischen Ziele verfolgt. Aber als disziplinierte und schnell wachsende wirtschaftliche Großmacht ist China eine massive Herausforderung für die USA und stellt eine bedeutende Bedrohung unseres wirtschaftlichen Wohlergehens dar. Und wir verfügen auch nur über ein begrenztes Zeitfenster, innerhalb dessen wir vernünftig auf diese Herausforderung reagieren können.

Es geht immer noch nur um Rohstoffe, aber die Hindernisse werden immer größer, weil Rohstoffe rar werden. Und wie wir in diesem Buch darlegen werden, hat unsere Zivilisation kaum Überlebenschancen, wenn sie sich nicht massive Vorräte an Rohstoffen sichert. Uns wird einfach die Energie ausgehen, die vom Zugang zu einer Vielzahl anderer Rohstoffe abhängt. China versteht das und geht entsprechend vor, indem es damit beginnt, alle Arten von Rohstoffen zu akkumulieren. Derzeit scheinen die USA keine Lösung für dieses Problem zu haben – trotz aller Schmerzen in den 2000er-Jahren.

Wenn man den Beginn von Chinas riesigem Einfluss auf die Rohstoffmärkte datieren müsste, dann würde dieser Zeitpunkt ironischerweise recht nahe am 11. September 2001 liegen. Seither haben wir die falschen Kämpfe auf den falschen Kriegsschauplätzen geführt.

Und obwohl wir China nicht dämonisieren, halten wir es für angemessen, die Herausforderung zu beschreiben, die es hinsichtlich eines Wirtschaftskriegs darstellt, denn um unseren Lebensstil und alles, was dazugehört, aufrechtzuerhalten, müssen wir uns – was Geld und Konzentration betrifft – zu einer Art »Krieg« verpflichten. Wir müssen das als Kampf um Leben und Tod betrachten – als Kampf, um uns die Ressourcen zu sichern, die uns in die Lage versetzen, die Umstellung unserer Wirtschaft auf erneuerbare Energien vorzunehmen. Nur das wird uns in den nächsten Jahrzehnten und darüber hinaus am Leben erhalten.

Derzeit sieht es nicht so aus, als könnten wir diesen Krieg gewinnen – weil die Amerikaner nicht einmal wissen, dass wir ihn führen sollten. Aber wir hoffen, dass dieses Buch dazu beitragen wird, das zu ändern. Das vergangene Jahrzehnt hat gezeigt, welche Folgen es hat, wenn man diesen Krieg verliert. Aber wenn sich die Amerikaner in die richtige Richtung bewegen, gibt es unserer Meinung nach immer noch Hoffnung auf eine bessere Zukunft.

---

Wir zögern, Prognosen abzugeben oder zeitliche Vorgaben zu entwerfen, wie und wie schnell sich die Ereignisse entwickeln werden. Es gibt einfach zu viele Faktoren, die beeinflussen könnten, wie unsere Welt in zehn oder 20 Jahren aussehen wird. Dennoch sind wir überzeugt davon, dass Amerika ohne einen unvorhersehbaren technologischen Durchbruch mit Problemen konfrontiert sein wird, gegen die alle schwierigen Zeiten, die wir je erlebt haben, wie ein Spaziergang im Park aussehen werden. Leider kennen wir keine realisierbaren Patentlösungen für dieses Problem.

Sollte sich in der Zwischenzeit Chinas Wachstum ungebremst fortsetzen, wird sein exponentiell wachsender Verbrauch begrenzter natürlicher Ressourcen zu einer dramatischen Verschlechterung des materiellen Wohlergehens der USA führen, weil alle unsere Konsumgüter teurer werden. Das würde wahrscheinlich sogar dann passieren, wenn Amerika seine Produktion alternativer Energien ernsthaft ausbaut und Billionen von Dollar mit derselben Dringlichkeit in diese Aufgabe investiert, als würde es einen Weltkrieg führen.

Wenn wir auf unserem aktuellen Kurs bleiben und wenig unternehmen, um die aktuellen Probleme zu bekämpfen, müssen wir mit schwerwiegenden

Veränderungen und einem irreparablen Absinken unseres Nationaleinkommens rechnen – der Lebensstandard unserer Kinder wird erheblich niedriger sein als unserer.

Wir werden in eine lange Phase des wirtschaftlichen Niedergangs eintreten. Die erzwungene Ära ungewöhnlich ausgeprägter Genügsamkeit aufgrund der steigenden Lebenshaltungskosten wird zu einem dramatischen Rückgang des Dienstleistungssektors führen (der aktuell 70 Prozent der Volkswirtschaft ausmacht), zu chronisch hoher struktureller Arbeitslosigkeit und möglicherweise zu weitaus mehr Kriminalität, weil verzweifelte Menschen verzweifelte Maßnahmen ergreifen müssen, um zu überleben. Weniger Leute werden sich die Kosten einer College-Ausbildung leisten können.

Die Ressourcenknappheit wird auch physisch unser Leben verändern. Wir werden wegen steigender Treibstoffkosten kleinere Autos fahren und weniger reisen. Wir werden in kleineren Häusern wohnen, und es wird einen massenhaften Exodus aus dem Umland und den Vorstädten in die Städte geben, weil es dort bezahlbaren öffentlichen Nahverkehr gibt.

Im schlimmsten denkbaren Szenario könnte die Rohstoffknappheit zu globalen Kriegen um Ressourcen führen, weil sich der Kampf um wichtige Materialien, von denen wir heute noch glauben, dass sie im Überfluss existieren (Kupfer, Silber und Zink zum Beispiel), von den Vorstandsetagen, wo heute Unternehmensübernahmen durchgeführt werden, auf das Feld verlagert, wo Armee, Marine und Luftwaffe unentbehrliche Ressourcen mit anderen Mitteln zu sichern versuchen.

Die Härten, die sich als Folge der Rohstoffknappheit entwickeln, könnten möglicherweise massive Veränderungen in der Art bewirken, wie die USA regiert werden. So wie während der Großen Depression sozialistische und faschistische Regimes an Stoßkraft gewonnen haben, wird die schwierige Zeit, die uns bevorsteht, extremere politische Ansichten hervorbringen, die letztlich zu einer autokratischeren Regierungsform führen könnten.

Kurz gesagt: Alles steht auf dem Spiel, was wir am American Way of Life schätzen.

Denken Sie daran, dass stark steigende Rohstoffpreise drohen, eine Reihe von schweren Rezessionen auszulösen, gefolgt von Phasen vielleicht moderaten Wachstums, das die Preise rasch noch viel weiter nach oben treibt, wodurch sich der Zyklus wiederholt. Die Rezessionen werden die Nachfrage nach Rohstoffen vorübergehend abschwächen, was den Prozess der Ressourcenerschöpfung in die Länge ziehen wird. Aber am Endergebnis wird das nichts ändern. Amerikas Stellung in der Welt wird massiv geschwächt. Unser Lebensstandard wird deutlich unter das Niveau sinken, an das wir uns gewöhnt haben, unsere verfügbaren Einkommen werden markant fallen. Das ist die Folge des massiven Anstiegs der Kosten für die Lebenshaltung und alles andere.

# Kapitel 1
# Der erleuchtete Herrscher plant weit voraus

Vor Kurzem feuerte China die erste Salve in einem Krieg zwischen China und den USA ab, der unsere Zivilisation verändern könnte – und das blieb weitgehend unbeachtet. Der Vorgang führte nicht zu einem elektrisierenden Ruf zu den Waffen, der nötig wäre, die Politiker und das amerikanische Volk zu vereinen und uns aktiv werden zu lassen. Es handelte sich nicht um einen Überfall auf Pearl Harbor in den frühen Morgenstunden, um keine Attacke wie am 11. September 2001, auch nicht um das Versenken der Lusitania, also machen wir einfach weiter, als wäre nichts geschehen.

Diesmal erfolgte der Schuss still, ohne Drama, in der Form einer entschlossenen Äußerung des Wortes »Nein« an einem Konferenztisch. Das war im Dezember 2009 in Kopenhagen bei einer mit Spannung erwarteten Konferenz mit Delegierten aus 193 Nationen, die sich versammelt hatten, um eine koordinierte Strategie gegen die Erderwärmung zu erarbeiten.

Man hatte inständig darauf gehofft, dass eine international verbindliche Vereinbarung erreicht werden könnte, mit der sowohl die USA als auch China leben konnten – die beiden Nationen, deren Einverständnis für eine vernünftige Einigung entscheidend war. Und zunächst schien China auch verhandlungsbereit zu sein. Allgemein herrschte die Auffassung, dass die Chinesen endlich den Druck aus dem Westen verspürten.

Dieser Optimismus wurde zusätzlich dadurch gefördert, dass China – das allgemein als der größte Beiträger zur globalen Erwärmung gilt – einige extrem ehrgeizige Pläne angekündigt hatte, seine Kohlendioxidemissionen zu reduzieren. Am erstaunlichsten war der Plan, bis 2020 15 bis 20 Prozent seines Konsums von Primärenergie aus alternativen Energiequellen zu decken: Windenergie, Solarenergie, Wasserkraft und Kernenergie.

Aber obwohl China für diese Ankündigungen von Umweltschützern allgemein gelobt wurde, waren seine Aktionen in Kopenhagen einer neuen Vereinbarung alles andere als zuträglich, die einen Klimawandel tatsächlich bekämpfen konnte. Die Konferenz endete mit einer Enttäuschung, einer verwässerten Vereinbarung und ohne feste, schnell umsetzbare Ziele zur Reduktion von Kohlendioxidemissionen. Auf Chinas Drängen wurde sogar eine Sprachregelung, die die reichen Länder dazu verpflichtet hätte, sich ein Ziel für die Emissionsreduzierung bis 2050 zu setzen (ohne eine Gegenleistung der Entwicklungsländer), aus dem Abschlussdokument eliminiert. Präsident Obama kehrte letztlich mit leeren Händen nach Washington zurück. Weil es keinen konkreten Vertrag gab, auf den man verweisen konnte, sahen die USA und andere entwickelte Nationen keinen Anreiz, einseitig zu handeln. Stattdessen überließen sie die Kohlendioxidreduktion größtenteils dem freien Markt. Fast jeder war der Meinung, die Konferenz sei ein blamabler Flop gewesen.

Allerdings zeigte sich, dass es einen Gewinner der Kopenhagener Verhandlungen gab: China. Eines Tages wird man das als brillanten Trick anerkennen: Das Land schaffte es, gleichzeitig jede weltweite Initiative der Bekämpfung der Klimaveränderung zunichtezumachen, sich selbst die Freiheit zu sichern, weiterhin so viel Kohlendioxid zu emittieren, wie es zur Förderung des eigenen Wachstums brauchte, und dennoch für seine scheinbare neue Verpflichtung Lob einzuheimsen, innerhalb seiner eigenen Grenzen die Nutzung erneuerbarer Energien voranzutreiben.

Auch wenn das alles unlogisch zu sein scheint, ergibt es aus Chinas Perspektive perfekten Sinn. Denn indem es jede bedeutende Aktion anderer Länder verhinderte, konnte China seine eigene Energieversorgung sichern. Die Chinesen haben das geschafft, indem sie das Angebot an zahlreichen, immer seltener werdenden Bodenschätzen verknappten, die für den Aufbau seiner alternativen Energie-Infrastruktur entscheidend waren (und in der Tat auch notwendig für andere Infrastrukturprojekte, die für Chinas anderes großes Ziel extrem wichtig sind, nämlich die Massen der Landbevölkerung in die moderne Welt zu führen). Die Vorkommen dieser Bodenschätze sind begrenzt und werden immer rarer. Es gibt nicht genug davon, und je stärker die Welt sich alternativen Energien zuwendet, desto schneller werden sie erschöpft sein. Wenn China diese schwindenden Ressourcen an sich zieht, stehen andere Staaten – einschließlich der USA – buchstäblich in der Kälte.

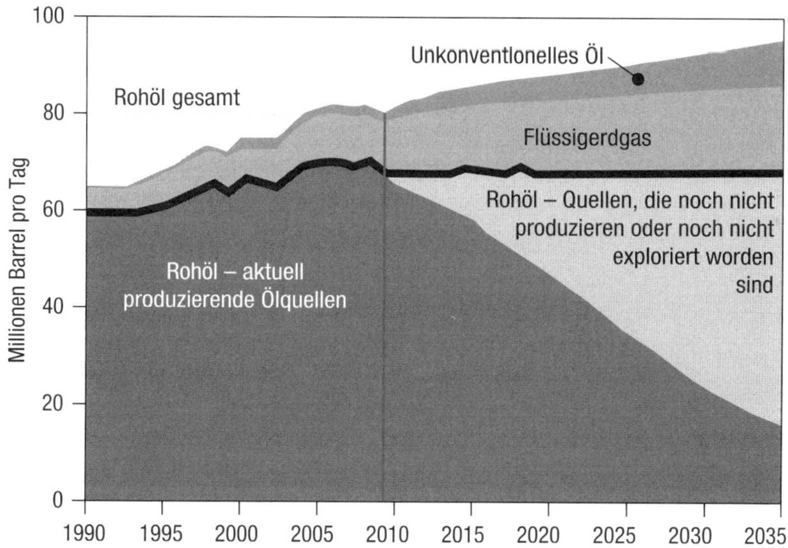


**Die IEA-Prognose der weltweiten Ölproduktion nach Sorten**
*Quelle: International Energy Agency*

Der aktuelle Krieg mit China, der bereits begonnen hat, dreht sich ausschließlich um die begrenzte Verfügbarkeit von Rohstoffen. Dieses Phänomen begann schon vor einiger Zeit mit dem Höhepunkt der Ölproduktion (Peak Oil): der Vorstellung, dass Steigerungen der Ölproduktion nicht mit der wachsenden Nachfrage Schritt halten können – oder, genauer, dass die Ölproduktion ihr Top erreichen wird. Peak Oil, lange Zeit eine Außenseitermeinung, hat inzwischen eine stärkere Zustimmung gefunden. Die Internationale Energieagentur (IEA), die 28 Länder repräsentiert, darunter die größten entwickelten Volkswirtschaften der Welt, hatte bis vor Kurzem die Meinung verbreitet, Öl sei im Überfluss vorhanden. Mitte des letzten Jahrzehnts prognostizierte die Agentur, die konventionelle Ölproduktion werde im Jahr 2030 mit Leichtigkeit die Menge von 120 Millionen Barrel pro Tag übertreffen. Ein Jahr später erkannte sie an, dass die Welt schon 2006 den Höhepunkt der konventionellen Ölproduktion erreicht hatte.

Heute geht die Organisation davon aus, dass Steigerungen der Ölproduktion nach 2020 nur durch den Rückgriff auf unkonventionelle Quellen wie Teersände möglich sein werden. Es ist kein Widerspruch zur IEA-Prognose, wenn man annimmt, dass Steigerungen der Ölproduktion bereits den Punkt erreicht haben, an dem sie mit einer wachsenden Nachfrage nicht mehr Schritt halten können.

## Verborgene chinesische Ambitionen

Chinas Aktionen in Kopenhagen und tatsächlich auch seine Entwicklung alternativer Energien in den letzten Jahren legen nahe, dass die Chinesen schon gemerkt haben, dass der Höhepunkt der weltweiten Ölproduktion kurz bevorsteht – wahrscheinlich innerhalb des nächsten Jahrzehnts. Und Öl ist nur einer der unentbehrlichen Rohstoffe, von denen China weiß, dass der Produktionshöhepunkt in naher Zukunft liegen wird. Ein weiterer fossiler Brennstoff, der im Gegensatz zur weitverbreiteten Mehrheitsmeinung in den nächsten Jahren knapper werden wird, ist Kohle. Chinas Energieverbrauch hängt zu 70 Prozent von Kohle ab. Kein Wunder, dass das Land nun eifrig alternative Energien entwickelt: hat es doch erkannt, dass es rasch ein nicht auf fossilen Brennstoffen basierendes Energiesystem aufbauen muss, um Steigerungen des Lebensstandards seiner Bevölkerung gewährleisten zu können.

Ebenso klar ist: China erkennt, dass das Problem der Rohstoffknappheit kaum mit den Brennstoffen enden wird. Drei Metalle, die für den Wechsel zu erneuerbaren Energien dringend erforderlich sind – Silber, Kupfer und Zink – erreichen ihre Angebotsgrenzen, worin Wissenschaftler, führende Bergbauunternehmen und der U.S. Geological Survey übereinstimmen. Die Implikationen einer Knappheit dieser Metalle sind erschütternd.

Wenn China ein Drittel seiner Elektrizität mit Solarenergie produzieren will, braucht es dafür dreimal so viel Silber wie derzeit jährlich weltweit gefördert wird. Das macht es nicht nur unwahrscheinlich, dass sich China allein auf die Solarenergie stützen kann, sondern es schließt andere Staaten einschließlich der USA praktisch davon aus, Solarenergie im großen Maßstab zu nutzen. Was Kupfer betrifft: Bei der derzeitigen Förderung dürften die wirtschaftlich ausbeutbaren Kupfervorkommen der Welt in nur 30 Jahren erschöpft sein. Kalkuliert man die steigende Nachfrage zum Aufbau eines Versorgungsnetzes mit ein, wenn immer mehr erneuerbare Energie eingespeist wird, weiterhin den Bedarf für Hybridfahrzeuge und für bessere Wohnbedingungen in den Entwicklungsländern, für Haushaltsgeräte und andere Güter, dann könnten diese Vorkommen sogar noch schneller erschöpft sein.

Die Logik hinter dem scheinbaren Widerspruch zwischen Chinas Handlungen in Kopenhagen und seinen großen Plänen zum Aufbau einer alternativen Energietechnologie sollte nun viel klarer sein. Die Volksrepublik baut nicht auf alternative Energie, weil sie plötzlich an die Klimaveränderung glaubt. Wäre das der Fall, dann hätte sie in Kopenhagen einen Vertrag angestrebt, der für alle Teilnehmer bindend gewesen wäre. Nein, sie hat nichts Eiligeres zu tun, als sich die wichtigen Rohstoffe zu sichern, bevor sich die entwickelte Welt mobilisiert, um das Gleiche zu tun. Sie eilt nach vorn, bevor große Mengen dieser unersetzlichen Materialien zur Neige gehen. Im Gegensatz dazu tun die USA gar nichts, um sich auf die bevorstehenden Probleme vorzubereiten.

Ein erfolgreiches Ergebnis der Kopenhagener Verhandlungen hätte den weltweiten Übergang zu alternativen Energien beschleunigt. Würden die USA und andere hoch entwickelte Nationen ihre Infrastruktur bezüglich alternativer Energie weiterhin rasch ausbauen, dann würde die Nachfrage nach Rohstoffen durch die Decke schießen, die Preise würden massiv steigen und es käme schneller zu Versorgungsengpässen. Indem sie diese Bemühungen abgekürzt haben, konnten sich die Chinesen einen Spielraum sichern, um ihre Pläne in die Tat umzusetzen.

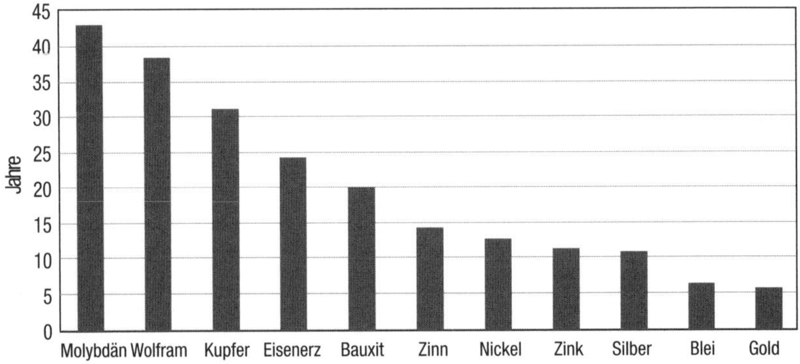


**Lebensdauer der Minenreserven ausgesuchter Rohstoffe zu den Produktionsniveaus 2009 in China**
*Quelle: World Gold Council, U.S. Geological Survey*

Um Ihnen eine Vorstellung vom Ausmaß dieses Problems zu vermitteln: Zu den heutigen Preisen bedeutet Chinas angestrebtes Ziel, 15 bis 20 Prozent seiner Energie aus alternativen Quellen zu beziehen, dass das Land in den nächsten zehn Jahren im Durchschnitt mehr als 350 Milliarden Dollar jährlich für erneuerbare Energien ausgeben wird. Das entspricht etwa dem Dreifachen der diesbezüglichen weltweiten Ausgaben im Jahr 2008. Wenn die Chinesen ihr Ziel erreichen wollen, werden die wichtigsten Rohstoffe – einschließlich derer, die durch Recycling gewonnen werden können – derart rar, dass der Rest der Welt fast keine Chance haben wird, in nennenswertem Ausmaß alternative Energien aufzubauen, um diesbezüglich aufzuholen. Somit wird allein China eine effektive Infrastruktur für alternative Energien besitzen.

Es ist wichtig zu wissen, dass die Chinesen ausdauernde langfristige Denker sind. Die politischen Führer müssen sich nicht alle zwei Jahre mit ihren Wählern auseinandersetzen. Sie sind bereit, in Zeiträumen von fünf, zehn oder 20 Jahren zu denken, und haben bewiesen, dass sie bemerkenswert gut darin sind, die Ziele zu erreichen, die sie sich in den letzten Fünf- oder Zehn-Jahres-Plänen gesetzt haben. Im Bereich der alternativen Energien, wo das Land bereits der größte Erzeuger von Solar- und Windenergie ist, haben sie die Ziele der Vergangenheit sogar deutlich übertroffen. Sie arbeiten nicht nur an langfristigen Zielen, sondern sie nutzen auch rasch die

Schwächen anderer. Vor allem sind sie durch den Wunsch motiviert, Chinas Unabhängigkeit zu bewahren und die Kontrolle über seine große Berufung nicht zu verlieren.

Bei der Diskussion seiner Pläne bezüglich erneuerbarer Energien hat es China vermieden, den Produktionshöhepunkt von Rohöl oder anderer Rohstoffe zu erwähnen, außer gelegentlich in akademischen Publikationen. Stattdessen verbirgt China seine Pläne unter dem Deckmantel sauberer Energie. So präsentiert das Land seine Planungen unter dem Vorwand einer Kontrolle der Treibhausemissionen und der Umweltverschmutzung, damit seine Akkumulation von Rohstoffen von der Weltgemeinschaft bereitwillig akzeptiert wird, wo Sorgen um die Umwelt auf breites Verständnis stoßen und die Notwendigkeit sauberer, erneuerbarer Energie fast zur Religion wird. Gleichzeitig gilt: Wenn sich die Erde tatsächlich erwärmt, gewinnen die Chinesen mehr als andere Länder, die ihren Lebensstandard dann wesentlich stärker zurückfahren müssen, weil sie einen weit geringeren Teil ihres Energiebedarfs aus sauberen Quellen beziehen.

Chinas Verfolgung dieser Ziele wird massive wirtschaftliche Folgen für den Rest der Welt haben. Die Preise der Rohstoffe, die in den letzten zehn Jahren als Gruppe um 80 Prozent gestiegen sind, je nachdem, welchen Index man heranzieht – größtenteils als Folge der Nachfrage aus China –, werden weiter nach oben gehen, vielleicht sogar auf ein unerschwingliches Niveau. Die Amerikaner werden nicht nur 10 Dollar für eine Gallone Benzin bezahlen, sondern alles, was wir kaufen – Essen, Kleidung, Elektroartikel und alle erdenklichen anderen Güter –, wird viel, viel mehr kosten. Wir könnten auch mit einer ausgedehnten wirtschaftlichen Rezession konfrontiert werden, mit sinkenden realen (inflationsbereinigten) Einkommen und zweistelligen Arbeitslosenquoten als Norm.

Als dieses Buch gedruckt wurde, argumentierten einige Analysten, dass Chinas Infrastrukturausgaben zu hoch seien, dass das Land industrielle Überkapazitäten ausweise und zu viele Eisenbahnen, Straßen, Bürogebäude und Wohnhäuser gebaut habe. Unser Kommentar dazu in sinngemäßer Übersetzung eines alten chinesischen Sprichworts: »Warten wir mal ab, dann sind wir klüger.«

Chinas Infrastrukturausgaben kann man mit einem Farmer vergleichen, der weiß, dass die Kunstdüngerpreise unaufhörlich steigen werden. Statt nur zu kaufen, was er gerade benötigt, wird der Farmer so viel Dünger kaufen und einlagern, wie er kann, um nicht später möglicherweise für kleinere Mengen viel mehr für dieses unentbehrliche Material zahlen zu müssen und dabei einen Rückgang seiner Ernte zu riskieren. Die sogenannten Blasenbildungen, von denen viele behauptet haben, sie seien mit den jüngsten chinesischen Investitionen verbunden, stellen signifikante Beiträge zu den langfristigen Plänen dar.

Versuchen wir einmal, dies in einen kulturellen Zusammenhang zu stellen: Ein sehr erfolgreicher Freund, der seit Langem in China Geschäfte betreibt, beschrieb psychologische Experimente, in denen man untersuchte, wie Menschen aus dem Westen und aus dem Osten bei der Betrachtung von Bildern reagieren. Die Ergebnisse zeigen, dass sich die Menschen aus dem Westen fast vollständig auf die Mitte des Bildes konzentrieren, wo die Aktion stattfindet. Menschen aus dem Osten tendieren dazu, sich auf das gesamte Bild zu konzentrieren – um die Zusammenhänge und folglich auch die Gründe der Handlung zu verstehen.

## Die falschen Prioritäten

Im Gegensatz zu den Verhältnissen in China ist unsere schlecht funktionierende Regierung durch parteiische politische Maßnahmen derart zersplittert, dass sie bei zahlreichen politischen Themen keinen gemeinsamen Nenner finden kann, zum Beispiel hinsichtlich des Gesundheitswesens oder der Reform des Zivilrechts. Allerdings hat sie Zeit für verschwenderische Ausgaben gefunden, die mit dem eigentlichen Zweck nichts zu tun hatten (allein 2010 waren es 9000 Fälle im Gesamtvolumen von 16,5 Milliarden Dollar), oder sie hat Zeit und Mühe auf triviale Aufgaben verwendet, zum Beispiel für die Einführung eines Playoff-Systems in der nationalen Football-Collegemeisterschaft. Unsere politischen und ökonomischen Systeme eignen sich nicht dafür, bedeutende Themen in Angriff zu nehmen, bis sie krisenhafte Ausmaße erreicht haben.

Wir konzentrieren uns heute auf deutlich sichtbare, vor unserer Nase liegende Bedrohungen: Irak, Iran, Pakistan, Nordkorea und andere, die wir sehr direkt mit diplomatischen und militärischen Mitteln anpacken. Aber wir ignorieren das entscheidende Problem der Ressourcenknappheit, das noch Generationen von Amerikanern beschäftigen wird. Im Gegensatz dazu sehen die Chinesen das große Bild. Sie nutzen die Umweltschutzbewegung als Vorwand, riesige Mengen unentbehrlicher Rohstoffe zu akkumulieren – Kupfer, Zink, Silber, um nur einige zu nennen –, um sich einen uneinholbaren Vorsprung beim Umgang mit dem dringenden Problem der bevorstehenden Ressourcenknappheit zu sichern.

Zudem eignen sich nicht nur die politischen und ökonomischen Systeme Chinas dafür, die zentralen Probleme zu erkennen und zu behandeln, mit denen die Welt im 21. Jahrhundert konfrontiert ist, sondern Chinas politische Führung besteht hauptsächlich aus Männern mit naturwissenschaftlicher Ausbildung. Premierminister Wen Jiabao zum Beispiel ist Geologe, der wichtigste politische Führer Hu Jintao besitzt einen Abschluss der Tsinghua-Universität – der angesehensten Hochschule des Landes – als Ingenieur mit dem Spezialgebiet Hydraulik. Xi Jinping, Hus designierter Nachfolger, ist Chemie-Ingenieur. In den USA dagegen sind die allermeisten hochrangigen Regierungsvertreter studierte Juristen, was sie dazu prädestiniert, nicht weiter nach vorne zu blicken als bis zur nächsten Wahl.

Hinzu kommt: Wegen seiner rasch wachsenden Wirtschaft, eines Binnenmarkts, der nach Konsumgütern hungert, eines riesigen Handelsbilanzüberschusses, Devisenreserven von 3 Billionen Dollar und moderaten Auslandsschulden ist China viel besser aufgestellt, um dieses bedrohliche Szenario zu überstehen als die USA mit 14 Billionen Dollar Staatsverschuldung (die weiter wächst) und einer blutarmen Wirtschaft.

Chinas politische Führer folgen einer Strategie, die vor 2600 Jahren von Sun Tzu beschrieben wurde, dem geschätzten General und Philosophen, der sagte: »Der erleuchtete Herrscher plant weit voraus: Der gute General kultiviert seine Ressourcen.« Das hat für eine Herausforderung gesorgt, die man als nichts anderes behandeln sollte denn als Krieg. Kopenhagen sollte für den Westen ein Alarmsignal sein: Wenn wir irgendeine Chance haben wollen, auf Augenhöhe mit China zu agieren, müssen wir entsprechend reagieren. Wir müssen erkennen, dass wir viel mehr Geld und Mühe einsetzen müssen, als wir jemals für einen konventionellen Krieg aufgewendet haben. Aber zunächst müssen wir erkennen, wie groß die Hindernisse wirklich sind, und es gibt keinerlei Anzeichen, dass wir dies als Nation tun.

Über welche Arten von Kosten reden wir? Denken Sie an die Kosten für die Installation von 1000 Gigawatt alternativer Energie, was etwa einem Viertel des gegenwärtigen amerikanischen Bedarfs entspricht. Wie wir es auch anpacken – wir landen bei einer Summe von nahezu 5 Billionen Dollar. Und das ist vielleicht noch eine konservative Schätzung angesichts der massiven Ausgaben, die für die Infrastruktur zur Transmission erforderlich sind. Zum Vergleich: Man schätzt, dass der Zweite Weltkrieg zwischen 3 und 4 Billionen Dollar gekostet hat.

Die Notwendigkeit, unsere Abhängigkeit von Ölimporten zu überwinden, ist ernst zu nehmen und dringend. Wir müssen aufhören, Politik zu spielen, und uns unter einem Banner sammeln. Im Zweiten Weltkrieg haben wir unsere Aufgaben angepackt und in Rekordgeschwindigkeit Fabriken in Munitionsproduktionsanlagen umgewandelt. Wir müssen die alternative Energie jetzt ebenso schnell entwickeln – und zwar durch Taten, nicht nur mit Gesten.

So tragisch die Katastrophe von Fukushima auch war, wir sollten uns dennoch nicht von der Kernenergie abwenden. Außerdem sollten wir den Bürokraten nicht erlauben, die Entwicklung unserer entscheidenden Projekte abzuwürgen. Zwar sollte Sicherheit unbedingt die erste Priorität besitzen, aber wir müssen die Zeit zwischen der Genehmigung eines neuen Reaktors und seiner Fertigstellung verkürzen. Ein neuer Windpark vor der Küste sollte nicht lange aufgehalten werden, weil er vielleicht die Aussicht verschandelt, die sich vom Strandhaus eines Politikers oder eines reichen Wählers aus bietet. Und wir können uns nicht mit symbolischer Finanzierung der Energieforschung durch die Regierung zufriedengeben, wenn unser Widersacher für diesen Zweck ein Vielfaches unserer Investitionen aufwendet.

Wie wir auf diese Herausforderung reagieren, wird massive Auswirkungen auf unseren zukünftigen Lebensstandard haben. Wenn wir tun, was früher oder später erforderlich ist, verfügen wir über eine vernünftige Chance, dass wir uns einen ähnlichen Lebensstandard bewahren wie den, an den wir uns gewöhnt haben. Und aus der Krise erwächst die Chance. Wenn wir bald und entschlossen handeln, könnten sich die zur Lösung des Problems erforderlichen Schritte sogar als Wachstums- und Wohlstandsmaschine erweisen. Je länger wir zögern, desto höher wird die Wahrscheinlichkeit, dass wir unsere führende Position in der Welt aufgeben. Wenn wir die Vorbereitungen zu lange aufschieben, könnte unser Versäumnis viel von dem zerstören, was wir als den American Way of Life betrachten.

# Kapitel 2
# Chinas Ablenkungsmanöver beim Umweltschutz

Beim Angriff, den es gestartet hat, um den Weltmarkt für Rohstoffe zu monopolisieren, hat sich China clever und wohlüberlegt in den grünen Mantel des Umweltschutzes gehüllt. Aber wie schon im letzten Kapitel dargelegt, haben die Chinesen den Umweltschutz nicht plötzlich als neue Religion entdeckt – eigentlich handelt es sich um nichts anderes als Heuchelei. Die Gefahr dabei: Während die USA und der Rest der Welt Chinas Streben nach erneuerbaren Energien in einem positiven Licht sehen, als willkommenes Signal seiner Bemühungen, Kohlendioxidemissionen zu reduzieren, werden wir die wahren Pläne der Chinesen übersehen: die Sicherung eines uneinholbaren Vorsprungs, dahingehend, sich die schwindenden Rohstoffe zu sichern, die für alternative Energien unverzichtbar sind. Wenn wir China nicht bald herausfordern, werden wir um unsere Zivilisation und unsere Zukunft gebracht. Die Lage ist tatsächlich so ernst.

## Bereit zur Umweltverschmutzung

Wir sehen ein, dass Menschen auf der ganzen Welt, die entschlossen sind, gegen die Erderwärmung zu kämpfen, sich durch unsere Argumente angegriffen fühlen könnten. Schließlich wäre es ein großes Plus, China als bevölkerungsreichstes Land und wichtigsten Emittenten von Kohlendioxid als Verbündeten in diesem Kampf zu gewinnen. Wenn man den Menschen erklärt, dass dieser vermeintliche Verbündete ein falscher Freund ist, könnte dies verständlicherweise zu einem Aufschrei führen, dass wir ihr Anliegen zu untergraben versuchten.

Welche Beweise gibt es, dass der neu ausgebrochene chinesische Umwelteifer nicht mehr ist als ein Ablenkungsmanöver? An erster Stelle wäre Chinas widersprüchliche Einstellung zu nennen, wenn es darum geht, die schwerwiegende Umweltverschmutzung zu bekämpfen, unter der ein großer Teil des Landes leidet.

Es ist kein Geheimnis, dass China eines der am stärksten verschmutzten Länder der Welt ist. Jedes Jahr gehen Millionen Hektar Grund und Boden verloren, unterstützt durch laxe Regulierung und die Einstellung, Wachstum um jeden Preis zu erreichen. Alle paar Tage wird ein neues Kohlekraftwerk eröffnet, um Fabriken mit Energie zu versorgen, die in noch nie gesehenem Ausmaß schädliche Emissionen produzieren. Chinas größte Flüsse sind so verschmutzt, dass man Fische aus ihnen weder essen noch anfassen sollte. In vielen Städten Chinas braucht man Atemschutzmasken, und Lungenerkrankungen haben dort epidemische Ausmaße erreicht.

In einem Fall, über den berichtet wurde, fuhren Dorfbewohner aus der Provinz Hunan, die an Bleivergiftungen infolge illegaler Emissionen von Schwermetallen aus einer nahe gelegenen Manganschmelzanlage litten, mit dem Bus zur medizinischen Behandlung. Sie wurden unter der Anklage der Verkehrsbehinderung von der Polizei verhaftet; auf den bloßen Verdacht hin, sie planten gegen die Umweltbedingungen zu protestieren. Zwei von ihnen saßen sechs Monate im Gefängnis. Der lokalen Umweltbehörde war gut bekannt, dass sich der Eigentümer der Fabrik auch früher schon als Umweltverschmutzer hervorgetan hatte. Aber sogar nach der Dokumentation der Notlage der Dorfbewohner entschuldigten sich die Behörden nicht für die Verhaftungen.

Vor den Olympischen Sommerspielen 2008 in Peking ordnete die Regierung die vorübergehende Schließung von etwa einem Viertel aller Fabriken im Land an und zog ein striktes Rationierungssystem durch, um Millionen von Autos von den Straßen zu verbannen. Die Maßnahmen funktionierten, und die Luftqualität verbesserte sich enorm. Die Leute sprachen über die

Schönheit von Sonnenuntergängen; ein einfaches Vergnügen, das man lange vermisst hatte. Aber als das letzte Rennen gelaufen war, kehrte das Leben wieder zur Normalität zurück, und bald lag wieder der vertraute braune Smog über Peking.

Am bezeichnendsten ist vielleicht – wie in der Fernsehsendung 60 Minutes zu sehen war –, dass China den Import stark toxischen Elektromülls aus anderen Staaten fördert, auch aus den USA – alte Computer, Handys und so weiter –, obwohl solche Importe offiziell verboten sind. Filmaufnahmen zeigen, wie chinesische Kinder in diesem Müll spielten. Das ist nicht nur ein unzureichender Kampf gegen Umweltverschmutzung, sondern im Gegenteil eine Bemühung um Umweltverschmutzung.

China bestreitet nicht, dass es ein Umweltproblem hat. Und wir zweifeln nicht daran, dass China dieses Problem im Prinzip gerne lösen würde. Ebenso klar ist aber: Wenn es um Umweltverschmutzung geht, macht China einige entscheidende Zugeständnisse, die allem widersprechen, was einer echten Hinwendung zu sauberer Umwelt ähnelt. Vielleicht sorgt sich die Regierung tatsächlich wegen der Auswirkungen, die ein steigender Meeresspiegel auf das Land haben könnte, aber das wird erst in 90 oder 100 Jahren zum Problem, und in der Zwischenzeit ist es den chinesischen Führern wichtiger, sich den dringenderen 20- bis 30-Jahres-Themen der Ressourcenknappheit zu widmen. Wenn es eine Wahl zwischen dem Kampf gegen die Umweltverschmutzung und der Sicherung von Rohstoffen gibt, gewinnen die Rohstoffe mit Abstand.

Eine der leichtesten Methoden der Sicherung dieser Ressourcen ist das Recycling dessen, was bereits produziert worden ist. Der Edelmetall-Recycler Umicore schätzt, dass 3 Prozent der jährlichen weltweiten Gold- und Silberproduktion und 13 Prozent der Palladiumproduktion für Handys, Laptops und PCs verwendet werden. Die Gewinnung von Edelmetallen in weggeworfenen elektronischen Geräten ist zu einem großen Geschäft geworfen. Das Recycling von Elektroschrott bringt heute weltweit 5,7 Milliarden Dollar ein, und bis 2014 sollen es nach der Schätzung der Beratungsfirma ABI Research 14,6 Milliarden Dollar werden, wobei der Löwenanteil auf China entfällt. In der Volksrepublik ist der Wettbewerb zwischen den Recyclern so hart, dass die Leute tatsächlich für ihren Müll bezahlt werden.

Chinas Hauptstadt des Recyclings von Elektronikschrott, Guiyu, liegt in der Provinz Guangdong, etwa vier Autostunden von Hongkong entfernt. Vor 1995, als die Stadt begann, Elektronikschrott zu verwerten, wurde dort hauptsächlich Reis angebaut. Heute ist Guiyu das größte Recyclinggebiet des Landes, aber es gibt noch weitere solche Städte – und es werden immer mehr. Etwa 90 Prozent aller kommunalen Einnahmen stammen aus dem Recycling. Den Gestank, der aus der Stadt wabert, können Sie schon riechen, wenn Sie mit dem Auto noch 20 Minuten entfernt sind. Und doch brüstet sich Guiyu auf seiner Website, dass die Stadt pro Jahr mit dem Elektroschrottgeschäft Umsätze von 75 Millionen Dollar erzielt.

Guiyu hat eine Wohnbevölkerung von etwa 100.000 Menschen, und weitere 100.000 Wanderarbeiter sind hier angestellt. Diese kommen in der Regel aus Gebieten wie Sichuan, einer armen und bergigen Region im Westen Zentralchinas. Mittlerweile besteht auch eine direkte Busverbindung zwischen Guiyo und Ürümqi, das weit im Westen der Volksrepublik liegt, die arme, meist muslimische Einwohner zu ihren Jobs im Osten bringt. Nach den vielen BMWs zu urteilen, die man auf den Straßen der Stadt sieht, profitieren viele Einwohner Guiyus vom Geschäft mit dem Elektronikmüll. Die Wanderarbeiter haben allerdings nicht so viel Glück. Im Schnitt verdienen sie in der Stunde 1,50 Dollar, 16-Stunden-Arbeitstage sind die Regel. Für sie ist ein glänzendes neues Auto völlig unerschwinglich.

Die Stadt besteht hauptsächlich aus zwei- bis dreistöckigen Gebäuden und Wohnhäusern. Im Erdgeschoss befinden sich die Arbeitsräume, wo der Elektronikmüll sortiert und zerlegt wird. Die gefährlichsten und am stärksten toxischen Aktivitäten dieses Prozesses umfassen die Erhitzung der Schaltboards auf riesigen Heizplatten und die Verwendung von Säurebädern zur Abtrennung der begehrten Metalle. Diese Arbeiten werden auf primitive Weise durchgeführt, oft ohne Handschuhe, Atemmasken oder irgendwelche Schutzausrüstung. Das erhöht die Gefahr für die Gesundheit; ganz abgesehen davon, dass es ohnehin keine sichere Methode gibt, diese elektronischen Geräte zu zerlegen. Die extrahierten Metalle wie Gold, Silber, Kupfer und andere werden dann an Hersteller von Elektrogeräten und an Schmelzunternehmen verkauft.

Zusätzlich zu hohen Konzentrationen von Quecksilber, Kadmium, Blei und anderen Metallen im Erdboden der Stadt hat die Verbrennung von Kunststoffabfällen Dioxine und andere gefährliche Chemikalien freigesetzt, die die Umwelt vergiftet haben. Sicheres Trinkwasser muss aus weit entfernten Regionen importiert werden. 2005 war die Situation derart übel, dass die medizinische Universität Shantou bei der Untersuchung von Schulkindern aus Guiyu bei 80 Prozent von ihnen Bleivergiftungen diagnostizierte. Schwangere Frauen in der Stadt leiden unter erhöhten Quoten von Fehlgeburten, und es treten zahlreiche andere ungewöhnliche Gesundheitsprobleme auf. Die Arbeiter wissen, dass ihre Tätigkeit ihre Gesundheit gefährdet, aber sie sind arm und brauchen das Geld. Also machen sie weiter.

In seiner Reportage über Guiyu arbeitete das Team von 60 Minutes mit versteckten Kameras; die Asiaten im Team waren als Bauern verkleidet. Dennoch erfuhren wir vom Leiter der Giftstoffkampagne von Greenpeace in China, der bei den Dreharbeiten anwesend war, dass schon wenige Minuten nach der Ankunft des Teams in der Stadt jedermann wusste, dass es da war. Der Bürgermeister ließ die Crew zu einem Gespräch vorladen und bat sie, in der Stadt nicht zu filmen. Als sie einige Aufnahmen von einem Fluss machte, dessen Ufer voller Elektronikschrott waren, erschienen einige Leute. Darunter befanden sich bezahlte Schlägertypen, die auf die Kameras einschlugen, um das Filmteam einzuschüchtern.

Zusammen mit ähnlichen Berichten brachte die Reportage in 60 Minutes Guiyu eine Menge unerwünschter Publicity ein. Die Geschichte wurde schließlich derart peinlich, dass Chinas Umweltschutzbehörde der Stadt einen Besuch abstattete. Aber die Inspektion wurde im Voraus angekündigt, und natürlich stieß man auf keinerlei Missstände. Die Leute, die diese illegalen Geschäfte betreiben, sperren ihre Arbeiter inzwischen in den Gebäuden ein, um ihre Aktivitäten zu verbergen. Dadurch sind die Arbeiter mit wenig oder völlig ohne Ventilation all diesen Giftstoffen ausgesetzt. *China Daily*, eine regierungstreue Zeitung, hat seither tatsächlich Berichte veröffentlicht, in denen behauptet wurde, in Guiyu gebe es keinerlei gefährliche Aktivitäten und niemand leide unter gesundheitlichen Problemen.

Vielleicht ist dieses Recycling von Elektronikmüll für die Zentralregierung peinlich, und natürlich hätte sie die Macht, diese Aktivitäten zu beenden, aber die illegale Arbeit geht weiter. Warum in aller Welt sollte die chinesische Regierung so etwas erlauben, wenn es die ohnehin schon massiven Probleme des Landes bezüglich der Umweltverschmutzung noch verstärkt? Die Antwort lautet: Obwohl Elektronikmüll die Gesundheit der Menschen zerstört, die mit ihm zu tun haben, enthält er doch auch bedeutende Mengen von Metallen wie Gold, Silber, Palladium und Kupfer – nicht erneuerbare Rohstoffe, die für die Einrichtung erneuerbarer Energien entscheidend sind.

Zudem hat China den Export seltener Erden in den letzten Jahren drastisch beschränkt. Man äußerte Sorgen wegen der Umwelt und stellte klar, dass China seine beträchtlichen Reserven dieser Metalle weiterhin fördern wird. Seltene Erden sind für alternative Energiegewinnung unverzichtbar; aber auch für Elektrik- und Hybridautos, Windturbinen, Solarmodule, energieeffiziente LED-Lampen und viele andere Anwendungen, darunter Nachtsichtgeräte und Entfernungsmesser für militärische Zwecke – und China kontrolliert ungefähr 97 Prozent des Weltmarkts.

Wenn Erz, das seltene Erden enthält, mit konventionellen Methoden gefördert wird, muss man es verarbeiten, um die betreffenden Elemente in Reinform zu gewinnen. Das geschieht mittels Säurebädern und Lösungsmitteln, die man später entsorgen muss. In China findet das Abwasser aus den Minen – das Fluor, verschiedene Säuren und radioaktive Stoffe enthält – routinemäßig seinen Weg in das Erdreich und das Grundwasser, mit verheerenden Folgen für die Nahrungskette und die Gesundheit der Menschen.

Es gibt einen Gegensatz dazu: Die USA verfügen ebenfalls über reichliche Vorkommen, aber die einzige Mine, in der seltene Erden gefördert wurden (in Mountain Pass in der kalifornischen Mojave-Wüste), wurde Ende der 1990er-Jahre wegen Umweltproblemen geschlossen und ist gerade erst dabei, wieder auf kommerzieller Basis zu arbeiten.

# Abkürzung in Kopenhagen

Chinas Verhalten in Kopenhagen, das wir in Kapitel 1 bereits geschildert haben, ist ein weiteres Zeichen, dass es dem Land nicht wirklich um Umweltschutz geht. Sehen wir uns das nun ein wenig detaillierter an.

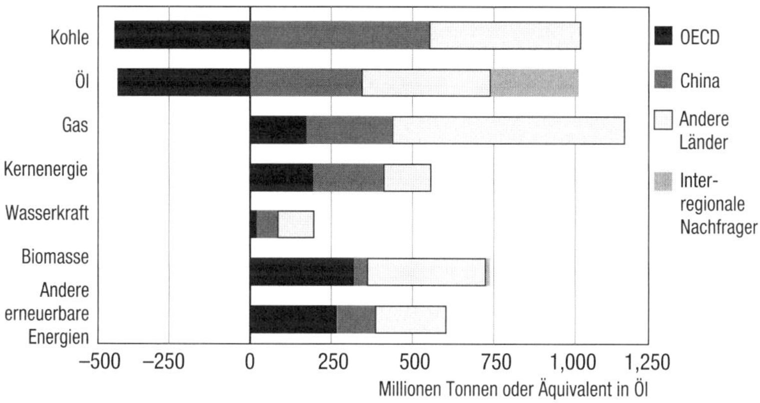


**Prognostizierte schrittweise Nachfrage nach Primärenergie nach Treibstoffsorte und Region, 2008–2035**
*Quelle: International Energy Agency*

Kurz bevor sich die politischen Führer der Welt im Dezember 2009 in Kopenhagen versammelten, beschrieb die chinesische Führung ihre langfristigen Pläne zur Reduzierung ihrer Emissionen von Kohlendioxid. Sie versprach, den Einsatz von Kohlendioxid pro Einheit des Bruttoinlandsprodukts (BIP) bis 2020 um 40 bis 45 Prozent zu reduzieren (verglichen mit dem Niveau von 2005). Um dies zu erreichen, werde das Land anstreben, mehr als 15 Prozent seines Verbrauchs von Primärenergie aus alternativen Energiequellen zu gewinnen – Wind- und Solarenergie, Wasserkraft und Kernenergie. Diese Energiequellen decken derzeit etwa 8 Prozent des gesamten Energieverbrauchs des Landes. Und man setzte sich das Ziel, bis 2030 20 Prozent des Primärenergiebedarfs aus erneuerbaren Energiequellen zu gewinnen. Zudem ließen die Chinesen keinen Zweifel daran, dass sie diese Ziele als konservativ einschätzten.

Früher herrschte die allgemeine Annahme, die Chinesen seien das größte Hindernis für wirkliche Fortschritte in Kopenhagen. Aber sobald sie diese aggressiven Ziele angekündigt hatten, war man optimistisch, dass man eine Einigung erzielen könnte, obwohl nach wie vor klar war, dass dies nicht leichtfallen würde.

Einige Hindernisse waren schon fast lächerlich. Zum Beispiel vertrat Saudi-Arabien auf diesem Gipfeltreffen die Auffassung, man müsse die Ölexporteure für verlorene Einnahmen entschädigen, wenn man Maßnahmen einleitete, welche die Nachfrage nach Rohöl reduzierten – als würde ein Drogendealer darauf bestehen, dass seine früheren Kunden ihn weiterhin bezahlen müssen, wenn sie gerade eine Rehabilitation abgeschlossen und ihre Sucht überwunden haben.

China und Indien forderten, dass ab 2012 mindestens 200 Milliarden Dollar pro Jahr von den hoch entwickelten Staaten in die Entwicklungsländer transferiert werden sollten, die wiederum erklärten, sie würden jede Vereinbarung ablehnen, die keine finanzielle Hilfe für ihre Bemühungen enthielten, die Emissionen von Kohlendioxid einzuschränken. Die USA hatten ihre Hilfe angeboten, bis 2020 100 Milliarden Dollar pro Jahr für diesen Zweck aufzubringen, aber das Angebot war weitgehend unverbindlich. Zudem wurde eine Prüfung verlangt, dass die Emissionen tatsächlich reduziert werden, und damit zeigte sich China nicht einverstanden.

Aber obwohl alle diese Themen nicht unproblematisch waren, bestand doch Spielraum für Verhandlungen und Kompromisse. Am Ende führten die Verhandlungen in Kopenhagen jedoch nicht zu einem verbindlichen Vertrag, obwohl es zum ersten Mal eine Resolution gab, in der hoch entwickelte Nationen ebenso wie Entwicklungsländer die Notwendigkeit anerkannten, eine Klimavereinbarung zu erreichen. Die USA verließen die Konferenz, ohne wichtige Veränderungen ihrer Umweltpolitik anzubieten, und die Chinesen blieben bei ihrem ursprünglichen Versprechen, bis 2020 und darüber hinaus bezüglich erneuerbarer Energien ehrgeizige Ziele zu erreichen.

Die USA und China beschuldigten einander, gegen eine Einigung zu mauern, aber veröffentlichte Berichte von Teilnehmern an den Verhandlungen zeigen, dass es eher die Chinesen als die Amerikaner waren, die einem verpflichtenden Vertrag im Weg standen. Mark Lynas, ein Brite, nahm als Vertreter der Malediven an der Konferenz teil. Die Malediven sind ein Inselstaat im Indischen Ozean, der durch einen steigenden Meeresspiegel in seiner Existenz bedroht wäre. Lynas berichtete im Guardian (und wurde später von einem anderen Diplomaten im Independent bestätigt), der Repräsentant Chinas habe zur Überraschung aller Anwesenden darauf bestanden, dass die Zielvorgaben der Industrienationen – zuvor hatte man sich auf eine 80-prozentige Reduzierung der Emissionen bis 2050 geeinigt – aus dem Vertrag entfernt werden sollten.

Eine solche Wendung ergibt keinen Sinn, wenn man den Chinesen ihre neue Konzentration auf den Klimawechsel glaubt. Allerdings ist sie absolut sinnvoll, wenn man an Chinas langfristige Pläne bezüglich alternativer Energien glaubt. Wären die hoch entwickelten Nationen durch Verträge dazu verpflichtet, die Emission von Treibhausgasen zu reduzieren, würde eher früher als später der Ausbau einer Infrastruktur für alternative Energien zum Thema werden. Für China würde das einen erbitterten Wettbewerb um die schwindenden weltweiten Energiereserven bedeuten.

Am bezeichnendsten war aber wohl Chinas Verhalten am letzten Tag der Konferenz. Die Führer der wichtigsten entwickelten Nationen und Entwicklungsländer, darunter Präsident Obama, hatten sich zu einem letzten Versuch versammelt, als Ergebnis der Konferenz einen sinnvollen, verbindlichen Vertrag zu vereinbaren. Aber einer der wichtigsten Politiker erschien nicht: der chinesische Premierminister Wen. Als sein Vertreter nahm He Yafei, Chinas stellvertretender Außenminister, am Verhandlungstisch Platz. He ist ein Karrierediplomat, der die Nordamerika-Abteilung des Außenministeriums leitet. Er war auch schon bei den Vereinten Nationen und als Vermittler bei Waffenkontrollverhandlungen tätig. Allerdings fehlte ihm die Macht der Staatsoberhäupter, die neben ihm am Verhandlungstisch saßen: die Autorität, wirklich wichtige Entscheidungen zu treffen. Die kalkulierte Maßnahme, He statt Wen zu den Verhandlungen zu schicken, war ein Meisterstück diplomatischer Trickserei. Die Zeit drängte, um sich auf eine Klimavereinbarung zu einigen, und Chinas junger Repräsentant war nicht dazu ermächtigt, für die Regierung zu sprechen: Er musste den Raum verlassen, um mit seinen Vorgesetzten zu telefonieren.

Wen erklärte später, er habe nicht teilgenommen, weil die chinesische Delegation eigentlich gar nicht eingeladen gewesen sei (obwohl China auf der Einladungsliste stand). Aber sogar nachdem er erfahren hatte, welche hochrangigen Persönlichkeiten am Verhandlungstisch saßen und dass diese Leute die Anwesenheit des chinesischen Premiers wünschten, entschied er sich, in seinem nur zehn Autominuten entfernten Hotel zu bleiben.

Später an diesem Abend fand ein allerletztes Treffen statt, das nicht auf der Agenda stand, sondern von Obamas Delegation arrangiert worden war. Eigentlich hätte es ein Vier-Augen-Gespräch zwischen Obama und Wen sein sollen, aber letztlich nahmen die politischen Führer Indiens, Brasiliens und Südafrikas teil (die bei der Konferenz zusammen mit China eine gemeinsame Front gebildet hatten). Premierminister Wen lud zu diesem geheimen Meeting der vier Entwicklungsländer im selben Raum ein, wo er Präsident Obama treffen sollte. Das Treffen der vier Entwicklungsländer dauerte länger als geplant. Es überraschte auch das Team Obamas, dem man zuvor gesagt hatte, die Delegierten der drei anderen Nationen hätten Kopenhagen bereits verlassen und befänden sich auf dem Rückflug in ihre Heimatländer. Ein offizieller Vertreter der USA bezeichnete das Ergebnis dieses Meetings in letzter Minute, das die Überwachung der Treibhausgasemissionen der jeweiligen Länder regeln sollte, als »historischen Schritt nach vorn«. Aber das diente nur der Gesichtswahrung, denn die Vereinbarung trug nichts zum Kampf gegen die Klimaveränderung bei.

Chinas Aktionen in Kopenhagen machen klar, dass das Land kein Interesse daran hat, wirklich gegen die Erderwärmung vorzugehen. Hätte China ein solches Ziel ernsthaft verfolgt, dann hätte es einen Vertrag angestrebt, der alle Nationen verpflichtet. Stattdessen tat es alles dafür, dass kein solcher Vertrag zustande kam.

Dieses Verhalten steht zwar im Widerspruch zu Chinas Position in der öffentlichen Meinung, aber es passt absolut zu seiner Sichtweise seiner eigenen Interessen. Hätte es eine verbindliche Vereinbarung gegeben, wären die hoch entwickelten Nationen, allen voran die USA, auf dem Weg zum nächsten Schritt schon weitergekommen: beim Entschluss, gezielte Aktionen zu unternehmen, um ihre eigenen Kohlendioxidemissionen zu reduzieren. Aber ohne einen Vertrag, der alle Nationen zu entsprechenden Handlungen verpflichtet, bleiben unsere Bemühungen zur Beschränkung der Kohlendioxidemissionen durch eine gezielte Weiterentwicklung alternativer Energien mit ziemlicher Sicherheit nur Stückwerk.

Und so erzielte China brillante Erfolge, was sein eigentliches politisches Ziel betraf. Das Land konnte seine eigene Infrastruktur für alternative Energien weiterhin schnell ausbauen. Es sicherte sich die notwendigen Ressourcen, als sie noch verfügbar waren und kein ernsthaftet Wettbewerb mit anderen Nationen um diese Rohstoffe bestand.

Die Verzögerungstaktik setzte sich im April 2010 in Bonn fort, beim ersten Treffen der Klimadiplomaten seit den Kopenhagener Verhandlungen. Diesmal schaffte es der Sudan, als Chinas Platzhalter eine Handvoll Nationen um sich zu scharen, darunter auch Saudi-Arabien (das bereits erklärt hatte, dass es an der Übernahme eines Klimavertrags nicht interessiert sei). Diese Staaten verlangten, dass man die unverbindliche Vereinbarung, auf die man sich in Kopenhagen geeinigt hatte, aus zukünftigen Klimaverhandlungen herausnahm.

An der Spitze dieser Initiative stand Bernarditas de Castro Muller, eine erfahrene philippinische Diplomatin, die als führende Klimaverhandlerin ihres Landes fungiert hatte, bis die Regierung Macapagal-Arroyo sie im Vorfeld der Kopenhagener Verhandlungen fallen ließ. Der Sudan übernahm sie als Koordinatorin und Sprecherin der G77 und Chinas – des wichtigsten Blocks, der in den Verhandlungen die Interessen der Entwicklungsländer vertrat.

Muller beschrieb Kopenhagen als »Trauma«, obwohl der Sudan praktisch über keine nennenswerte Industrie verfügt, keine messbaren Mengen an Treibhausgasen emittiert und nicht in der ersten Reihe der Länder steht, die Maßnahmen ergreifen sollten, um die Erderwärmung einzuschränken. Thema in Bonn war Mullers Appell für mehr »Transparenz« und »Geschlossenheit« unter den Prinzipien der Vereinten Nationen, dass jede Nation auf dem Planeten, unabhängig von ihrer Größe und dem Entwicklungsniveau ihrer Industrie, ein Mitspracherecht beim Erarbeiten einer globalen Klimavereinbarung haben sollte.

Auch die späteren Diskussionen über die Erderwärmung im Rahmen der Vereinten Nationen brachten bezüglich der Emission von Treibhausgasen keine Fortschritte. Und doch hat es China geschafft, sein grünes Image zu pflegen – trotz seiner steigenden Kohlendioxidemissionen, während es die ganze Zeit über die USA beschuldigte, ihrer »historischen Verantwortung« für steigende $CO_2$-Emissionen nicht gerecht zu werden.

## Der Kampf um den Umweltschutz

Und noch ein weiterer Umstand zeigt, dass China sich hinter dem Deckmantel des Umweltschutzes verbirgt, um seine eigene, nie offiziell bekannt gegebene Agenda zu verfolgen, natürliche Ressourcen anzusammeln, bevor es eine andere Nation tut. Es ist eine auffallende Tatsache, dass China auf den Umweltschutzzug aufsprang, als das Thema der Erderwärmung durch alle Medien ging, ein Ergebnis des als »Climategate« bezeichneten Vorfalls: Gehackte E-Mails aus der Klimaforschungsabteilung der University of East Anglia zeigten, dass einige Umweltschützer, obwohl sie die Zukunft nicht unbedingt falsch einschätzten, sich eher wie Kreuzritter als wie objektive Wissenschaftler benahmen. Es schien so, als habe man manche Daten, die die Erderwärmung infrage stellten, gezielt unterdrückt oder gelöscht. China hätte diese Erkenntnisse als Möglichkeit nutzen können, weiterhin anzuzweifeln, dass es seine $CO_2$-Emissionen verringern sollte, und zwar mit dem Argument, dass noch mehr Zeit erforderlich sei, um die betreffenden wissenschaftlichen Erkenntnisse auszuwerten. Stattdessen wurde China sogar zu einem der wichtigsten Unterstützer von Umweltschützern gegen die schwindende Kritik, die »Climategate« hervorgebracht hat.

Am 13. Februar 2010 erschien in der *Shanghai Daily*, einer großen chinesischen Zeitung, die auch in Englisch und anderen Sprachen veröffentlicht wird, ein Artikel, in dem ein chinesischer Kommentator die Position der Umweltschützer vertrat, die hinsichtlich früherer Prognosen zurückruderten, sämtliche Gletscher des Himalaya-Gebirges würden bis 2035 vollständig abschmelzen. Der Kommentator argumentierte, die Attacken seitens der Leute, die am Klimawandel zweifelten, seien »dazu ausersehen, sämtliche noch vorhandene Hoffnungen zu begraben, einen Nachfolgevertrag für das Kyoto-Protokoll zu unterzeichnen. Aber wie berechtigt sind diese Attacken, vor allem die Kritik am internationalen Sachverständigengremium zu Fragen der Klimaveränderung, der Körperschaft der Vereinten Nationen, die den Goldstandard zur Analyse der globalen Klimaveränderung konzipiert hat? … Es gibt auch eine unheilige Schadenfreude … über die Zerstörung einer Ikone der Bewegung gegen die Erderwärmung.« Weiterhin fuhr das Editorial eine schlagkräftige Abwehr der Prognose auf, die Himalaya-Gletscher würden bis 2035 verschwinden.

Hinsichtlich Chinas neuer Einstellung zur Erderwärmung und zum Schulterschluss mit Umweltschützern sind noch zwei weitere Punkte relevant. Erstens: Als Beweis für die aggressive Förderung alternativer Energien, die es angekündigt hat, ergibt die Erderwärmung wesentlich mehr Sinn, als wenn China gesagt hätte, man versuche die Umweltverschmutzung im eigenen Land in den Griff zu bekommen. Wie wir bereits gesehen haben, liegt dies daran, dass viele der derzeitigen Aktivitäten in China die Notwendigkeit einer Beschränkung der Umweltverschmutzung ignorieren. Daher hätte die Verwendung der Umweltverschmutzung als Rechtfertigung zu Fragen führen und Attacken wegen offensichtlicher Widersprüche verursachen können.

Die zweite Überlegung erfordert ein kurzes Abschweifen zur heutigen weltweiten Umweltschutzbewegung, und zwar bezüglich ihrer Bemühungen für den Wechsel von fossilen Brennstoffen zu erneuerbaren Energien. Die erste Gruppe besteht aus den reinen Umweltschützern, die argumentieren, dass wir erneuerbare Energien benötigen, um die Erderwärmung zu reduzieren und den Planeten zu retten. Die zweite Gruppe, darunter Vertreter der Peak-Oil-Theorie, erklärt, wir brauchen erneuerbare Energien, weil es bald zu Rohstoffknappheiten kommen wird – ausreichende Vorräte verwendbarer fossiler Brennstoffe gehen zur Neige.

Das mag vielleicht nicht wie eine besonders wichtige Unterscheidung erscheinen, aber es ist eine Tatsache, dass diese Gruppen einander größtenteils kaum unterstützen und tatsächlich auch von den Massenmedien und der akademischen Welt als sehr verschieden eingeschätzt werden.

In Jared Diamonds bekanntem Buch *Kollaps: Wie Gesellschaften überleben oder untergehen* liegt zum Beispiel der gesamte Schwerpunkt darauf, wie Umweltschäden Zivilisationen zerstören. In seiner Diskussion über das heutige China konzentriert sich seine Argumentation fast ausschließlich auf Umweltverschmutzung und Erderwärmung. Die Ausbeutung der Bodenschätze findet kaum Erwähnung.

Im Gegensatz dazu bezweifelt Joseph Tainter in seinem 1988 erschienenen Buch *The Collapse of Complex Societies* die Vorstellung, dass Umweltschäden zur Auflösung von Zivilisationen führen. Stattdessen nennt er Energieknappheit als wichtigsten Faktor.

Warum besteht eine solche Dichotomie zwischen zwei Gruppen, die größtenteils für das gleiche Ziel eintreten – die Entwicklung alternativer Energien? Wir glauben, dass einer der Gründe dafür mit Randelementen in beiden Gruppen zu tun hat, vor allem mit jenen, die sich über die Ressourcenknappheit einig sind. Für einige dieser Leute ist jede neue Form von Energie gut, auch wenn es sich um schmutzige Energie handelt. Beispielsweise werden das Bohren nach Öl in Nationalparks oder die Förderung der überaus schmutzigen Teersände in Kanada als notwendiger Teil der Lösung betrachtet. Aber auch manchen Umweltschützern muss man eine gewisse Schuld geben.

Die meisten Umweltschützer akzeptieren, dass wir fossile Brennstoffe verwenden müssen, um erneuerbare Energien zu entwickeln. Zum Beispiel braucht man, zumindest am Anfang, fossile Brennstoffe, um den für Windkraftturbinen erforderlichen Stahl zu produzieren. Manche sehen die Welt allerdings ausschließlich durch die wissenschaftliche Brille, die ökonomische Variable wie Angebot und Nachfrage oder das Konzept des Produktionshöhepunkts von Ressourcen ausschließt. Ihre Klimamodelle legen nahe, dass jeder Einsatz fossiler Brennstoffe den Tag der Abrechnung näher rücken lässt. In ihrer Denkweise sind die einzigen akzeptablen Energiequellen diejenigen, die erneuerbar und/oder sauber sind. Und sie werfen jedem vor, der über die Erschöpfung von Rohstoffvorkommen spricht, entweder falschzuliegen oder für einen Weg nach unten einzutreten, der zu noch schmutzigeren Energiequellen führen wird. Sie bestehen darauf, dass die Säuberung der Umwelt der einzige Grund ist, sich für erneuerbare Energien einzusetzen.

Die meisten Politiker zählen zu den pragmatischen Umweltschützern. Größtenteils ignorieren sie das gesamte Thema der Erschöpfung der Rohstoffvorkommen aus Angst, die Öffentlichkeit zu beunruhigen. Stattdessen predigen sie, saubere Energie sei erforderlich, um unsere Kinder vor den Gefahren eines unfreundlichen Klimas zu schützen. Sie konzentrieren sich darauf, wie viel wir benötigen, um es innerhalb eines bestimmten Zeitraums zu verbrauchen.

Der vielleicht schlagendste Beweis für die Vorherrschaft dieser Sichtweise war die Verleihung des Friedensnobelpreises 2007 an Al Gore und den Weltklimarat (IPCC), also an Leute, die sich für eine dramatische Reduzierung des Einsatzes fossiler Brennstoffe und den massiven Ausbau alternativer Energien einsetzen. Letztlich ehrte das Nobelpreiskomitee die Umweltschutzbewegung, nicht aber die Vertreter der Theorie von der Erschöpfung der Rohstoffvorkommen.

Indem sie sich dieser Bewegung anschlossen, positionierten sich die Chinesen, im Namen des Kampfes gegen die Erderwärmung nach erneuerbaren Energien zu suchen – ohne jemals die Knappheit der Ressourcen erwähnen zu müssen. Und tatsächlich spricht China niemals über Peak Oil oder den Produktionshöhepunkt anderer Rohstoffe, wenn es um seine Kampagne bezüglich alternativer Energien geht, weder bei offiziellen Verlautbarungen noch in der staatlich kontrollierten Presse. Das reicht aber noch weiter: Chinesische Journalisten haben uns anonym erzählt, es gebe eine ungeschriebene Regel, die das Veröffentlichen von Berichten über den immensen Appetit des Landes auf Rohstoffe untersage. Wir glauben, dass es Ihnen sehr schwerfallen dürfte, auch nur den Ausdruck »Ressourcenknappheit« in irgendeiner chinesischen Publikation zu finden. Aber man kann kaum eine chinesische Zeitung lesen, ohne auf einen Hinweis auf saubere Energien zu stoßen.

## Es wird ernst

Die Chinesen haben ihren Worten eindrucksvolle Taten folgen lassen. Auf den Gebieten der Wind-, Solar- und Kernenergie sowie der Wasserkraft wächst das Land immer schneller. 2011 oder spätestens 2012 wird es auf jedem Gebiet der erneuerbaren Energie eine führende Position einnehmen.

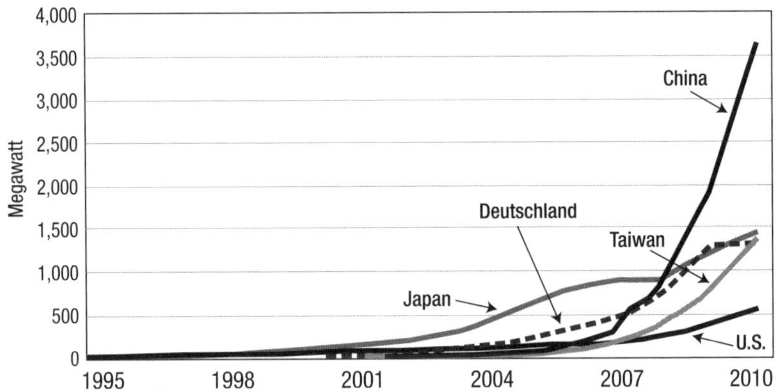


**Jährliche Produktion von Solar-Photovoltaikanlagen in ausgewählten Ländern**
*Quelle: Earth Policy Institute, Prometheus Institute, Greentech Media*

Die *Shanghai Daily* berichtete über Chinas Plan, bis 2020 150 Gigawatt aus Windenergie zu gewinnen, was mit dem Ziel übereinstimmen würde, 15 bis 20 Prozent des Gesamtbedarfs aus erneuerbaren Energien zu gewinnen. Weiter hieß es in dem Artikel, dass »der chinesische Industrieverband für erneuerbare Energien sagt, er könne dieses Ziel schon viel früher erreichen«.

Nach den Angaben von Liang Zhipeng, dem Leiter der Abteilung für neue und erneuerbare Energien im chinesischen Energieministerium würde dieser Plan über erneuerbare Energien das Äquivalent von 800 Millionen Tonnen Kohle liefern. Bis 2030 erwartet man, dass erneuerbare Energien das Äquivalent von mehr als einer Milliarde Tonnen Kohle erreichen. Das sind etwa 20 Prozent des Primärenergieverbrauchs des Landes. Und bis 2050 soll mehr als ein Drittel des gesamten Verbrauchs von Primärenergie – das Äquivalent von mehr als 2 Milliarden Tonnen Kohle – aus erneuerbaren Energien stammen. Hinzu kommt: So wie die Chinesen deutlich gemacht haben, dass das Ziel von 15 Prozent bis 2020 konservativ ist, so konservativ sind auch diese Ziele.

Sollte China sein 2020-Ziel erreichen, würde dies eine Reduktion von 40 bis 45 Prozent der $CO_2$-Emissionen pro BIP-Einheit auf dem Niveau von 2005 bedeuten. Allerdings schätzt man, dass sich Chinas Emissionen bis 2020 beinahe verdoppeln werden, wenn sich das Wirtschaftswachstum mit ähnlichem Tempo wie im vergangenen Jahrzehnt fortsetzt. China ist bereits jetzt der größte $CO_2$-Emittent der Welt und hat nicht die geringste Absicht, in absehbarer Zukunft seine Treibhausgasemissionen zurückzufahren.

Im Vergleich zu Chinas Fortschritten im Bereich der alternativen Energien konnten die USA kaum mithalten. In einem im Februar 2010 erschienenen Artikel dokumentierte das *Wall Street Journal* die Frustration des amerikanischen Energieministers Steven Chu darüber, dass er nicht in der Lage war, die 32,7 Milliarden Dollar auszugeben, die man per Regierungsbeschluss für die Entwicklung alternativer Energien zur Verfügung gestellt hatte. Mehr als ein Jahr nach der Verabschiedung dieses Beschlusses war weniger als ein Zehntel dieser Mittel tatsächlich eingesetzt worden. Das lag an einem Mangel an Personal und Ressourcen im Energieministerium, wo das Kreditprogramm bezüglich innovativer Technologien ausgewertet und gemanagt wurde.

Insgesamt sind wir der Auffassung, dass ein verborgenes Motiv hinter Chinas angeblich moralischen Gründen steckt, den Klimawandel zu bekämpfen. Das Motiv der Chinesen hat weniger mit dem Schutz der Umwelt und mehr mit dem Wunsch zu tun, immer seltener werdende Ressourcen aufzukaufen. Das Ignorieren dieser Herausforderung wäre für die USA ein schwerwiegender Fehler. Chinas Regierung hat es bemerkenswert gut geschafft, ihre Ziele in den letzten Fünf- und Zehn-Jahres-Plänen zu erreichen und sogar zu übertreffen – und man hat allen Grund zu der Annahme, dass sie auch in Zukunft Erfolge erreichen wird. Scheitern die USA dabei, sich mit voller Kraft auf ein ähnliches Programm zu stürzen, ehe es in diesem verzweifelt wichtigen Kampf zu spät ist, wird das unserer Zukunft irreparablen Schaden zufügen.

# Kapitel 3
# Peak Oil ist erreicht – und der Höhepunkt der Kohleförderung wird auch bald erreicht sein

Wie wir bereits gezeigt haben, bestehen heute beträchtliche Missverständnisse hinsichtlich der grundlegenden Antriebskräfte der US-Wirtschaft. Der Beinahe-Zusammenbruch des Finanzsektors und die Immobilienkrise werden zum Beispiel als Ursachen für die Rezession 2008 angesehen, während hohe und weiter steigende Rohstoffpreise selten als etwas anderes als nachträgliche Gedanken bewertet werden. Und dennoch war es der scharfe Anstieg der Immobilienpreise (der nichts mit dem Wirtschaftswachstum in den USA oder mit Spekulation zu tun hatte), der zu einem Preisanstieg beim Rohöl auf fast 150 Dollar je Barrel führte. Das ist einer näheren Betrachtung wert, weil scharfe Anstiege der Energiekosten noch jede Rezession seit Anfang der 1970er-Jahre angekündigt haben.

Als die Konjunktur Ende 2008 und Anfang 2009 krachend einbrach und die Arbeitslosigkeit den höchsten Stand seit Jahrzehnten erreichte, fielen die Ölpreise (ebenso wie die Preise anderer industrieller Rohstoffe) dramatisch – aber sie blieben nicht lange auf diesem tiefen Niveau. Diese Gegenbewegung, eine der stärksten, die man je gesehen hat und die unter anderem zu einer Verdoppelung der Ölpreise führte, wurde wiederum durch starke Nachfrage aus den sich entwickelnden Volkswirtschaften – insbesondere aus China – in Gang gesetzt. Und der Effekt der steigenden Rohstoffpreise auf unsere eigene Volkswirtschaft war ein sehr zögerliches Wachstum; weit geringer als das, was in der Vergangenheit nach der Erholung von einer Rezession als normal galt. Die amerikanischen Verbraucher litten an Geldmangel und hatten es immer noch mit einer fast zweistelligen Arbeitslosenrate und einem trostlosen Wohnimmobilienmarkt zu tun. Außerdem standen sie unter anderem vor dem Problem, 3 Dollar pro Gallone Benzin (ca. 3,8 Liter) zahlen zu müssen, und das verdunkelte eine im Prinzip optimistische Phase des Konjunkturzyklus. Aber das ist die neue Normalität.

Natürlich haben wir keine direkte Kontrolle über das Wachstum in China und anderen Entwicklungsländern. Klar ist auch, dass die USA die Rohstoffpreise nicht mehr kontrollieren. Sie waren der Hauptgrund, weshalb die Nation in den 2000er-Jahren so viel zu leiden hatte. Und so schrecklich das erste Jahrzehnt des 21. Jahrhunderts sich auch zeigte – es war nur das Vorspiel einer noch viel schlimmeren Zukunft.

Die logische Folge ist, dass ein fortgesetzter Anstieg der Rohstoffpreise – der sicher ist, falls unsere Einschätzung bezüglich Chinas zutrifft – nicht nur das Wirtschaftswachstum der USA verlangsamen, sondern auch die Inflationsentwicklung anheizen wird. Diese Kombination ist nichts anderes als eine extreme Form der sprichwörtlichen Zwickmühle. Und welche Methoden die Politiker auch wählen werden, um gegen diese Situation anzukämpfen, wird egal sein, solange China weiterhin die Ressourcen aufsaugt – Materialien, die für uns lange Zeit selbstverständlich waren. Der Zyklus aus immer höherer Inflation und phasenweiser Deflation wird sich wiederholen und immer schlimmer werden.

Rohöl ist der wichtigste Rohstoff, der den Zeitraum von 2008 bis 2009 nur als eine Art Vorspiel erscheinen lassen wird.

## Komme was da wolle

Die Deepwater Horizon-Katastrophe im Frühjahr 2010 war ein tragisches und herzzerreißendes ökologisches Desaster von epischen Ausmaßen. Bilder von ölverschmierten Pelikanen und toten Meeresschildkröten, die bereits auf der Liste der gefährdeten Tierarten standen und am Golf von Mexiko angespült wurden, brachten das Blut zum Kochen – auch bei eher weniger leidenschaftlichen Fernsehzuschauern. Aus guten Gründen.

Wir werden die Auswirkungen der schlimmsten Ölkatastrophe in den USA jahrzehntelang spüren, sowohl in umweltpolitischer als auch in ökonomischer Hinsicht. Es klingt ironisch, dass BP, das Unternehmen, das für die Katastrophe verantwortlich war, in den letzten Jahren Hunderte Millionen Dollar ausgegeben hat, um sich nicht mehr als »British Petroleum«, sondern als »beyond petroleum« zu positionieren, denn die ölverdreckten Strände und die riesigen Todeszonen im Ozean am Golf von Mexiko sprechen dafür, dass BPs Geschäfte alles andere als »grün« sind.

Allgemein ausgedrückt, zeigt die Ölverschmutzung, wie verzweifelt unsere Suche nach Öl inzwischen geworden ist. Das ist ein Anzeichen, dass die Welt tatsächlich den Zeitpunkt erreicht hat, den man »Peak Oil« nennt. In der Vergangenheit haben Manager der Ölindustrie und Politiker, die der Ölbranche als Lobbyisten dienten, diesen Begriff bestritten, lächerlich gemacht und geleugnet.

Peak Oil (über das ich schon in früheren Büchern geschrieben habe) bezieht sich in der allgemeinsten Formulierung auf den Punkt, an dem die Ölnachfrage die Produktionskapazitäten der Welt übersteigt. Es ist immer noch viel Öl im Boden, auch unter den Ozeanen, und das wird immer so sein. Aber wir können das Rohöl nicht mehr schnell genug fördern, um den weltweiten Bedarf zu decken: Die Tatsache, dass wir inzwischen Ölquellen anzapfen, die mehrere Meilen unter dem Meeresboden liegen – ein Teil der Erde, der uns so fremd und so unbekannt ist wie der Mond –, spricht für eine enorme Vermessenheit ebenso wie für echte Verzweiflung. Das sagt uns, dass wir das letzte Stadium der Ölförderung erreicht haben.

Als wir erstmals über Peak Oil schrieben, galt dies als Außenseitermeinung. Jeder wusste, dass Rohöl ein begrenzt verfügbarer Rohstoff ist und eines Tages nicht mehr in den erforderlichen Mengen zur Verfügung stehen wird. Aber der Konsens war, dass dieser Tag der Abrechnung noch viele Jahrzehnte oder vielleicht sogar hundert Jahre in der Zukunft lag. Solche Zusicherungen waren wichtig für die Manager von Ölfirmen, die kein Interesse daran hatten, die Welt von ihrer Ölabhängigkeit zu befreien.

Damals waren Wissenschaftler so ziemlich die Einzigen, die über Peak Oil sprachen. Sie bezogen sich auf die Arbeiten weniger weitblickender Geologen. Es lagen viele statistische Analysen vor, die zeigten, wie schnell Ölfelder ausgebeutet werden, und einschätzten, wie viel Öl unter der Erdoberfläche existiert. Aber diese Diskussionen waren eher theoretischer Natur und nicht dringend.

Heute handelt es sich bei Peak Oil nicht mehr um eine Außenseitermeinung, und es ist auch nicht länger ein rein akademisches Thema. Es ist ins allgemeine Gedankengut eingegangen, wird von den Wissenschaftlern größtenteils akzeptiert und von immer mehr Topmanagern aus der Ölbranche anerkannt. Die These ist für das Leben von uns allen von größter Relevanz, weil unsere Wirtschaft und sogar unsere Art zu leben von billiger Energie abhängt. Und es gibt keinen vernünftigen, tragfähigen Ersatz, der die enorme Energiedichte von Öl auch nur annähernd erreichen könnte.

Der Grund der Veränderung lässt sich in einem Wort zusammenfassen: China.

Chinas Ölbedarf hat den Tag der Abrechnung bezüglich Peak Oil rasch näher rücken lassen. Nach den USA ist China der zweitgrößte Ölkonsument der Welt, auch wenn der Pro-Kopf-Verbrauch weit unter unserem liegt. Und ein Ende der steigenden Nachfrage des Landes ist nicht in Sicht. Ohne den Einfluss Chinas könnte man Peak Oil vielleicht heute noch für einen akademischen Nebenkriegsschauplatz halten. Aber nun wird die Realität von Peak Oil allgemein akzeptiert und existiert im Hier und Jetzt. Es handelt sich nicht mehr um ein Thema in den Elfenbeintürmen der Universitäten, sondern es hat sich im Denken der Wissenschaftler und der Unternehmen etabliert.

Und obwohl es sich noch immer nicht um ein Thema für Schlagzeilen auf der Titelseite der Zeitungen handelt, taucht es doch immer häufiger in den Veröffentlichungen der Medien auf. Dennoch ist Peak Oil noch nicht umfassend ins Bewusstsein der amerikanischen Bevölkerung vorgedrungen. Es gibt immer noch viele Menschen, die glauben, wir müssten nur genug nach Öl bohren, um uns ausreichende Mengen des schwarzen Goldes für mehrere Generationen zu sichern, und könnten den Übergang im großen Stil auf alternative Energien weiter hinauszögern. Folglich schaffen es die USA immer noch nicht, die Entwicklung von Alternativen als die unabdingbare Herausforderung zu sehen, die sie in Wirklichkeit ist. Und daher konzentrieren wir uns auch immer noch nicht darauf, welche Ressourcen wir brauchen und wie wir sicherstellen können, dass wir genug davon haben werden.

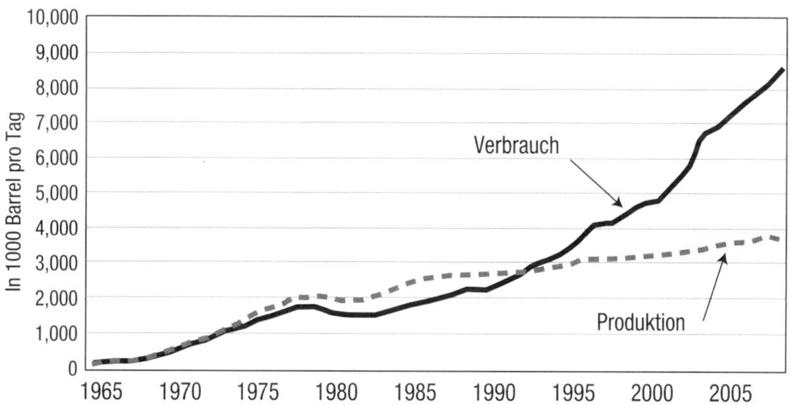


**Chinas Ölproduktion und Ölverbrauch**
*Quelle: BP Statistical Survey of World Energy*

Und das ist das Problem: Wir tun das nicht – aber China tut es.

## 40-Jahre-Warnung

Für ihren Energiebedarf haben sich die USA wie Blanche DuBois in *Endstation Sehnsucht* lange Zeit auf die Freundlichkeit Fremder verlassen (von denen viele uns und unsere Lebensweise ablehnen). Unser Land ist heute von Importen abhängig. Wir führen zwei Drittel unseres Ölbedarfs ein, während es Mitte der 1980er-Jahre noch ein Drittel war. Im Gegensatz zu den Aussagen einiger Politiker und konservativer Teilnehmer an Talkshows, die gern populäre und klug klingende Äußerungen tätigen, werden die USA durch eigene Ölförderung niemals ihren Energiebedarf decken können. Daran gibt es keinen Zweifel. Und jeder, der anders denkt, macht sich Illusionen wie Blanche im Drama von Tennessee Williams.

Während China mit höchstem Tempo nach vorne drängt, um eine alternative Energiewirtschaft aufzubauen, bewegen sich die USA kaum vorwärts. Man redet hier allenfalls über diese Idee. Stattdessen lässt sich die Energiepolitik unserer Nation in dem verfehlten Aufruf zusammenfassen, wir müssten nur intensiv genug nach Öl bohren, um unseren Energiebedarf zu decken. Den größten Teil des leicht zu fördernden Öls haben wir aber längst verbraucht, was uns dazu zwingt, bei der Suche nach neuen Lagerstätten extreme Anstrengungen zu unternehmen. Nach den Daten des Energieministeriums erreichte die Rohölförderung in den USA 1970 ihren Höhepunkt. Ende der 1970er-Jahre gab es zwar einen kurzen Produktionsanstieg, als die Lagerstätte North Slope in Alaska erschlossen wurde, aber ein paar Jahre später setzte sich der Rückgang fort. Die Verlagerung der Fördertätigkeit in den Golf von Mexiko verlangsamte den Rückgang der Produktion, aber der Trend weist noch immer ununterbrochen nach unten. Auch Bohrungen am äußeren Kontinentalschelf, die Präsident Obama noch wenige Tage vor der BP-Katastrophe erstmals genehmigen wollte, würden den Produktionsrückgang nicht aufhalten.

Von dem Öl, das wir noch fördern, stammt ein großer Teil aus Tiefwasserbohrungen. Aber es gibt gute Gründe für die Annahme, dass wir mit dieser Abhängigkeit von Offshore-Öl unseren eigenen ökonomischen Ruin vorbereiten. Vor zehn Jahren entfielen noch etwa 15 Prozent unserer Produktion auf Tiefwasserbohrungen; heute sind es mehr als 30 Prozent.

Weltweit sieht es nicht viel anders aus. Ebenso wie in Texas und Alaska kam es auch in anderen ölproduzierenden Regionen zu extremen Produktionsrückgängen: Indonesien, die Nordsee, Mexiko, Russland … die Liste ließe sich fortsetzen. Und obwohl diese Regionen noch jahrelang Öl liefern werden, waren die Produktionsrückgänge nach dem Höhepunkt der Förderung alarmierend. Sie zwangen die Unternehmen, in immer schwierigeren Gegenden nach Öl zu suchen.

Es ist keine Untertreibung zu sagen, dass diese Suche nach neuen Ölvorkommen einen Akt der Verzweiflung darstellt. Wir explorieren in Regionen, die noch vor wenigen Jahren als technisch unerreichbar und finanziell als zu riskant galten. Inflationsbereinigt sind die Kosten für das Anbohren einer neuen Ölquelle (sowohl an Land als auch vor der Küste) in den letzten zehn Jahren um das Fünffache gestiegen. Und wie wir bei der BP-Katastrophe schmerzvoll lernen mussten, werden die Risiken des Bohrens in diesen neuen Grenzgebieten noch immer nicht vollständig erkannt.

Der Meeresboden in der Tiefsee ist ein derart weit entferntes Gebiet, dass die Menschheit kaum etwas über ihn weiß. Mit anderen Worten: Man kann die Wahrscheinlichkeit eines Unfalls nicht angemessen einschätzen oder den Schaden berechnen, der im Fall eines Unglücks entstehen würde. Das ist fast so, als würde man auf dem Mond nach Öl suchen – außer dass sich auf dem Mond potenzielle Schäden besser quantifizieren ließen.

Die BP-Katastrophe im Gebiet des Macondo-Ölfeldes war ein unseliges Beispiel, was passieren kann, wenn man in Tausenden Metern Tiefe den Meeresboden anbohrt. Außerdem ist es ein Fehler, einen solchen Unfall als einmaliges Ereignis zu werten. Es besteht ein erheblicher Unterschied zwischen einem Ereignis mit niedriger Auftretenswahrscheinlichkeit und einem reinen glücklichen Zufall. Ein Beispiel: Selbst wenn die Wahrscheinlichkeit eines solchen Unfalls nur 1 zu 100 beträgt, wird er fast mit Sicherheit auftreten, wenn man den Prozess 1000-mal wiederholt – die Wahrscheinlichkeit liegt dann bei 99,996 Prozent. Außerdem lässt sich überhaupt nicht abschätzen, wie viel ein solcher Unfall kosten wird. Aber trotz aller Gefahren, die mit solchen Bohrungen verbunden sind, ist die Jagd nach neuen Ölreserven tief im Meeresboden die einzige Möglichkeit, wie die Welt zumindest vorübergehend ein halbwegs angemessenes Ölangebot schaffen kann. Auch wir benötigen neue Bohrungen, um die Versorgung sicherzustellen und die 4 Millionen Barrel pro Jahr auszugleichen, die uns durch die Erschöpfung der bereits vorhandenen Ölquellen verloren gehen. Es handelt sich also um einen Langstreckenlauf, bei dem wir jedes Jahr schneller und weiter laufen müssen, nur um unsere Position zu verteidigen. Aber jetzt haben wir die Grenzen unseres Durchhaltevermögens erreicht oder sind ihnen zumindest sehr nahe gekommen.

Denken Sie an eine weitere BP-Ölbohrinsel im Golf von Mexiko, Thunder Horse. Die eine Milliarde Dollar teure Plattform war ein Teil des teuersten Bohrprojekts der Welt, das 250.000 Barrel pro Tag liefern sollte. Aber es gab von Anfang an Probleme. Nach zahlreichen Schwierigkeiten auf Ingenieursebene und einem schweren Schaden infolge des Hurrikans Katrina begann Thunder Horse 2008 endlich mit der Produktion. Das Ölfeld erreichte seine Maximalförderung von nur 172.000 Barrel aber schon im folgenden Jahr. Danach ging die Produktion zurück. Seither ist sie zusammengebrochen, und als dieses Buch geschrieben wurde, war sie auf 50.000 Barrel pro Tag gesunken. Teilweise lag das an »Wartungsproblemen«, obwohl sich BP sehr verschwiegen zeigte, um welche Probleme es sich dabei handelte. Heute sieht es so aus, dass Thunder Horse niemals auch nur annähernd die eine Millarde Barrel Öl erzeugen wird, die die Plattform ursprünglich versprach.

Bedenken Sie, dass die Wartung einer Offshore-Bohrinsel sehr teuer ist. Investoren verlangen eine hohe Anfangsrendite für ihre Investments, weil diese Ölquellen keine so lange Lebensdauer haben wie die kleinen Vorkommen, die über den Westen von Texas verstreut sind und jahrzehntelang jeden Tag ein paar Barrel Öl fördern. Daher müssen wir zusätzlich zu weiteren Katastrophen wie Deepwater Horizon mit sehr teuren Enttäuschungen wie Thunder Horse rechnen, wenn wir tief unter dem Meeresboden nach Öl suchen. Hinzu kommt: Wir werden wahrscheinlich feststellen, dass die tatsächlichen Reserven dieser Ölvorkommen weit geringer sind als erwartet, was die Kosten pro Barrel noch weiter in die Höhe treibt.

## Wann, nicht ob

Die Feststellung, dass wir alternative Energien entwickeln müssen, dass fossile Brennstoffe – Öl, Kohle und Erdgas – keine langfristigen Lösungen darstellen, um die Volkswirtschaften dieser Welt mit Energie zu versorgen, wird heute von fast jedem akzeptiert, obwohl einige Ewiggestrige immer noch glauben, dass die Welt buchstäblich unerschöpfliche Mengen Öl enthält. Aber es ist klar, dass Entwicklungsländer mit mehr als fünf Milliarden Einwohnern das Tempo ihrer Fortschritte nicht beibehalten können, ohne alternative Energien zu entwickeln. Wenn die jüngste Rezession etwas bewiesen hat, dann die Tatsache, dass wir uns der Spitze des Energieverbrauchs nähern. Während der schlimmsten Wirtschaftskrise seit dem Zweiten Weltkrieg gab es nur einen moderaten Rückgang der globalen Nachfrage und eine rasche Erholung der Energiepreise.

An diesem Punkt dreht sich die Debatte nur noch darum, ob die Produktionsspitze schon erreicht ist oder ob dies erst in den nächsten Jahren passieren wird. Wir haben in unseren früheren Büchern viele Daten bezüglich der zunehmenden Ölknappheit vorgestellt und werden an dieser Stelle nicht ins Detail gehen, weil sich die Informationen seither nicht geändert haben. Stattdessen spricht immer mehr für eine zunehmende Knappheit fossiler Brennstoffe.

Peak Oil bedeutet nicht, dass uns das Rohöl ausgehen wird, aber es bedeutet, dass die Ölproduktion unaufhaltsam sinken wird. Wir sind am Ende der billigen Ölversorgung angelangt. Viele Menschen in den USA sehen dies jedoch als ein weit entferntes Thema, über das man sich erst irgendwann in der Zukunft Gedanken machen muss. Aber China hat die Bedrohung als solche erkannt und handelt auch entsprechend.

Aktiv, wenn auch in aller Stille, bereitet sich China heute auf diese kommende Krise vor. Es rüstet sich für einen Kampf ums Überleben, und zwar nicht nur, indem es sich seine zukünftige Versorgung mit Öl und Erdgas aus entlegenen Ländern sichert – von denen einige von den weltweit verabscheuungswürdigsten Despoten beherrscht werden –, sondern auch, indem das Land einen beträchtlichen Teil seines Bruttoinlandsprodukts für den Bau von Wind- und Solarkraftwerken aufwendet. Und es kämpft darum, seine Vorräte an wichtigen Metallen und für den zukünftigen Aufbau alternativer Energien unersetzlicher Mineralien zu sichern, solange diese Rohstoffe noch in recht großen Mengen verfügbar und nicht zu teuer sind. Somit sind die Schlachtfelder abgesteckt, aber die USA befinden sich in großer Gefahr, weil sie sich der bevorstehenden Bedrohung kaum bewusst und stattdessen auf das Hier und Jetzt fixiert sind.

Nach dem Höhepunkt der Ölproduktion wird die Welt noch größere Mengen an Energie einsetzen, um die verbliebenen Ölreserven auszubeuten. Und da wir in einer Welt mit engen Verbindungen leben, werden wir bei einem Anstieg der Ölpreise auch mehr für die Förderung von Eisenerz, Kupfer, Nickel und dergleichen zahlen. Das wird wiederum die Kosten der Ölproduktion in die Höhe treiben. Und so weiter. Ab einem gewissen Punkt werden die Produktionskosten eines Barrels Öl den wirtschaftlichen Grenznutzen dieses Öls übersteigen.

Natürlich finden die Förderunternehmen immer noch Öl, und wir sind recht geschickt darin geworden, Öl aus Quellen zu holen, die man schon für erschöpft gehalten hatte. Aber die zusätzlichen Reserven und die Ausbeute aus diesen Quellen können das Öl bei Weitem nicht ersetzen, das die Welt verbraucht.

Daten der International Energy Agency (IEA) zeigen, dass zwar der Juli 2008 – der Beginn der Finanzkrise – der Monat mit der höchsten Ölproduktion war, aber das Jahr mit der höchsten konventionellen Ölförderung war bereits 2005. Und das trotz steigender Ölpreise: Traditionelle ökonomische Modelle besagen ja, dass steigende Preise zu neuen Ölfunden führen sollten, die einen Produktionsrückgang aufhalten. Die Prognosen der IEA fielen in der Vergangenheit übermäßig optimistisch aus, aber heute räumt die Organisation ein, dass uns Probleme bevorstehen. In ihrem World Energy Outlook 2010 prognostizierte die Organisation für 2020 ein wellenförmiges Produktionsplateau von 68 bis 69 Millionen Barrel pro Tag. Das Allzeithoch von 70 Millionen Barrel im Jahr 2006 werde die Produktion allerdings nicht mehr erreichen. In dieser Veröffentlichung setzt die IEA ihre Hoffnungen auf noch nicht entdeckte Ölvorkommen, die den bis 2035 erwarteten Rückgang der konventionellen Ölförderung von 80 Prozent kompensieren könnten. Sie richtet ihren Blick zudem auf die Förderung von Flüssigerdgas und unkonventionell produziertem Öl. Beide Energieträger sollen stark wachsen, um der steigenden Nachfrage gerecht zu werden. Das klingt ebenfalls übermäßig optimistisch.

Weltweit gab es in den letzten Jahren nur deshalb eine Steigerung der Ölproduktion, weil die Definition von Öl ausgeweitet wurde. Inzwischen umfasst sie auch Quellen wie die Teersände in Alberta, flüssiges Erdgas und Bio-Brennstoffe wie Ethanol. Alle diese Quellen sind jedoch begrenzt, und keine von ihnen kann die rückläufige Produktion konventionellen Öls langfristig kompensieren.

Ein Beispiel: Um ein Barrel synthetischen Rohöls aus den Teersänden bei Fort McMurray zu gewinnen, braucht man zwei Tonnen Sand, 950 Liter Wasser und 40 Kubikmeter Erdgas. Beim Produktionsprozess werden 110 Kilogramm Kohlendioxid freigesetzt (dreimal mehr als bei der konventionellen Ölförderung). Daher wird die Ölproduktion aus Teersänden wohl nur wenig zur zukünftigen Energieversorgung der Welt beitragen. Schon das benötigte Wasser ist ein Problem und einfach nicht in ausreichenden Mengen verfügbar, um die Produktion signifikant steigern zu können. Zudem ergibt es keinen Sinn, das sauber verbrennende Erdgas für die Produktion von synthetischem Rohöl einzusetzen.

Die Anwendung von Ethanol findet Anklang bei den amerikanischen Verbrauchern, aber ein echter Ersatz ist diese Substanz ebenfalls nicht. Wenn wir die gesamte landesweite Maisernte für die Produktion von Ethanol einsetzen würden, dann entspräche dies nur einem geringen Teil unseres Ölverbrauchs. Wir könnten das Rohöl auch dann nicht annähernd ersetzen, wenn wir sämtliche Grünpflanzen in den USA – Getreide, Gras und Bäume – für seine Gewinnung einsetzen würden.

In den vergangenen Jahren haben sich die großen Ölunternehmen unkonventionellen Kohlenwasserstoffquellen gewidmet, um Ersatz für die schwindenden Reserven zu schaffen. Heute geht es in erster Linie um unkonventionelles Erdgas, das in Schiefergestein eingeschlossen ist. Oberflächlich betrachtet kann man die Attraktivität der Suche nach Erdgas leicht erkennen. Ölfunde werden immer seltener, und die Lage der großen Felder beschränkt sich meist auf schwer zugängliche Regionen wie die Tiefsee im Golf von Mexiko und vor der Küste Brasiliens. Im Gegensatz dazu ist Erdgas mitten in den USA leicht zu finden. Das verdanken wir horizontalen Bohrungen und dem »Fracking«; darunter versteht man das chemische und hydraulische Aufbrechen des Gesteins. So haben die Ölbohrer viel besseren Zugang zu Gas, das in dichten Felsformationen verborgen ist. Der Einsatz dieser Techniken hat zu einer deutlichen Anhebung der Schätzungen von Gasreserven in den USA geführt.

Erdgas ist in den USA nicht nur im Überfluss vorhanden, sondern bietet auch den zusätzlichen Anreiz, dass es viel sauberer verbrennt als Kohle und dabei weit weniger $CO_2$ in die Atmosphäre entlässt. Der Einsatz von Kohle wird deshalb nicht aufhören, aber da die Erderwärmung in jedermanns Bewusstsein präsent ist, dürfte die Erdgasnachfrage sehr hoch sein. Leider ist das Schiefergas meist schnell erschöpft (die Produktion sinkt schon im ersten Jahr um 65 Prozent). Außerdem werden die Kosten der Gasgewinnung – für Energie, Wasser und anderen Ressourcen wie den Transport des Gases – auf lange Sicht wahrscheinlich hoch sein.

## In einem fernen Land

Die Erschöpfung der Ölvorkommen und der steigende Energieverbrauch machen nicht nur den hoch entwickelten Ländern Sorgen. Am 27. April 2010 machte Khalid al-Falih, Chef des staatlichen saudischen Ölunternehmens Aramco, eine alarmierende Aussage, die allerdings kaum zur Kenntnis genommen wurde. Er erklärte, die Energienachfrage in seinem Land werde bis 2028 vom Äquivalent von etwa 3,4 Millionen Barrel pro Tag auf 8,3 Millionen Barrel steigen.

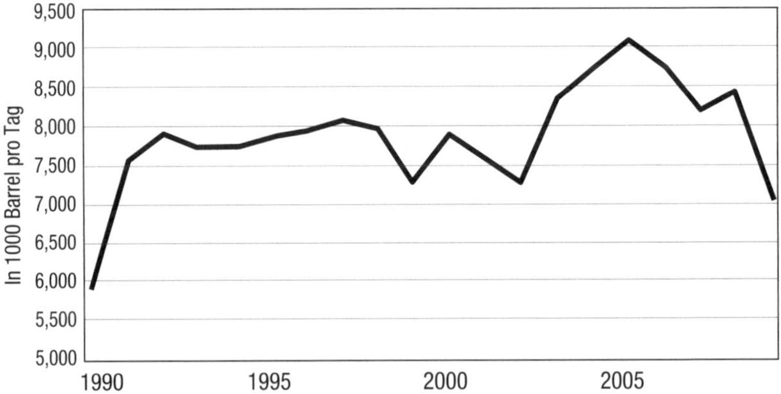


**Saudi-Arabiens Netto-Rohölexporte**
*Quelle: BP Statistical Review of World Energy*

Die steigende Energienachfrage der Entwicklungsländer ist nichts Neues; es handelt sich um ein Muster, das der Welt in den letzten 50 Jahren immer wieder begegnet ist. In Asien zum Beispiel Japan, Südkorea, Taiwan und jetzt China. Sie alle machten diese Erfahrungen, als ihre Volkswirtschaften heranreiften und das Einkommensniveau stieg. In der Vergangenheit war das kein Problem, weil die Energieproduzenten der Welt ihre Kapazitäten erhöhen konnten. Diesmal allerdings besteht die Schwierigkeit, dass die Welt an die Grenzen ihrer Ölförderungskapazitäten stößt.

Aber wenn Saudi-Arabien – unsere größte Hoffnung, was eine steigende Ölproduktion betrifft – den Höhepunkt seiner Fördertätigkeit oder dessen Nähe erreicht hat, gibt es gute Gründe für die Vermutung, dass die Auswirkungen auf die Welt massiv sein werden. Und das Problem wird durch den steigenden inländischen Ölverbrauch Saudi-Arabiens noch zugespitzt, weil es bedeutet, dass noch weniger Öl für den Export verfügbar sein wird.

Wenn Sie die Verlautbarungen des saudischen Königreichs nicht verfolgt haben, muss die Bemerkung genügen, dass die Saudis ihre Ölreserven noch nie zu niedrig eingeschätzt haben. Wir sollten zu Tode erschrocken sein, aber stattdessen werden diese Ankündigungen in den USA noch nicht einmal in den Abendnachrichten erwähnt. Noch vor einigen Jahren versprach das Königreich, die Förderung von 20 Millionen Barrel pro Tag sei eine konservative Prognose. Heute sieht es so aus, dass wir froh sein müssen, wenn es für 12 Millionen Barrel pro Tag reicht. Und sogar dieses Niveau ist fraglich.

Im April 2008 berichtete die offizielle saudische Presseagentur, König Abdullah habe befohlen, einige neu entdeckte Ölvorkommen unangetastet zu lassen, um den Ölreichtum des Landes zu bewahren. »Ich mache kein Geheimnis daraus, dass ich nach der Entdeckung einiger neuer Ölvorkommen angeordnet habe, das Öl im Boden zu lassen, mit der Gnade Gottes, unsere Kinder werden dieses Öl brauchen.« Im Einklang mit anderen Äußerungen, die die Erwartungen dämpfen sollten, klingt das kaum wie die Verlautbarung einer Nation, die mit Ölreserven von 260 Milliarden Barrel gesegnet ist. Das wäre genug, um den globalen Bedarf auf Jahrzehnte hinaus zu decken, wie Saudi-Arabien früher behauptet hatte.

Im Juli 2010 ging König Abdullah sogar noch einen Schritt weiter. In einem Gespräch mit Universitätsstudenten ordnete er an, die Ölexploration zu stoppen, um das Öl für zukünftige Generationen zu bewahren: »Ich leitete eine Sitzung des Kabinetts und sagte den Anwesenden, sie sollten zu Gott dem Allmächtigen für ein langes Leben beten. Ich sagte ihnen, dass ich die Einstellung jeglicher Ölexploration angeordnet habe, damit ein Teil dieses Reichtums nach dem Willen Gottes unseren Söhnen und Nachfolgern erhalten bleibt.« Ein altgedienter Offizieller im Ölministerium, der anonym bleiben wollte, kommentierte später, die Rede des Königs sei keine völlige Verbannung der Ölexploration gewesen, sondern sie bedeute eher, dass zukünftige Explorationstätigkeiten auf kluge Weise vorgenommen werden sollten. Die Bemerkungen des Königs erfolgten nur einen Monat, nachdem Aramco in seinem Jahresbericht stolz verkündet hatte: »Wir betreiben ein ausgedehntes und aggressives Explorationsprogramm, um sicherzustellen, dass wir über die nötigen Ölreserven verfügen, um den in- und ausländischen Energiebedarf noch auf viele Jahre hinaus sichern zu können.«

Ein klares Anzeichen, dass Aramco vor Schwierigkeiten steht, die bisherige Produktion aufrechtzuerhalten, von einer Steigerung ganz zu schweigen, sind die Explorationsaktivitäten im Roten Meer, weit weg von den bekannten Öl-und Gasvorkommen im Osten des Landes und im seichten Persischen Golf. Das Rote Meer ist stellenweise mehr als 1600 Meter tief und geologisch insofern problematisch, als die Salzschicht unter dem Meeresboden eine Dicke von über 2000 Meter aufweist. Es ist extrem schwierig, gute seismische Daten unterhalb der Salzschicht zu gewinnen und durch diese Schicht zu bohren. Zudem verfügt das staatliche Unternehmen über keinerlei Erfahrungen mit Tiefwasserbohrungen. Ali Al Hauwaj, Saudi Aramcos zuständiger Manager für diese Explorationsarbeiten, hat eingeräumt: »Das Rote Meer zu explorieren ist so, als ginge man in ein fremdes Land.« Warum also gehen die Saudis in einem fremden Land auf die Jagd nach neuen Reserven, wenn wir ihren oft wiederholten Behauptungen Glauben schenken sollen, sie könnten ihre Produktion in den existierenden Ölfeldern dramatisch steigern?

Wenn Ihnen also wieder einmal jemand erzählt, wegen all des Öls vor den Küsten der USA, Brasiliens, Westafrikas und anderer Länder sei die Ölförderung kein Problem, dann erinnern Sie ihn daran, dass man das Finden dieser Ölvorkommen damit vergleichen kann, ohne Fallschirm aus einem Flugzeug zu springen, um zu verhindern, dass man von jemandem erwischt wird, von dem man verfolgt wird. Sagen Sie ihm auch, dass es keinen großen Unterschied ausmacht, wenn er diesen Sprung überlebt, weil auch diese Vorkommen in der Tiefsee nur vorübergehende Notlösungen sind. Und nur zu bald wird auch das Öl aus der Tiefsee nicht mehr reichen. Amerika und die anderen Volkswirtschaften der Welt müssen in massivem Ausmaß alternative Energien einsetzen oder einen fortgesetzten dramatischen Verlust an Lebensqualität hinnehmen.

## Der Versuch, ein unglückliches Ende zu vermeiden

Es war interessant: Während der Ölpest im Golf von Mexiko zu Beginn des Frühlings 2010 tauchte auch eine andere Krise in den Nachrichten auf, die sich noch stärker auf die Finanzmärkte auswirkte. Es handelte sich dabei um die Eurokrise. Die Verschwendungssucht der Griechen hatte für einen dramatischen Ausverkauf nicht nur griechischer Staatsanleihen, sondern auch bei den Anleihen anderer europäischer Länder mit hohen Defiziten wie Portugal und Spanien gesorgt. Der Euro fiel schnell und heftig, die Finanzmärkte auf der ganzen Welt brachen massiv ein, weil man eine Implosion der großen europäischen Wirtschaft befürchtete.

Die Europäer (die nicht gerade für überbordende gegenseitige Freundschaft berühmt sind) schafften eine Einigung und stellten ein massives Rettungsprogramm im Umfang von fast einer Billion Dollar zusammen. Dieses Rettungsprogramm schaffte es, den Marktkräften zu widerstehen – oder, besser gesagt, die Spekulanten davon abzuhalten, die Anleihenmärkte dieser schwachen europäischen Länder zu zerstören.

Wir erwähnen dieses Thema, weil es eine Unterscheidung deutlich illustriert, die wir schon immer getroffen haben: Die Unterscheidung zwischen einem Problem, das man mit Geld lösen kann, und einem anderen, bei dem das nicht möglich ist. Die Krise Europas fiel zumindest kurzfristig in die erste Kategorie, während dies auf das Energieproblem – sogar auf die Ölpest im Golf von Mexiko als Mikrokosmos dieses Problems – nicht zutrifft. Beachten Sie, dass wir den Ausdruck »kurzfristig« gewählt haben, weil auf lange Sicht keine Geldsumme ein Europa schafft, das rund um eine gemeinsame Währung vereinigt bleiben kann. Das würde unter anderem erfordern, dass die Franzosen und Deutschland viele Jahrhunderte gegenseitiger Antipathie überwinden und dass die Griechen ebenso hart arbeiten wie die Deutschen.

Im Golf könnte auch eine Billion Dollar ebenso wenig einen Erfolg sichern wie mehrere Billionen Dollar einen erfolgreichen Flug zum Mars garantieren können. Auch Billionen Dollar müssen nicht notwendigerweise ausreichen, ein verfahrenes Problem zu lösen.

Hier ist eine einfache Analogie: Wenn Sie körperlich und geistig fit sind, einen Tapetenwechsel brauchen und das nötige Geld haben, können Sie einfach in ein Flugzeug steigen und in die Karibik fliegen. Wenn Sie aber mit gebrochenem Genick im Bett liegen und sich eine Veränderung wünschen, können Sie nur um Heilung beten. Gerade jetzt betet Amerika – oder sollte dies zumindest tun –, dass es aufwacht, bevor massiv steigende Rohstoffpreise – und vor allem Energiepreise – Reisen und viele andere Dinge unmöglich machen, die wir mit unserem Lebensstil assoziieren. Und die Probleme, vor denen Amerika heute steht, können nicht mit Geld gelöst werden. Wie wir in den folgenden Kapiteln noch zeigen werden, wird alles Geld der Welt (und wir meinen damit nicht nur Papiergeld, sondern auch Gold) das überwältigende Problem nicht lösen können, mit dem Amerika konfrontiert ist. Dieses Problem ist ein fundamentaler Mangel an Rohstoffen, ohne die wir nicht so weiterleben können wie bisher.

In der Tat scheinen wir blind für die Tatsache zu sein, wie sehr die hohen Rohstoffpreise das Leben der Amerikaner bereits erschwert haben. Das erste Jahrzehnt dieses Jahrhunderts war für viele finanzielle Assets in mancherlei Hinsicht das schlechteste aller Zeiten – auch für Aktien. Das Wirtschaftswachstum in diesem Jahrzehnt war das schwächste seit den 1930er-Jahren, und die Rendite von Aktien fiel negativ aus. Sogar in den 1930er- und 1970er-Jahren brachten Aktien positive Renditen. Die durchschnittlichen Gehälter im Land fielen so stark wie mindestens seit den 1930er-Jahren nicht mehr. Was in den 2000er-Jahren stieg, waren die Rohstoffpreise. Trotz des massiven Rückgangs der meisten Rohstoffpreise während der Wirtschaftskrise hatten sie unter dem Strich das beste Jahrzehnt aller Zeiten. Zum Beispiel stiegen die Ölpreise auf das Vierfache des Niveaus von 2000.

Die hochfliegenden Rohstoffpreise brachten Gegenwind für die Wirtschaftsentwicklung und lösten die schlimmste Wirtschaftskrise seit der Großen Depression aus. Ein wichtiger Aspekt steigender Ölpreise ist, dass es sich um einen nicht exakt zu erfassenden negativen Einflussfaktor auf die Wirtschaft handelt, und das gilt auch für alle anderen Ressourcen, die wir importieren müssen, um einen großen Teil unserer Bedürfnisse erfüllen zu können. Steigende Ölpreise sind eine Steuer auf unsere Wirtschaft. Erinnern Sie sich noch an einen Benzinpreis von 1,50 Dollar je Gallone? Das ist für alle Zeiten vorbei. Verloren ist auch der Unterschied zwischen den heutigen Preisen und den 1,50 Dollar je Gallone, die Sie früher bezahlt haben. Mit anderen Worten: Steigende Rohstoffpreise wirken auf uns alle wie eine Steuer. Aber das ist nicht die altmodische und freundliche Steuer, die von der Regierung erhoben wird, um militärische Ausgaben oder Bildung zu finanzieren oder um einfach das Defizit abzubauen. Solche Steuern können der Wirtschaft helfen oder den Ablauf der Dinge verlangsamen. Ausgaben für die Verteidigung können zum Beispiel das Angebot an gut bezahlten Jobs erhöhen. Diese Steuern reduzieren tendenziell auch die Inflation. Auf steigende Rohstoffpreise, die die Inflation nach oben treiben, trifft dies allerdings kaum zu. Es ist ein ganz entscheidender Unterschied, ob steigende Benzinpreise die Kassen der Regierung oder die Taschen einiger Scheichs füllen. Und das bringt uns zum Sommer 2008.

Sowohl Amerika als auch Europa steckten in einer Rezession, aber gleichzeitig stieg in beiden Volkswirtschaften die Inflationsrate. Diese unbefriedigende Situation hatten wir den Ölpreisen zu verdanken, die bei fast 150 Dollar pro Barrel lagen. In dieser Zeit – die jetzt schon ein Leben lang vorbei zu sein scheint – sahen die Zentralbanker ihre wichtigste Aufgabe darin, die Inflation zu bekämpfen. Im August 2008, etwa einen Monat bevor Lehman Brothers zum ersten Dominostein einer Kettenreaktion wurde, die in einer deflationären Katastrophe fast den Kapitalismus zerstört hätte, diskutierte die amerikanische Zentralbank darüber, ob sie die Zinsen erhöhen oder *nicht erhöhen* sollte, um die Inflation zu bekämpfen. Das unterscheidet sich nicht wesentlich von der Frage, ob man ein Feuer mit Benzin löschen sollte. Und während die Fed dies unterließ, erhöhte die Europäische Zentralbank auf Druck Deutschlands tatsächlich die Leitzinsen.

Der Rest ist Geschichte – aber leider eine Geschichte, die sich wahrscheinlich immer und immer wieder wiederholen wird. 2008 war wahrscheinlich kein einmaliges Ereignis, und die nächste Wiederholung wird wohl schlimmer ausfallen. Und während wir auf die nächste umfassende Katastrophe warten, sieht es so aus, als sollte der amerikanische Way of Life weiterhin wegbröckeln.

Stellen Sie sich einmal vor, Sie könnten mit einer Zeitmaschine ins Jahr 2000 reisen und 50 führende Ökonomen darum bitten, den Ölpreis in zehn Jahren zu prognostizieren – und zwar unter der Annahme, dass die USA ihren Ölverbrauch nicht erhöhen und die Arbeitslosenquote in der Nähe von 10 Prozent liegt. Natürlich können wir dieses Experiment im realen Leben nicht durchführen, aber wir bezweifeln, dass irgendeine ehrbare Person mit der Antwort eines Ölpreises unter 20 Dollar Probleme gehabt hätte. Und niemand hätte gedacht, dass die Benzinpreise deutlich über 1,25 Dollar je Gallone liegen würden. Stattdessen würden viele sagen, dass das Benzin unter diesen Bedingungen weniger als einen Dollar kosten würde.

Die heutigen Preise sind deutlich aus dem Ruder gelaufen und zweifellos die Folge einer zunehmenden Knappheit von Öl und anderen Ressourcen. Der Markt sendet ein deutliches Warnsignal, das bisher nur wenige Leute beachten. Da diese Knappheit in den nächsten Jahren vermutlich wachsen und sich sogar beschleunigen wird, werden unsere Lebensweise und die Renditen unserer Finanzinvestments wahrscheinlich weiterhin an Niveau verlieren. Noch schlimmer ist, dass sich dieser Rückgang eher beschleunigen als nachlassen wird.

Wie wir 2008 gesehen haben, als sich die Ölpreise dem Niveau von 150 Dollar je Barrel näherten, kann schon eine kleine Lücke zwischen Angebot und Nachfrage bei einem Rohstoff die Preise massiv steigen lassen. Wenn wir Peak Oil hinter uns lassen, wird diese Lücke wahrscheinlich wesentlich größer werden und die Energiepreise viel stärker hochtreiben, als es sich die meisten Leute vorstellen können. Und das wird sich nicht nur auf Öl beschränken.

## Und nun kommt … Peak Coal

In vielen Kreisen hält die Debatte über »Peak Oil« immer noch an, obwohl immer mehr Beweise vorliegen, dass Peak Oil hier und heute schon eine Realität ist. Gleichzeitig nimmt man allgemein an, dass es riesige Kohlevorkommen gibt, die den weltweiten Bedarf noch für Jahrzehnte oder gar Jahrhunderte decken werden. Diese Annahme beruht allerdings meist allein auf blindem Glauben. Bei näherer Untersuchung könnte die Welt auch schon in der Nähe des Höhepunkts der Kohleförderung (»Peak Coal«) sein. Das soll nicht heißen, dass uns die Kohle ausgeht, sondern dass wir uns in unmittelbarer Nähe des Höhepunkts befinden, was ihren Energiegehalt angeht, gemessen in britischen Wärmeeinheiten (British thermal units oder BTUs).

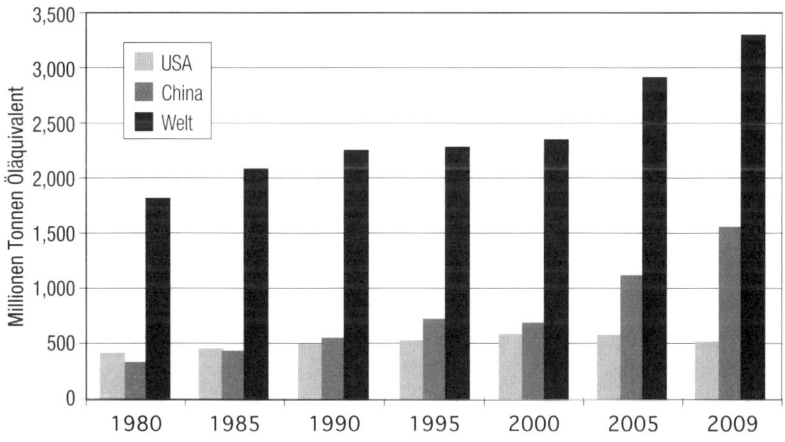


**Kohleverbrauch**
*Quelle: BP Statistical Review of World Energy*

Derzeit liefert Kohle etwa 30 Prozent des weltweiten Primärenergiebedarfs und liegt damit hinter Öl (etwa 35 Prozent) und vor Erdgas (etwa 24 Prozent). Die aus Wind- und Solaranlagen gewonnene Energie kommt nur auf weniger als 0,005 Prozent des gesamten weltweiten Energiebedarfs. Derweil erwartet die U.S. Energy Information Agency, die in der Vergangenheit übertrieben optimistische Prognosen abgegeben hat, dass die weltweite Kohleförderung bis 2035 um 15 Prozent steigen wird. Das ist ein ehrgeiziges Ziel.

In den meisten Ländern der Welt geht die Kohleproduktion zurück. Nationen wie Deutschland, Großbritannien, die Ukraine und Polen – allesamt früher bedeutende Kohleproduzenten – müssen ihre eigene Förderung heute durch Importe ergänzen.

Heute wird die Kohleförderung von nur fünf Ländern dominiert: von den USA, Russland, China, Australien und Indien, die zusammen über fast 80 Prozent der bekannten Reserven verfügen. Von diesen Ländern exportieren lediglich Australien, Russland und die USA bedeutende Anteile ihrer Produktion. Hinzu kommen ein paar weitere wichtige Exportnationen wie Indonesien, Kolumbien, Kasachstan und Südafrika, obwohl die Reserven Indonesiens beim aktuellen Produktionstempo wohl schon innerhalb eines Jahrzehnts erschöpft sein werden.

Man nimmt an, dass die USA über 29 Prozent der verbliebenen weltweiten Reserven verfügen. Das entspricht 245 Jahren bei den aktuellen Fördermengen. Es sieht also so aus, als seien wir immun gegen sämtliche Verschiebungen am Kohlemarkt. Diese Reservenschätzung ist aber insofern grob irreführend, als der BTU-Gehalt der von uns geförderten Kohle seit mehr als einem Jahrzehnt rückläufig ist.

Obwohl das Gesamtvolumen der US-Kohleproduktion vielleicht noch für 20 oder 30 Jahre steigen wird, haben wir den Höhepunkt der inländischen Kohleproduktion vielleicht schon hinter uns, ehe wir diesen Meilenstein erreichen. Danach werden wir immer größere Mengen an Kohle verbrennen müssen, um das gleiche BTU-Niveau zu erreichen, was die Lebensdauer unserer noch vorhandenen Reserven beträchtlich verkürzen wird. Und natürlich wird der Abbau dieser verbliebenen Kohlereserven den Einsatz zusätzlicher Energie erforderlich machen; vor allem von Kohle, was eine zusätzliche Reduzierung der Lebensdauer bedeutet.

Aber die beunruhigendsten Statistiken haben mit China zu tun. Der Kohleverbrauch dieses Landes stieg im ersten Jahrzehnt dieses Jahrhunderts um enorme 134 Prozent. 1999 konsumierte China nur etwa 20 Prozent mehr Kohle als die USA; zehn Jahre später erreichte sein Verbrauch das Dreifache des US-Niveaus. Obwohl China über die drittgrößten Kohlevorkommen der Welt verfügt, ist das Land seit einiger Zeit Nettoimporteur von Kohle, um seinen enormen Appetit stillen zu können.

Chinas Bedarf ist der wichtigste Grund, warum die Kokskohlepreise in den USA von etwa 40 Dollar je Tonne 2000 auf 180 Dollar je Tonne im Jahr 2008 gestiegen sind – ein Anstieg um das Viereinhalbfache –, bevor die Finanzkrise zu einem Preisrückgang auf etwa 120 Dollar pro Tonne führte. Und das ist auch der Grund, warum die Kohlepreise in den kommenden Jahren noch viel stärker nach oben gehen werden.

China verbrennt derzeit fast die Hälfte der weltweiten jährlichen Kohleproduktion. Bei der aktuellen Wachstumsrate wird die Nachfrage des Landes bald jede verfügbare Tonne Kohle an den Exportmärkten aufsaugen. Anders ausgedrückt: Zwischen Ende 2009 und 2015 wird China wohl eine zusätzliche Menge an Kohle brauchen, die der drei- bis vierfachen Jahresproduktion Australiens entspricht. Und damit sind nicht die australischen Exporte gemeint, sondern die gesamte Kohleförderung des Landes.

Auch wenn es China schafft, im Jahr 2020 15 bis 20 Prozent seines Bedarfs an Primärenergie aus erneuerbaren Quellen zu beziehen, wird der Kohleverbrauch des Landes mit einem alarmierenden Tempo steigen, weil die chinesische Wirtschaft wahrscheinlich weiterhin mit beeindruckender Geschwindigkeit wachsen wird, wie es schon seit mehr als 60 Jahren der Fall ist.

Obwohl China über die drittgrößten Reserven der Welt verfügt, wird erwartet, dass seine Lagerstätten nur noch für 38 Jahre ausreichen werden, wenn man die Produktionsmengen von 2009 zugrunde legt. Aber was die Lebensdauer der verbliebenen Reserven in den USA betrifft, wäre das eine zu primitive Sichtweise, mit der man unterschätzt, wie kritisch die Situation bereits ist.

Einige unabhängige Studien über die problematische Situation des weltweiten Kohleverbrauchs stützen diese Sichtweise. Zum Beispiel erschien 2007 eine Studie der Energy Watch Group, einer in Deutschland ansässigen Organisation unabhängiger Wissenschaftler und Parlamentarier, in der der Höhepunkt der Kohleförderung für 2020 prognostiziert wurde. Die Studie wies auf die schlechte Qualität der Daten über die weltweiten Reserven hin – in einigen Fällen waren sie seit Jahrzehnten nicht revidiert worden. Im Fall von China hatten sich die Schätzungen der Vorkommen seit 1992 nicht mehr verändert. Folglich stellten zahlreiche Schätzungen die Mengen der noch nicht geförderten Kohle bei Weitem zu hoch dar. Auf der Basis einer vergleichenden Analyse der einzelnen Länder kam die Forschungsgruppe zu der Schlussfolgerung, dass die weltweite Produktion in den kommenden zehn bis 15 Jahren immer noch um etwa 30 Prozent wachsen werde. Allerdings werde das Produktionsprofil von China als größter Kohleförderer der Welt den Höhepunkt der weltweiten Kohleproduktion bestimmen. Und nach 2020, so schätzte die Untersuchung der Energy Watch Group, werde die weltweite Kohleförderung massiv zurückgehen.

Zwei Jahre später, im Jahr 2009, veröffentlichten Forscher am China Center for Energy Economics Research in der Fachzeitschrift *Energy Policy* einen Artikel, der eine ähnliche Schlussfolgerung beinhaltete: dass nämlich der Höhepunkt der Kohleförderung in China in etwa um das Jahr 2030 liegen wird. Und es handelt sich dabei nicht um irgendeine Gruppe von Außenseitern, die zu diesem Schluss kamen, sondern um Wissenschaftler der Xiamen-Universität in Fujian, die eine der führenden Hochschulen des Landes ist.

Die Forscher erkannten, dass die Lücke zwischen Chinas inländischer Produktion und der Nachfrage wachsen wird und durch steigende Importe kompensiert werden muss. Ihre Schätzung lautete: »2015 würde das Volumen der Netto-Kohleimporte nach China 11 bis 34 Prozent des weltweiten Kohlehandels ausmachen. 2030 wären es, wie prognostiziert, 41 bis 54 Prozent. Das würde bedeuten, dass etwa 50 Prozent des weltweiten Kohlehandels mit China abgewickelt wird. Sollte dies der Fall sein, hätte schon eine kleine Veränderung des chinesischen Kohlemarkts große Auswirkungen auf die internationalen Kohlemärkte und vor allem auf die internationalen Kohlepreise.«

Die Aktionen der Volksrepublik seit dem Erscheinen der Studie legen nahe, dass ihre Schlussfolgerungen der Aufmerksamkeit der chinesischen Regierung nicht entgangen sind. Angesichts der Tatsache, dass 70 Prozent des chinesischen Energieverbrauchs auf Kohle entfallen, ist es logisch, dass das Land eifrig alternative Energiequellen entwickelt. Aus Sorge, dass sie die existierenden Kohlevorkommen mit alarmierender Geschwindigkeit ausbeutet, denkt die Regierung heute darüber nach, die Kohleförderung im Inland zurückzufahren, wie staatlich gelenkte chinesische Medien berichteten.

Inzwischen machen sich die steigenden chinesischen Kohleimporte an den Weltmärkten schon bemerkbar, obwohl dies erst ein Vorgeschmack dessen ist, was noch kommen wird. Letztlich zieht dieser Anstieg der Kohlepreise den Amerikanern und den Konsumenten auf der ganzen Welt Geld aus der Tasche und lässt uns weniger übrig, das wir für andere Dinge ausgeben könnten.

Wie wir in den folgenden Kapiteln noch zeigen werden, gibt es eine ganze Reihe von Rohstoffen, deren Preise zusammen mit Öl und Kohle durch die Decke schießen werden, weil das Angebot mit der Nachfrage nicht Schritt halten kann.

Was können wir tun? Zunächst muss man sich natürlich damit auseinandersetzen, worauf die Chinesen nicht nur schon seit Jahren ihre Gedanken richten, sondern es auch blitzartig in die Tat umgesetzt haben. Wir meinen damit die Entwicklung erneuerbarer Energien oder jeder Energiequelle, die Öl oder – in zunehmendem Maß – auch Kohle ersetzen kann.

# Kapitel 4
# Blind für die Realität am Kupfermarkt

Wir Amerikaner begreifen es einfach nicht. Nichts illustriert unsere Ignoranz oder unsere Gleichgültigkeit bezüglich der Bedrohungen unserer Zivilisation besser als die Kriege, die wir im Irak und in Afghanistan führen. Manche Beobachter, zum Beispiel der Nobelpreisträger für Wirtschaftswissenschaften Joseph Stiglitz, schätzen, dass diese Kriege die amerikanische Volkswirtschaft mehr als 3 Billionen Dollar gekostet haben. Das hat uns auch hinsichtlich verlorenen Personals viel gekostet und zudem enorme Kräfte und Chancen, entscheidende Ressourcen zu erschließen. In der Tat entfällt ein großer Teil dieser geschätzten 3 Billionen Dollar auf das Öl, das für die Kriegsführung benötigt wurde und auf den entsprechenden Anstieg der Ölpreise. Hätten wir 3 Billionen Dollar für die Entwicklung von erneuerbarer Energien aufgewendet, dann hätte dieses Buch vielleicht nicht geschrieben werden müssen.

Aber die Kriegskosten – auch wenn sie hoch sind – wären nicht so entscheidend, hätten sie China nicht freie Hand gelassen, eben diese wichtigen Ressourcen zu erschließen, die die ganze Welt brauchen wird, von denen es aber bei Weitem nicht genug gibt. In diesem Kapitel werden wir uns hauptsächlich auf Kupfer konzentrieren, weil es unter den wichtigsten Metallen das seltenste ist. Wir werden aber auch klarstellen, dass das, was für Kupfer gilt, ebenso auf die meisten anderen Metalle zutrifft. Und China akkumuliert den Löwenanteil dieser Metalle. Das nimmt uns die Chance, die Entwicklung erneuerbarer Energien voranzutreiben.

Vielleicht ist Afghanistan die beste Illustration der entscheidenden Unterschiede zwischen China und den USA und auch dafür, dass wir den Krieg verlieren werden – sogar wenn wir die sprichwörtliche Schlacht in Afghanistan gewinnen. Unsere Bestrebungen in Afghanistan mögen noch so nobel sein, aber sie sind trotzdem bedeutungslos, wenn sie uns auf einen Weg führen, auf dem uns einfach die Energie fehlt, unsere Volkswirtschaft zu lenken und womöglich auch weitere Kriege zu führen. Auch wenn wir in Afghanistan auf der ganzen Linie siegen, wird es sich wahrscheinlich um den ultimativen Pyrrhussieg handeln. Wir haben viele Milliarden Dollar für die Kämpfe in Afghanistan ausgegeben. Wir haben das Leben unserer Soldaten riskiert und ein korruptes Regime in einem Land unterstützt, das schon die Russen im 20. Jahrhundert nicht erobern konnten und aus dem die Briten im 19. Jahrhundert vertrieben wurden. Auch die Chinesen haben eine Invasion in Afghanistan gestartet, jedoch eine stille. Während wir mit geringem Erfolg Kampftruppen entsendet haben, ist China seit 2007 mit einer Armee von Geologen, Bergbauexperten und Ingenieuren ganz offen in das Land eingezogen und wird unter Mitnahme eines immensen Besitzes des wahrscheinlich wichtigsten von allen Metallen wieder abziehen: Kupfer.

China Metallurgical Group Corporation, ein Konglomerat in Staatsbesitz, zahlte 3,4 Milliarden Dollar für die Rechte an einem Vorkommen in einer früheren Al-Quaida-Hochburg im Süden von Kabul, von dem man annimmt, dass es 13 Millionen (vielleicht auch bis zu 20 Millionen) Tonnen Kupfer enthält. Das Erstaunlichste an dieser Transaktion: Der Kaufpreis lag um eine Milliarde Dollar höher als die Angebote amerikanischer, kanadischer, russischer und kasachischer Unternehmen. Und nach einem am 19. November 2009 in der Washington Post veröffentlichten Bericht wurde der afghanische Bergbauminister mit 30 Millionen Dollar bestochen. Die Chinesen betrachten so etwas einfach als Teil ihrer Geschäfte, aber für westliche Unternehmen ist dergleichen illegal.

Das Kupfervorkommen Aynak enthält mehr als ein Drittel der bekannten afghanischen Kupferreserven. Wenn die Förderung 2014 ihr volles Ausmaß erreicht, wird es eines der größten ausländischen Investitionsprojekte in der Geschichte Afghanistans sein. Als armes Land nach 30 Jahren Krieg verfügt

Afghanistan über so gut wie keine nennenswerte Infrastruktur. Für die Chinesen bedeutet dies, dass sie bei null anfangen müssen.

Neben der Mine selbst baut das Unternehmen auch eine Schmelzanlage zur Verarbeitung des Kupfererzes sowie ein 400-Megawatt-Kraftwerk, um die Mine und den Schmelzofen betreiben zu können. Das Unternehmen errichtet zudem eine Kohlemine, um Brennstoff für den Generator des Kraftwerks zu gewinnen, und Eisenbahnlinien, um die Kohle zum Kraftwerk und das verarbeitete Kupfer zu den Schiffen nach China zu bringen. Die gesamte Operation wird etwa 10.000 Arbeitsplätze schaffen, aber zunächst wird die Arbeit hauptsächlich von Chinesen erledigt, die hinter Stacheldrahtzäunen und Mauern tätig sind, während chinesische Sicherheitskräfte sie bewachen. Ganz zu schweigen von der Sicherheit, die die bewaffneten Streitkräfte der USA und ihrer Verbündeten gewähren.

Die Volksrepublik ist dazu bereit, das Sicherheitsrisiko einzugehen, in Afghanistan Geschäfte zu betreiben. Warum? Weil es in den kommenden Jahren jedes Pfund Kupfer aus der Aynak-Mine und noch viel mehr brauchen wird, wenn das Land mit seinen Anstrengungen Erfolg haben soll, in breitem Ausmaß alternative Energien zu entwickeln.

Als dieses Buch geschrieben wurde, kostete Kupfer etwa 4,50 Dollar je Pound (454 g). Das ist im historischen Vergleich sehr viel, aber immer noch relativ billig, wenn man seinen Beitrag zu den meisten Dingen betrachtet, für die es verwendet wird. Dieses Metall steht eindeutig nicht auf der von unserer Regierung erstellten Liste entscheidender Metalle, von denen man Vorräte einlagern sollte. Aber die zunehmende Kupferknappheit ist praktisch eine Garantie dafür, dass der Preis in die Stratosphäre steigen wird. Das vermindert unsere Fähigkeit, Häuser, Windkraftwerke, Hochspannungskabel oder Hybridautos zu bauen. Mit anderen Worten: Ohne relativ billiges Kupfer wird unsere ganze Volkswirtschaft auf den Kopf gestellt. Die Chinesen – angesichts ihrer Aktionen in Afghanistan und durch das Bunkern auch kleinster Mengen an Kupfer – haben nicht nur die Bedeutung dieses Metalls vollständig verstanden, sondern sie sind sich im Gegensatz zu Amerika auch seiner zunehmenden Knappheit bewusst.

Die zukünftige Kupferknappheit hätte für die Amerikaner eigentlich kein Geheimnis sein sollen. Im Januar 2006 veröffentlichten die Yale-Professoren Gordon, Bertram und Graedel in der angesehenen Fachzeitschrift *Proceedings of the National Academy of Science* ihre Studie »Metal Stocks and Sustainability«. Ein Teil ihrer Schlussfolgerungen lautet:

> *»Man macht sich Sorgen über das Ausmaß der mineralischen Ressourcen, wenn man die Menge von Metallen, die man braucht, um den Lebensstandard der hoch entwickelten Nationen aufrechtzuerhalten, mit dem vergleicht, was man braucht, um mit der vorhandenen Technologie einen großen Teil der Weltbevölkerung mit vergleichbaren Dienstleistungen zu versorgen. Unsere Vorratsdaten zeigen, dass die vorhandenen Technologien die gesamten globalen Vorkommen von Kupfer- und Zinkerz und wahrscheinlich auch von Platin erfordern würden.«*

2006 mag das wie eine theoretische Erörterung eines Trios von Akademikern geklungen haben. Das einzig Theoretische dabei war aber, dass die Zeitskala viel kürzer ist, als es sich irgendjemand jemals vorgestellt hat, und dass die Liste der wichtigen Metalle (die weniger wichtigen werden wir im nächsten Kapitel erörtern), die immer seltener werden, ein fast exponentielles Wachstum aufgewiesen hat. Es geht nicht nur um Kupfer, Zink und Platin, sondern auch um Silber und bemerkenswerterweise – obwohl es davon scheinbar unerschöpfliche Vorräte gibt – sogar um Eisenerz. Bedenken Sie, dass kein Material ohne Energie extrahiert werden kann und dass für die Energieerzeugung Metalle erforderlich sind. Diese gegenseitigen Abhängigkeiten, die wir in einem früheren Buch (Game Over, 2009) ausführlich erörtert haben, sind einer der wichtigsten Gründe, warum man das energieintensive Eisenerz als knapp einschätzen muss. Und dennoch haben fast alle Amerikaner keine Ahnung von der Seltenheit wichtiger, alltäglicher Metalle.

Das weltweit größte Bergbauunternehmen ist BHP Billiton mit Sitz in Australien. Es nimmt führende Positionen ein, von Kupfer über Kohle und Zink bis zu Eisenerz. Vor Kurzem präsentierte BHP seine Jahresbilanz und zeigte einen Chart verschiedener Metalle und Rohstoffe, deren voraussichtliche Knappheit das Unternehmen berechnet hatte. Vor allem hatte es die Frage gestellt, wie viel von einem bestimmten Metall oder einem Rohstoff angesichts des aktuellen Nachfrageniveaus und der aktuellen Reserven übrig bleiben wird. Beim Öl lautete die Antwort 41 Jahre, ebenso bei Nickel. Bei Kupfer waren es 30 Jahre.

Somit ist Kupfer wesentlich rarer als Öl. Und wie wir schon dargelegt haben, wird Öl bald seinen Produktionshöhepunkt erreichen: den Punkt, an dem potenzielle Steigerungen der Produktion nicht mehr ausreichen werden, um potenzielle Steigerungen der Nachfrage zu befriedigen. Über Kupfer ist weit weniger geforscht worden, und daher sollte es niemanden überraschen, wenn Kupfer seinen Produktionshöhepunkt ebenfalls schon erreicht hat – oder sogar schon darüber hinaus ist.

Eine entscheidende Frage lautet, wann die Amerikaner sich den Chinesen anschließen und bemerken werden, dass Kupfer so rar geworden ist. Die beste Antwort, die wir darauf haben, stammt von einem Freund, der sich über Öl äußerte. Er bemerkte, dass ein bullisher Ausblick für Öl ein bedeutendes Statement sei, ein bullisher Ausblick für Kupfer aber lediglich eine Tradingempfehlung. Bedenken Sie, dass jedes Jahr Öl im Wert von 2,5 Billionen Dollar gehandelt wird, was einigen Prozent der gesamten weltweiten Wirtschaftsleistung entspricht. Dagegen ist der Wert des gehandelten Kupfers (100 Milliarden Dollar) verschwindend niedrig. In der weltweiten Wirtschaftsleistung taucht Kupfer nicht mehr als ein Rundungsfehler auf. Und das heißt nichts anderes, als dass dieses bedeutende Metall, obwohl es sehr wichtig ist, auch bei entscheidenden Produkten einen zu geringen Kostenfaktor darstellt, um viel Aufmerksamkeit auf sich zu ziehen.

Ein Beispiel: Nehmen wir an, dass von den Kosten eines Hauses 5 Prozent auf Kupfer entfallen und dass sich der Preis des Metalls dann verdoppelt. Das ist keine wirklich große Sache, weil dann immer noch weniger als 10 Prozent der Kosten auf Kupfer entfallen. Aber was ist, wenn sich der Kupferpreis verzehnfacht? Dann entspricht es plötzlich mehr als 30 Prozent des Hauspreises – vorausgesetzt natürlich, dass die anderen Kosten konstant bleiben. Unser Beispiel entspricht dem, was wahrscheinlich weltweit passieren wird. Knappheit und unersetzliche wesentliche Anwendungen stellen sicher, dass die Preise auf ein Niveau steigen werden, auf dem Kupfer zum »Makro«-Metall wird.

Ebenso wie Öl so teuer geworden ist, dass wir Amerikaner aufgehört haben, mehr davon zu verbrauchen, wird dies auch beim Kupfer passieren. Aber im Fall von Kupfer (und natürlich auch beim Öl) kommt der Tag der Abrechnung, wenn wir feststellen, dass wir diese Materialien unbedingt benötigen, um eine alternative Energie-Infrastruktur aufzubauen. Dann steigen die Preise bis auf ein Niveau, auf dem die Kupfernotierungen einen immer höheren Teil unserer Einkommen auffressen, und unsere Wirtschaft wird durch die steigenden Kosten des roten Metalls immer wieder erschüttert werden.

Das klingt unrealistisch? Gut, dann denken Sie einmal an das Amerika der 1950er-Jahre, als Öl nur ein paar Dollar je Barrel kostete. Wer hätte gedacht, dass diese Flüssigkeit, die in Amerika derart im Überfluss vorhanden war, eines Tages im Mittelpunkt der weltweiten Aufmerksamkeit stehen würde? Damals gab es sogar eine Fernsehwerbung für die Nutzung elektrischer Energie mit dem Slogan: »Elektrizität kostet heute weniger als vor 25 Jahren.« Damals war es ein Fehler, fossile Brennstoffe für selbstverständlich zu halten. Heute trifft das auf fast jeden Rohstoff zu.

Bemerkenswert ist, dass sogar ein angenommen überreichliches Angebot an Metallen nicht sicherstellt, dass sie für unbegrenzte Zeit verfügbar bleiben werden. Ein Grund dafür: In Schätzungen wie der von BHP wird nicht einmal garantiert, dass Metalle und Rohstoffe mit geschätzter langer Restlebensdauer auch nur auf kurze Sicht in ausreichenden Mengen verfügbar sein werden. Kohle zum Beispiel, über die wir in einem früheren Kapitel gesprochen haben, weist in der Tabelle von BHP eine geschätzte Restlebensdauer von 147 Jahren auf. Aber wie die Chinesen und andere gezeigt haben, liegt der Produktionshöhepunkt weniger als eine Generation in der Zukunft. (Die beiden größten Entwicklungsländer, Indien und China, sind heute schon Kohle-Nettoimporteure.) Ein Grund für diese Diskrepanz ist, dass die Nachfrage nicht konstant bleiben wird – was die Grundlage für die Berechnung der Restlebensdauer in der BHP-Tabelle ist –, sondern wahrscheinlich rasch steigen wird. Der andere Grund liegt in der theoretischen Natur solcher Projektionen. In allen Fällen wird der Abbau der Reserven sich wesentlich intensivieren, nachdem man bereits einen großen Teil der natürlichen Vorkommen ausgebeutet hat.

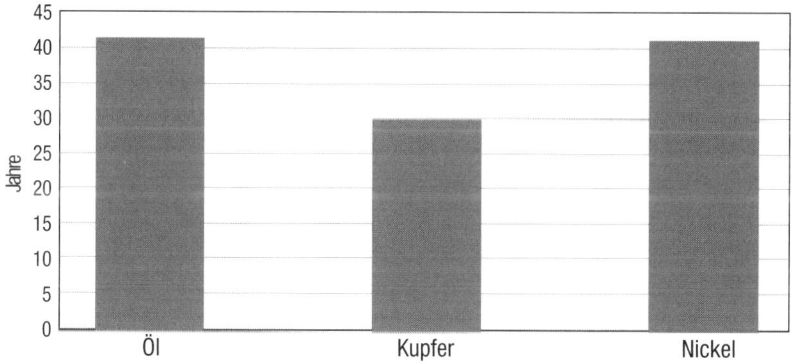


**Bekannte abbaubare Rohstoffreserven der Welt auf dem aktuellen Nachfrageniveau**
*Quelle: BP Statistical Review of World Energy, U.S. Geological Survey*

In der Tat lässt sich die grundlegende Relation, die auf Öl zutrifft, auch auf viele Metalle anwenden. Wenn man erst einmal etwa die Hälfte des ursprünglichen Vorkommens abgebaut hat, wird es immer schwieriger, die Produktionsmenge zu erhöhen. Selbst BHPs Schätzung, dass die Platinreserven noch für 300 Jahre ausreichen werden, ist ohne Bedeutung, vor allem, weil bereits genug Platin gefördert worden ist, um dafür zu sorgen, dass der Abbau in Zukunft immer teurer und schwieriger wird. Tatsächlich stand Platin auf der Liste der eben erwähnten Yale-Professoren, die über die potenzielle Knappheit von Metallen geschrieben haben. Wenn größere Mengen eines Metalls abgebaut werden, sinkt der Erzgehalt je Tonne Gestein rapide. Bei der Kohle sinkt zwar nicht der Gehalt, aber dafür die darin enthaltene Energiemenge (BTUs). Obwohl zum Beispiel Amerika noch nicht einmal die Hälfte seiner Kohlevorkommen abgebaut hat, wurde wahrscheinlich schon mehr als die Hälfte der BTUs dieser Vorkommen ausgebeutet. Das ist ein Grund, warum die Chinesen so sehr darauf aus sind, alternative Energien zu entwickeln, obwohl ihre Kohlereserven Schätzungen zufolge noch für viele Jahre reichen werden. Die heute noch vorhandene Kohle ist von geringerer Qualität als die bereits abgebaute, und die Qualität (der Energiegehalt) wird immer schlechter.

## Hindernisse auf dem Weg zu einer dauerhaften Zukunft

Der Grund, warum der Tag der Abrechnung bei raren Metallen viel schneller kommen wird, als es sich noch vor fünf, sechs Jahren irgendjemand vorstellen konnte, ist natürlich der Bedarf an erneuerbaren Brennstoffen. Ohne Kupfer, ohne Zink, ohne Silber, ohne Eisenerz und viele andere Metalle ist der Aufbau einer Volkswirtschaft, die auf erneuerbare Energien setzt, schlicht und einfach unmöglich.

Mark Jacobson, Professor an der Stanford University, verdient Respekt, weil er bei erneuerbaren Energien seiner Zeit voraus war. Anfang der 2000er-Jahre verfasste er einen grundlegenden Artikel für die Fachzeitschrift *Science*, in dem er argumentierte, aus Windkraft gewonnene Energie sei billiger als jede andere Art von Elektrizität. Die Entwicklung seither hat seine Thesen ganz klar bestätigt, oder zumindest teilweise, und Windkraft ist zur bevorzugten Quelle erneuerbarer Energie geworden. Seit dem Erscheinen dieses Artikels hat Jacobson weiterhin erklärt, dass sich die Welt für ihren Energiebedarf fast ausschließlich auf Windkraft verlassen könnte – und das betrifft nicht nur die Elektrizität, sondern die gesamte Energie. In einem späteren Artikel in *Science* argumentierte er, dass die Wind-Elektrolyse eine billigere Methode zur Erzeugung eines Treibstoffs (Wasserstoff) sei als die Gewinnung von Benzin aus Rohöl. Alle diese Studien über Windenergie wurden von anderen Professoren geprüft und in Onlineforen diskutiert. Unserer Meinung nach haben Jacobsons Thesen dieser Prüfung sehr gut standgehalten.

Allerdings ist Jacobson eher ein Umweltschützer als jemand, der sich mit Ressourcenknappheit beschäftigt. Unserer Meinung nach liegt darin einer der Gründe, warum einige seiner Argumente, obwohl sie in den Medien auf viel Aufmerksamkeit gestoßen sind, noch immer nicht angemessen gewürdigt wurden. Er schreibt über 20- bis 30-Jahres-Intervalle, statt die ganz aktuelle Dringlichkeit hervorzuheben. Es ist tragisch, dass diese beiden Welten nicht zusammenfinden. Eine von Jacobsons letzten Veröffentlichungen zeigt, warum das so ist.

In der Novemberausgabe 2009 von *Scientific American* veröffentlichte er zusammen mit einem Kollegen eine Titelgeschichte, die einen Fahrplan für eine Welt aufzeigte, die im Jahr 2030 ohne fossile Brennstoffe auskommen sollte. Jacobson wählte drei Formen von erneuerbarer Energie, und zwar – geordnet nach ihrer Bedeutung – Windkraft, Solarenergie und Wasserkraft. Andere Energieformen lehnte er zwar nicht ab, aber er argumentierte, diese drei seien die saubersten, die in den größten Mengen verfügbaren und auch diejenigen, die am leichtesten anwendbar seien.

Ironischerweise liefert die Analyse dieses Artikels keinen Fahrplan zu einer Zukunft mit erneuerbaren Energien, sondern überzeugende Gründe, warum *eine Welt erneuerbarer Energien* nicht mehr möglich ist. Jacobson schätzt die Kosten einer Plattform erneuerbarer Energien auf 100 Billionen Dollar (darin sind die Transmissionskosten nicht enthalten, die wir auf mindestens weitere 20 Billionen Dollar schätzen).

Bleiben wir für einen Moment bei diesen Schätzungen – etwa 120 Billionen Dollar (und wir werden noch nachweisen, dass es sich dabei um eine konservative Schätzung handelt). Vergleichen Sie diese Zahl mit der Menge an Kupfer, die für den Abbau noch zur Verfügung steht. Nach den Angaben des U.S. Geological Survey gibt es 630 Millionen Tonnen Kupferreserven – Kupfer, das man unter den aktuellen ökonomischen Bedingungen für abbaubar hält. Bei den aktuellen Preisen läge der Wert des gesamten Kupfers, wäre es plötzlich verfügbar, bei etwa 5,7 Billionen Dollar. Das sind weniger als 5 Prozent der geschätzten Kosten eines Übergangs von nichterneuerbaren zu erneuerbaren Energien.

Manche könnten argumentieren, dass wir die Ressourcen – die geschätzten weltweiten Gesamtvorkommen von Kupfer – als Maß für unser potenzielles Kupferangebot verwenden sollten. Hier liegen die Schätzungen bei etwa 3 Milliarden Tonnen, also bei einer viel größeren Menge, die aber im Vergleich zu den geschätzten Mengen Kupfer verblasst, die wir nicht nur für erneuerbare Energien, sondern auch für die Baubranche brauchen werden – nicht nur in China, sondern auf der ganzen Welt. Aber es gibt einen besseren Grund, die Reserven zu verwenden, weil sie (in der großen Mehrheit der Fälle) die niedrig hängenden Früchte repräsentieren. Der größte Teil der

Vorkommen wird nicht als Reserven bezeichnet, weil er tief unter der Erdoberfläche liegt oder in dramatisch geringeren Konzentrationen vorliegt, was die Förderung wesentlich teurer macht.

Sogar die Förderung der Reserven selbst wird immer teurer. Gavin Mudd, ein australischer Ingenieur, bemerkte in einer 2009 von der Canadian Metallurgical Society veröffentlichten Studie, dass der Kupfergehalt des Gesteins allgemein abnimmt. Und das beutet, dass die Kupferförderung teurer wird. Diese Feststellung wurde von den weltweit größten Kupferproduzenten wie Freeport-McMoran Copper & Gold bestätigt. (Das legt wirklich nahe, dass wir den Höhepunkt der Kupferproduktion bereits erreicht haben oder ihm sehr nahe gekommen sind, und es widerspricht den aktuellen Schätzungen der Kupfervorkommen.) Mudd schrieb zudem: »Es wird allgemein anerkannt, dass bei einem Rückgang des Erzgehalts die Energiekosten steigen, und das wird sich in mancherlei Hinsicht auf die Kupferpreise auswirken.«

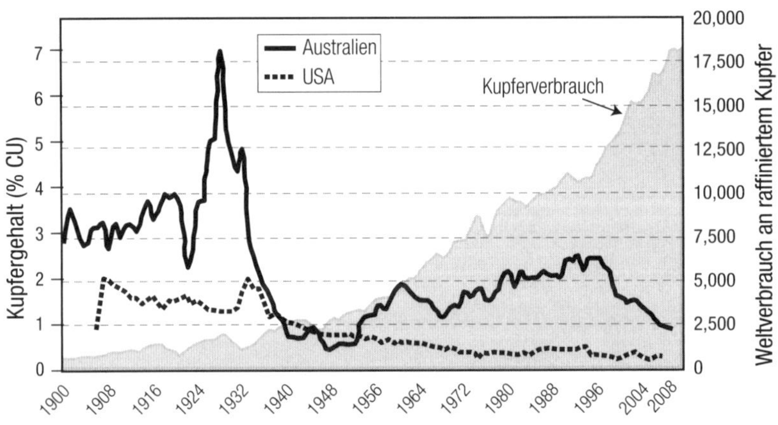


**Steigender Kupferverbrauch und rückläufiger Erzgehalt**
*Quelle: International Copper Study Group, Gavin M. Mudd*

Wenn die Energiepreise steigen, dann steigen also auch die Kosten der Kupferförderung. Folglich werden sowohl die Vorkommen als auch die Reserven, die auf der Basis der heutigen Energiepreise berechnet worden sind, vielleicht zu hoch eingeschätzt – die Vorkommen wohl sogar ganz erheblich.

Der Grund dafür ist, dass die nötige Energiemenge zum Abbau von Kupfer aus immer weniger ergiebigem Gestein sich oft massiv erhöht.

## Steigende Nachfrage nach begrenzten Ressourcen

Wenden wir uns nun China und seinem voraussichtlichen Kupferbedarf zu. Nach den Angaben in Technology Review plant das Land Ausgaben von 300 Milliarden Dollar für den Bau von Hochspannungs-Stromleitungen, die für den Aufbau seines Stromnetzes erforderlich sind. China wird also allein für sein Elektrizitätsnetz fast 10 Prozent der weltweiten Kupfervorkommen benötigen. Andere Verwendungszwecke für Kupfer wie Hausbau und Transport und natürlich die Stromnetze in anderen Entwicklungsländern wie Indien sind in dieser Zahl nicht enthalten, ganz zu schweigen von den großen Mengen Kupfer, die die USA benötigen werden, um ihr eigenes modernes Elektrizitätsnetz aufzubauen.

Denken Sie auch an die Mengen von Energie und anderen Ressourcen (einschließlich Kupfer selbst), die erforderlich sind, um Kupfer zu fördern. Der Bau von Maschinen, der Aufbau von Infrastruktur wie in Afghanistan, die Nahrungsmittelversorgung der Arbeiter, ja praktisch alle Aktivitäten, die mit der Förderung des Metalls verbunden sind, erfordern Energie. Und wie oben erwähnt, steigt der Energiebedarf einer Mine, wenn Kupfer seltener wird.

Dann gibt es noch die Autoindustrie, bei der China inzwischen den Spitzenplatz einnimmt. Derzeit verstopfen eine Milliarde Autos die Straßen der Welt. Weltweit ist der Übergang von Verbrennungsmotoren zu Hybridautos mit Batterien eines der wichtigsten Themen. Für China ist das vielleicht gar nicht so unvernünftig, wo derzeit auf 1000 Einwohner nur 50 Autos kommen und große Anreize bestehen, Hybridautos zu kaufen. Aber was würde das für Kupfer bedeuten? Hybridautos benötigen wegen der Fahrzeugbatterien ungefähr doppelt so viel Kupfer wie herkömmliche Autos. Es liegen Schätzungen vor, dass für ein Hybridauto etwa 100 Pounds Kupfer erforderlich sind. Schon einfache Mathematik zeigt, dass wir etwa 23 Millionen

Tonnen Kupfer brauchen werden – fast 5 Prozent der gesamten Kupferreserven –, um eine halbe Milliarde Hybridautos zu bauen.

Denken Sie daran, dass Kupfer nur eines von vielen Rohstoffthemen ist, wenn es um Autos geht. Damit verbunden ist auch die Frage nach Lithium, das für die Batterien gebraucht wird, um die Autos mit Energie zu versorgen. Große Teile der weltweiten Lithiumlagerstätten liegen in politisch und geografisch problematischen Regionen wie Bolivien. Laut einer Studie von Meridian Research International könnten die Lithiumreserven in nur 20 Jahren erschöpft sein, wenn der Bau von Hybrid- und Elektroautos im großen Stil beginnt. Und das würde enormen Druck auf das Recycling von Lithium bedeuten, das teuer und technisch aufwendig ist. (Heute gibt es noch kein Recycling von Lithium.)

Es werden derzeit Elektromotoren entwickelt, die keine Batterien benötigen. Einen davon gibt es schon seit 20 Jahren, doch er hat immer noch nicht das Entwicklungsniveau erreicht, auf dem man ihn zur Energieversorgung eines Autos einsetzen könnte. Aber immerhin besteht die Möglichkeit dazu. Doch selbst dieser Motor kann die Knappheit von Kupfer nicht überwinden, das man in starkem Maß für die Dynamik des Motors nutzen könnte. Wie wir noch sehen werden, gibt es einfach keine Möglichkeit, die Differenz zwischen potenzieller Kupfernachfrage und dem Kupferangebot zu überwinden. Die Aktivitäten Chinas in Afrika (auf die wir gleich noch zu sprechen kommen werden) und in Afghanistan sind ein deutlicher Hinweis, dass die Chinesen das Problem verstanden haben, während wir völlig sorglos im Dunklen tappen.

Hinsichtlich der Inflation nimmt Mark Jacobson an, dass eine steigende Produktion jeden Anstieg der Rohstoffpreise kompensieren wird – oder sogar mehr. Das bedeutet zum Beispiel: Je mehr Windkraftanlagen wir produzieren, desto billiger wird deren Produktion. Aber wie wir vor ein paar Jahren gesehen haben, stiegen die Preise, weil steigende Notierungen von Eisenerz und anderen Rohstoffen der überwiegende Einflussfaktor waren.

Jacobson ignoriert das Thema der Knappheit zwar nicht vollständig, aber er nimmt an, dass wir damit fertigwerden können. Zum Beispiel berechnet er bei Neodym, einer der wichtigsten seltenen Erden, einfach die geschätzten weltweiten Reserven und die Produktion aus diesen Reserven. Er ignoriert die Tatsache, dass diese Reserven hochgradig toxisch sind, größtenteils in einem einzigen Land liegen – nämlich in China – und dass deren Förderung ihrerseits immer größere Energiemengen erfordern wird.

Schon anhand dieses einen Beispiels wird ziemlich deutlich, dass die Kosten weit über Jacobsons Schätzungen liegen werden. Oder, genauer gesagt, die anteiligen Kosten für die hoch entwickelten Länder werden viel höher sein. Im Fall der seltenen Erden besitzt China einen bedeutenden Kostenvorteil, auf den wir gleich noch zu sprechen kommen werden. Aber vorläufig werden wir uns auf die wichtigsten Metalle konzentrieren – vor allem auf Kupfer, aber auch auf andere wie Eisenerz und Silber –, von denen man annimmt, dass sie recht häufig vorkommen und keine bedeutenden Einschränkungen aufweisen. Im Rahmen eines 2009 in einer spezialisierten Energie-Fachzeitschrift erschienenen Artikels diskutierte Jacobson das Problem der seltenen Erden und zitierte folgende Passage eines 2009 in *Magnetics and Business Technology* publizierten Artikels von Tony Morcos, einem Experten für die Analyse und das Design magnetischer Schaltkreise:

> *»Ein möglicher Rückgang des Angebots an permanenten Magneten, verursacht durch den Markt für Windturbinen, wird aus den folgenden Gründen beschränkt sein: Große Elektrogeneratoren können eine Vielzahl verschiedener magnetischer Schaltkreise verwenden, zum Beispiel permanente Magnete an der Oberfläche oder im Inneren, und etliche andere. Für alle dieses Designs verwendet man große Mengen Eisen (üblicherweise in der Form von Silikonstahl) und Kupferdraht, aber nicht alle erfordern permanente Magnete. Die Hersteller von Elektromagneten werden ein Design und geeignete Methoden anwenden, um sich gegen steigende Rohstoffpreise abzusichern. Einige davon sind in Abhängigkeit von den Preisen für Kupfer, Stahl und permanente Magnete ökonomisch am sinnvollsten. Wenn man die jüngste Volatilität der Preise von gesinterten Neodym-Magneten betrachtet, besteht ein starker wirtschaftlicher Anreiz, Generatorendesigns zu entwickeln, die entweder auf permanente Magneten verzichten oder Ferritmagnete verwenden, deren Preise viel niedriger und stabiler sind als die gesinterter Neodym-Magneten.«*

Mit anderen Worten: Wegen der reichlichen Vorräte an Kupfer und Eisenerz muss man sich wegen der seltenen Erden keine Sorgen machen. Aber das ist einfach nicht wahr, und bezüglich Kupfer ist es völlig falsch.

Zunächst einmal wissen wir bereits, dass Jacobson mit der 2006 veröffentlichten Analyse einiger dieser Metalle durch die Yale-Professoren nicht einverstanden war. Aber diese Professoren kümmerten sich nicht um die Rolle der erneuerbaren Energien, als sie ihre Analyse verfassten. Wenn man die erneuerbaren Energien mit einbezieht, sind im Prinzip alle wichtigen Metalle extrem rar geworden. Und diese Entwicklung wird sich fortsetzen, vielleicht sogar in exponentiellem Tempo. Die Verbindung von China und Kupfer wollen wir ein wenig genauer untersuchen. In den letzten Jahren ist Chinas Verbrauch im Jahresdurchschnitt um deutlich mehr als 10 Prozent gestiegen – und dieser Zeitraum schließt die Rezession von 2009 mit ein, in der sogar Chinas Wachstum auf etwa 6 Prozent sank. Kupfer ist der eine wichtige Rohstoff, dessen Verbrauchssteigerung noch höher war als das Wirtschaftswachstum. Der Grund dafür ist, dass Kupfer im Zentrum der Entwicklung des Landes steht, das sich auf Infrastruktur, Energie und Urbanisierung konzentriert, die allesamt große Mengen dieses Metalls erfordern. Obwohl das Land den Wandel zu einer eher verbraucherorientierten Gesellschaft vollziehen will, wird dieser Wandel massive Urbanisierung und Bautätigkeit erfordern. Und dann ist da die alternative Energie. Allein die Menge an Kupfer, die das Land für Hochspannungsleitungen braucht, wird das Wachstum des Kupferverbrauchs um mindestens zwei Prozentpunkte erhöhen. Und natürlich besteht die Möglichkeit, dass China Kupfer akkumuliert hat und dies auch weiterhin tun wird.

Wieder einmal führt schon ein wenig Mathematik zu einigen sehr beunruhigenden Ergebnissen. Nehmen wir an, dass Chinas Kupferverbrauch bis 2020 weiterhin jährlich um 11 Prozent steigen wird. Er wird dann bei über 17 Millionen Tonnen pro Jahr liegen. Das sind 8 Prozent mehr als die weltweite Gesamtproduktion im Jahr 2009! Bevor Sie einwenden, dass eine solche Wachstumsschätzung zu hoch sei, bedenken Sie bitte, dass China erst damit begonnen hat, sein Programm für die Entwicklung alternativer Energien aufzubauen. Die Urbanisierung ist erst zu 30 bis 40 Prozent vollzogen, und vielleicht werden in den Jahren nach 2020 sogar noch größere Vorräte akkumuliert werden müssen. Wir nehmen an, dass Chinas alternative Energien am Ende dieses Jahrzehnts nur 16 Prozent des gesamten Energieverbrauchs abdecken werden. Hinzu kommt: Auch wenn der jährliche Kupferverbrauch nur um 9 Prozent steigt – mehr als 20 Prozent weniger als in den letzten Jahren –, würde China 2020 fast so viel Kupfer verbrauchen, wie es heute die ganze Welt tut.

Weiterhin existieren Vergleiche mit anderen Ländern, die ähnliche Entwicklungsstadien durchlaufen haben. Am Gipfelpunkt seines Konsums verbrauchte zum Beispiel Japan jährlich etwa 14 Kilogramm Kupfer pro Kopf. 2009 lag Chinas Pro-Kopf-Verbrauch bei etwa 4,6 Kilogramm. Um Japans Pro-Kopf-Verbrauch zu erreichen, müsste sich Chinas Konsum verdreifachen. Aber nur ein kleiner Teil von Japans Verbrauch entfiel auf alternative Energien. Hinzu kommt, dass Chinas Bevölkerung in den nächsten Jahrzehnten wahrscheinlich wachsen wird. Und natürlich darf man den Größenunterschied zwischen beiden Ländern nicht vergessen. Stromnetze in einem größeren Land erfordern wahrscheinlich einen noch höheren Pro-Kopf-Verbrauch.

Unter dem Strich steht die Tatsache, dass selbst bei einer Verdreifachung des chinesischen Kupferverbrauchs der Pro-Kopf-Verbrauch immer noch niedriger wäre als das diesbezügliche Hoch in Japan.

Denken Sie daran, dass das Spiel 2020 nicht vorbei sein wird; es endet, wenn die Ressourcen letztlich äußerst knapp werden. Man kann vernünftigerweise annehmen, dass Chinas Kupferverbrauch nicht nur bis weit ins nächste Jahrzehnt zweistellig wachsen wird, sondern auch darüber hinaus. Wenn man über 2020 hinausblickt, zeigen sich sogar noch erschreckendere Ergebnisse. Ein Beispiel: Sollte Chinas Kupferkonsum in den nächsten 20 Jahren um 85 Prozent steigen, dann läge der gesamte Kupferverbrauch des Landes bei etwa 60 Prozent aller weltweit bekannten Reserven. Aus welchem Blickwinkel man es auch betrachtet: Wenn China erneuerbare Energien aufbaut, wird kein anderes Land auf der Welt – einschließlich der USA – damit Schritt halten können.

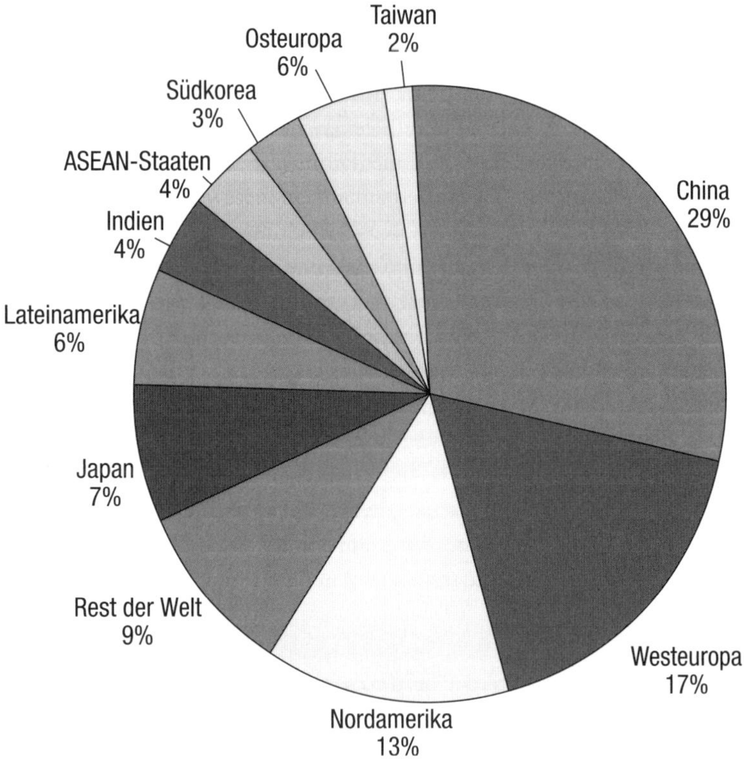


**Weltweite Kupfernachfrage 2008**
*Quelle: International Copper Study Group*

## Warum Ersatz einfach nicht funktioniert

Natürlich gibt es Metalle, die Kupfer ersetzen können, zum Beispiel Aluminium. Aber die Annahme, dass Aluminium die Lücke füllen könnte, wenn kein Kupfer mehr verfügbar ist, ist vergleichbar einem Hund, der seinem eigenen Schwanz nachjagt. Der Grund: Man braucht für die Produktion von Aluminium enorme Mengen Energie und Wasser. Wären fossile Brennstoffe nicht so rar, dann könnte Aluminium Kupfer bei vielen Anwendungen ersetzen – wenn es sich auch bei Weitem um keinen perfekten

Ersatz handelte. Zum Beispiel ist Aluminium ein viel schlechterer Wärme- und Stromleiter als Kupfer. Der größte Unterschied liegt allerdings darin, dass die Aluminiumproduktion enorme Energiemengen erfordert. Ironischerweise gibt es für alle praktischen Anwendungen fast unbegrenzte Vorkommen des Rohmaterials Bauxit, das für die Herstellung von Aluminium nötig ist. Aber wie wir bereits erörtert haben, gibt es einen immer größeren Mangel an der Energie, die aufzuwenden ist, um aus Bauxit Aluminium zu machen.

Zwischen Mitte 2005 und Mitte 2010 war Kupfer etwa dreimal so teuer wie die gleiche Menge Aluminium, was die Tatsache wiederspiegelt, dass Kupfer das weitaus nützlichere und vielseitiger einsetzbare Metall ist. Obwohl es in diesem Zeitraum auch Tage gab, an denen Kupfer fünf- oder sechsmal so viel kostete wie Aluminium, beginnt die Substitution in der Regel dann, wenn die Relation für längere Zeit höher liegt als 3 zu 1. Grob gesagt bedeutet dies, dass man drei Pounds Aluminium braucht, um ein Pound Kupfer zu ersetzen. Allerdings braucht man für die Produktion eines Pounds Aluminium auch etwa dreimal so viel Energie wie für ein Pound Kupfer. Daher benötigt man für die Ersetzung von Kupfer durch Aluminium pro Substitutionseinheit das Neunfache an Energie. Das ist eine ganze Menge. Nehmen wir einmal an, dass der Kupferverbrauch im nächsten Jahrzehnt um bescheidene 3 Prozent jährlich wachsen wird und die Welt versucht, ein Drittel dieses Kupfers durch Aluminium zu ersetzen. Die dazu erforderliche Energie entspricht dem gesamten Energieverbrauch der Welt über die Dauer von sieben bis zehn Tagen.

Es gibt keine Hinweise darauf, dass Amerika jemals auch nur einen Moment darüber nachgedacht hat, woher diese zusätzliche Energie kommen soll. Die Chinesen dagegen kaufen alles Kupfer, das sie bekommen können, fördern weiterhin Kupfer in den gefährlichsten Gegenden der Welt und lassen keinen Zweifel daran, dass sie die Problematik vollständig durchschaut haben.

Ein interessanter Punkt: Obwohl sie die ganze Welt nach Kupfer durchsuchen, fördern die Chinesen derzeit jährlich nur 3 Prozent ihrer inländischen Reserven. Beim Gold sind es 16 Prozent, bei Silber und Zink etwa 10 Prozent. Beim Thema Kupfer scheint also etwas nicht zu stimmen. Entweder sind die Reserven von immer schlechterer Qualität – oder sie existieren überhaupt nicht.

Wir haben schon erwähnt, dass sich die Chinesen auf alles stürzen, was auch nur in sehr geringem Maß Kupfer, Silber und andere Metalle enthält. Nach einer Studie der Technisch-Naturwissenschaftlichen Universität Norwegens enthält Elektroschrott bis zu 1000 Teile pro Million (parts per million oder ppm) Gold, 2000 ppm Silber und 50 ppm Palladium. Kein Wunder, dass die Chinesen Elektroschrott als kleinen Schatz betrachten – auch wenn dieser Schatz giftig ist und aus Amerika kommt.

Niemand weiß, wie viel von diesen Metallen die Chinesen bereits eingelagert haben. Bei Gesprächen mit Bergbauexperten und Bürokraten erfährt man, dass diese Daten ein Staatsgeheimnis sind. Sicher ist allerdings, dass die Lagerbestände von seltenen Erden über Kupfer bis zu Silber so groß sind, wie sie sein können, ohne die betreffenden Märkte aus dem Gleichgewicht zu bringen.

## Eisen steht in der Schusslinie

Kupfer ist eindeutig dasjenige Metall, das wir als die ernsthafteste Bedrohung für die weltweite Entwicklung neuer Energien betrachten, aber das bedeutet nicht, dass wir andere Metalle übersehen sollten. Eisenerz ist ebenfalls einer der Rohstoffe, deren Verfügbarkeit wir für selbstverständlich halten, während die Chinesen offenbar weiterhin alles Eisenerz aufkaufen, das sie bekommen können.

Das ist keine Überraschung. Das Skalenproblem und seine Auswirkungen auf die Ressourcenknappheit betreffen sogar die häufigsten aller Bedarfsstofe, darunter Eisenerz, den am leichtesten zugänglichen Rohstoff für die Herstellung von Windturbinen. Eisen ist eines der häufigsten Materialien in der Erdkruste. Zusammen mit Nickel und anderen Metallen ist es der wichtigste Bestandteil von Stahl. Unter allen wichtigen Rohstoffen auf der Welt ist Eisenerz wohl derjenige, dessen Erschöpfung am unwahrscheinlichsten ist. Aber sehen wir uns die Sache ein wenig näher an.

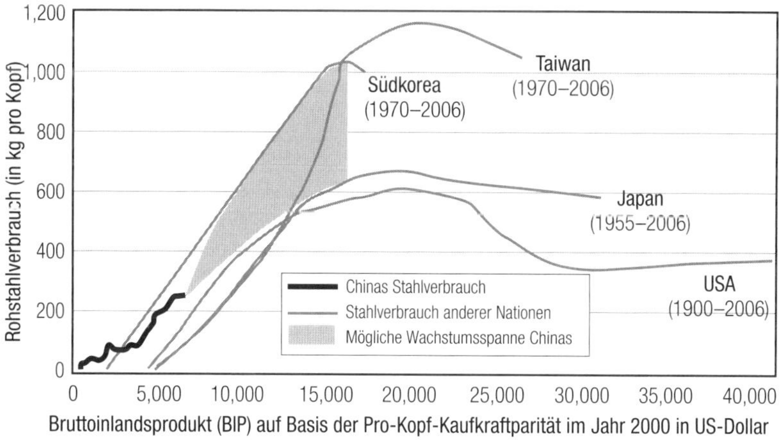


**Chinas Stahlverbrauch wird enorm ansteigen**
*Quelle: BHP Billiton*

Heute entfallen auf drei Länder – Indien, Australien und Brasilien – 70 Prozent der weltweiten Eisenerz-Exporte. Es wird niemanden überraschen, dass China der weltweit größte Verbraucher und Importeur von Eisen ist. Abgesehen von den drei großen Exporteuren benötigen die meisten anderen Länder, in denen Eisenerz gefördert wird, das Material für den inländischen Bedarf. Sie haben kein zusätzliches Erz, das sie exportieren könnten. Indien hat übrigens kürzlich darauf hingewiesen, dass es seine Eisenerz-Exporte vielleicht einstellen muss, weil der inländische Konsum schneller gewachsen ist als die Produktion. Dann gäbe es in absehbarer Zukunft nur noch zwei große Exportnationen.

Man erwartet, dass der Eisenmarkt in den kommenden Jahren jährlich um 4 bis 5 Prozent wachsen wird, um den Aufbau in den Entwicklungsländern und anderswo zu stützen. Wir halten es tatsächlich für fraglich, ob Australien und Brasilien unter den aktuellen Bedingungen diesen Bedarf decken können. Außerdem gibt es die Windkraftanlagen – Millionen von ihnen –, die in den aktuellen Berechnungen noch gar nicht enthalten sind. Sollten diese Anlagen in den nächsten 20 Jahren gebaut werden, dann würde sich der weltweite Eisenerzbedarf um 20 Prozent erhöhen.

Man muss dazu anmerken, dass die Reserven in Brasilien und Australien nur einem kleinen Teil der weltweiten Eisenerzreserven entsprechen. Beide verfügen aber über reichlich Eisen und auch über die nötige Infrastruktur, die man braucht, um das Eisen an die entsprechenden Märkte zu liefern. Wenn wir konservativ annehmen, dass ihre derzeit ausgewiesenen Reserven korrekt sind, und eine übliche geologische Analyse vornehmen, wird die Eisenproduktion aus den existierenden Reserven in Brasilien und Australien schon innerhalb der nächsten zehn Jahre ihren Höhepunkt erreichen. Vielleicht schon in etwa sieben Jahren, wenn der Bedarf für Windturbinen ins Spiel kommt.

Um weiterhin Eisen zu produzieren, werden beide Länder Reserven entwickeln müssen, die heute nicht wirtschaftlich ausgebeutet werden können. Das bedeutet mindestens, dass der Preis für Eisenerz auf neue Hochs steigen wird. Dies würde die Kosten für den Bau von Windturbinen deutlich erhöhen. In den letzten zehn Jahren ist der Preis für Eisenerz zeitweise schneller gestiegen als der Ölpreis und beim Rohstoff-Ausverkauf 2008 bis 2009 weit weniger gesunken als dieser. Während manche Leute behaupten, dass Spekulanten für den Ölpreisanstieg verantwortlich gewesen seien, wird Eisenerz gar nicht an den Futuresmärkten gehandelt und ist daher von Spekulation nicht betroffen. Fazit: Obwohl Eisenerz eines der am häufigsten vorkommenden Materialien der Welt ist, stellen wir die Frage, wie häufig es unter Berücksichtigung des zukünftigen globalen Bedarfs tatsächlich vorkommt.

Es gibt keine Garantie, dass schnell genug neue Lagerstätten erschlossen werden, um Windturbinen nicht unerschwinglich teuer werden zu lassen. Wenn Indien als Exporteur ausfällt, muss sich die Welt an Länder der früheren Sowjetunion wenden, zum Beispiel an Russland und die Ukraine. Aber offen gesagt bezweifeln wir, dass diese Länder genug Eisenerz für den weltweiten Bedarf liefern können. Zum Beispiel müssten sie enorme Mengen an Energie und Ressourcen (einschließlich Stahl) einsetzen, um die nötige Infrastruktur für die Produktion von Eisenerz zu schaffen. Auch der Transport wäre ein Problem. Für den Bau einer einzigen Fünf-Megawatt-Turbine braucht man über 1000 Tonnen Stahl. Multiplizieren Sie das mit den 3,8 Millionen Turbinen, die unser Freund Mark Jacobson von der Stanford University für erforderlich hält, um 100 Prozent des weltweiten Energiebedarfs durch eine Kombination verschiedener Quellen alternativer Energien zu decken, dann erhalten Sie eine Vorstellung davon, warum man für die Erschließung von Eisenerzvorkommen fast unnatürliche Infrastruktur und Transportkosten braucht.

Schon für die Produktion des zusätzlichen Stahls – unter der Annahme, dass genug Eisenerz verfügbar wäre bräuchte man die Energiemenge, die die Menschheit derzeit in 20 Tagen verbraucht. Und das ist eine sehr konservative Schätzung. Wenn China sein 2020-Ziel bezüglich erneuerbarer Energien allein durch Windenergie erreichen will, würde das bedeuten, dass 33 Prozent des Elektrizitätsbedarfs des Landes aus Windenergie kämen. Das entspricht dem weltweiten Energiebedarf eines ganzen Tages und etwa 10 Prozent der globalen Stahlproduktion.

Der vielleicht überzeugendste Beweis für die enge Verbindung zwischen Stahl und Energie ist die enge Relation zwischen den Energiepreisen – insbesondere den Ölpreisen – und den Preisen für Eisenerz. Wie bereits erwähnt: Als die Ölpreise 2008 spektakuläre Hochs erreichten, taten es ihnen die Eisenerzpreise gleich. In letzter Zeit stiegen die Eisenerzpreise stärker als die Ölpreise – vielleicht weil das Metall viel rarer ist, als es die meisten Leute wahrhaben wollen. Ein weiterer 10-prozentiger Rückgang der Eisenerzproduktion wäre eine bittere Pille, die die USA kaum schlucken könnten, wenn man die zusätzlichen Kosten für Eisenerz bedenkt. Die chinesischen Lagerbestände sichern dem Land nicht nur einen unüberwindlichen Vorteil, sondern sie verursachen auch höhere Steuern für die amerikanischen Konsumenten in Form massiv steigender Rohstoffpreise.

## Kein Silberstreif am Horizont

Wie Kupfer ist auch Silber für eine Volkswirtschaft von entscheidender Bedeutung, die wenig fossile Brennstoffe verbrauchen, sondern sich hauptsächlich auf erneuerbare Energien verlassen will. *Und die Silbervorkommen werden wahrscheinlich in wenigen Jahren weit unter den weltweiten Bedarf fallen, obwohl sich kaum jemand dieser Gefahr bewusst ist.*

Silber gilt als Edelmetall und wurde ungefähr 5000 Jahre lang als Zahlungsmittel verwendet. Aber Silber ist viel mehr als Schmuck oder Material für Münzgeld. Es ist auch ein Industriemetall mit einigen sehr speziellen Eigenschaften, die es bei allen elektronischen Geräten und fast allen Anwendungen von Solaranergie im Prinzip unersetzlich machen.

Die entscheidende Rolle von Silber in herkömmlichen Solarmodulen resultiert aus der Tatsache, dass es der beste Wärme- und Stromleiter der Welt ist. Es gibt Schätzungen, dass man zwischen 50 und 125 Tonnen Silber braucht, um ein Gigawatt Solarenergie zu erzeugen. 2009 waren weltweit weniger als 23 Gigawatt Solarenergie installiert. Aber die Solarenergie hat seit 2000 jährlich um etwa 37 Prozent zugelegt, wobei die Wachstumsrate in letzter Zeit noch gestiegen ist. Und nirgends ist sie schneller gestiegen als in China.

Seit 2003 hat die Produktion von Solarmodulen in China um jährlich deutlich mehr als 100 Prozent zugenommen, obwohl der größte Teil dieser Produkte exportiert wird. So wie das Pentagon als wichtigster Kunde der amerikanischen Halbleiterindustrie in deren Anfängen während der 1960er- und 1970er-Jahren auftrat, als die betreffenden Unternehmen ihre Produktion steigerten, exportiert China Solarmodule nach Amerika und in andere Länder. Dabei nutzt es seine Wettbewerbsvorteile bezüglich Land, Arbeitskraft und Steuern, um den Markt zu dominieren. Vielleicht kommt bald der Tag, an dem China seine Solarproduktion für sich selbst behält oder die für den Export bestimmte Zahl von Modulen zumindest drastisch reduziert, so wie es das bei den seltenen Erden schon getan hat. Derzeit wird das Land nur dadurch davon abgehalten, dass es kein modernes Stromnetz gibt, mit dem man den Transport von Elektrizität effektiv managen könnte. China arbeitet hart daran, diese Situation innerhalb weniger Jahre zu verändern. Da wir das Solargeschäft den Chinesen überlassen haben, sind wir schlecht darauf vorbereitet, diese Lücke zu schließen, wenn der Schicksalstag kommt. Und schon vor diesem Tag könnte die Natur die Entwicklung von Solarenergie im großen Maßstab ausbremsen.

Das zukünftige Wachstum der Sonnenenergie-Kapazitäten wird wahrscheinlich deutlich eingeschränkt, weil die Silberreserven sehr begrenzt sind. Jedes Jahr werden etwa 22.000 Tonnen Silber gefördert, und nur 510.000 Tonnen gelten als wirtschaftlich abbaubare Reserven. Das macht Silber zu einem der in ökonomischer Hinsicht rarsten Metalle der Welt.

Silber wird hauptsächlich als Nebenprodukt bei der Förderung anderer Metalle gewonnen. Weniger als ein Drittel der jährlichen Produktion stammt aus den eigentlichen Silberminen. Viel häufiger findet man es in Verbindung mit Vorkommen von Blei, Zink, Kupfer und Gold. Interessanterweise stieg das Angebot neu gewonnenen Silbers nicht nennenswert, obwohl es in den letzten zehn Jahren starke Nachfrage nach den genannten anderen Metallen gab und der Silberpreis von 4 auf über 40 Dollar je Feinunze kletterte.

In den nächsten zehn Jahren wird die industrielle Anwendung von Silber von der Abwasserreinigung bis zu Stromleitern auf etwa 70 Prozent der jährlichen Produktion anwachsen. Sehr viel Silber wird zudem für Investitionen und natürlich für die Schmuckindustrie gebraucht werden. Selbst wenn man von steigender Effizienz bei der Produktion von Solarzellen ausgeht, wird Silber außerordentlich knapp bleiben.

Nehmen wir einmal an, dass die Chinesen dies verstehen. Wie bereits erwähnt, hat das Land das Ziel formuliert, bis 2020 15 bis 20 Prozent seiner Primärenergie aus erneuerbaren Quellen zu beziehen. Gehen wir nun einmal davon aus, dass China sein Ziel erreicht, Energie effizienter zu verwenden, und dass der Energieverbrauch zwischen 2009 und 2020 nur um 4 Prozent pro Jahr zunimmt (obwohl sogar ein Wachstum von 4,5 Prozent noch niedrig wäre, wenn die Wirtschaft insgesamt um etwa 9 Prozent wächst, was sehr wahrscheinlich ist). Das würde bedeuten, dass das Land 2020 etwa 4,5 Terawatt (4,5 Billionen Watt) an Kapazitäten benötigt. Das Ziel ist, dass etwa 16 Prozent dieser Kapazitäten (ungefähr 720 Gigawatt) aus erneuerbaren Energien stammen sollen.

Derzeit kommen die projektierten Ziele verschiedener Quellen erneuerbarer Energien nicht auf diese Summe. Nehmen wir an, dass das Land seine gesamte Wasserkraft (etwa 300 Gigawatt) verwendet, alle geplanten Kernkraftwerke baut (etwa 70 Gigawatt), die gesamten Kapazitäten an Biomasse nutzt (etwa 30 Gigawatt) und seine Ziele bezüglich Solarenergie (etwa 30 Gigawatt) und Windenergie (etwa 100 Gigawatt) vollständig erreicht. Die Summe liegt bei 530 Gigawatt und somit weit unter dem Ziel von 720 Gigawatt. Zusätzliche Energie können nur Wind und Sonne liefern, denn die anderen Quellen sind bis zum Maximum ausgeschöpft. (Und in der Tat ist über 2020 hinaus die einzige noch ausbaubare Energiequelle die Kernkraft, denn nach unseren Annahmen werden Bio- und Wasserkraft 2020 ihr Maximum erreicht haben.) Wollte man den Energiemangel 2009 durch Solarenergie kompensieren, dann wären dazu zusätzliche 20.000 Tonnen Silber erforderlich. Das entspricht 20 Prozent des gesamten geförderten und recycelten Silbers, das nicht für andere Industrien gebraucht wird. Das ist ein sehr großer Anteil und wird am Silbermarkt sehr wahrscheinlich zu schwerwiegenden Defiziten führen. Hinzu kommt: Selbst wenn die Chinesen die Differenz zwischen Wind- und Solarenergie aufteilten, befände sich der Silbermarkt noch immer in einer schwerwiegenden Defizitposition. Denken Sie auch daran, dass sogar 200 Gigawatt Solarenergie nur 28 Prozent von Chinas Ziel bezüglich erneuerbarer Energien im Jahr 2020 entsprechen.

Es ist klar, dass sich China nur in einem sehr begrenzten Ausmaß auf Solarenergie verlassen kann. Sollte das Land versuchen, 28 Prozent seines Konsums von Primärenergie mit Solarenergie zu decken, würde es dazu etwa 20 Prozent der derzeit weltweit bekannten Silberreserven benötigen. Diese Art des Konsums schließt andere Länder, auch die USA, davon aus, sich in bedeutendem Ausmaß der Solarenergie zuzuwenden, wenn wir nicht sofort aktiv werden und damit beginnen, massive Lagerbestände an Silber aufzubauen. Selbst wenn neue Technologien dazu führen sollten, dass man für Solarzellen weniger Silber benötigt, wird das wenig nützen, weil man Silber (ebenso wie enorme Mengen Kupfer) auch für den Transport von Energie benötigt, die wir in unsere Solarberechnungen gar nicht einbezogen haben. Chinas entschlossener Start bei der Herstellung von Solarmodulen und die Wahrscheinlichkeit massiver und steigender Lagerbestände von Silber stellt für uns eine große Herausforderung dar.

Bis 2020 und darüber hinaus ist klar, dass jede Kombination von Solar- und Windenergie zu dramatisch höheren Rohstoffpreisen und starker Knappheit bei Kupfer, Silber und sogar Eisenerz führen wird – und bei einigen anderen, weniger verwendeten Metallen wird das nicht anders sein. Die wichtigste Folgeerscheinung ist, dass wir aufgrund dieses Mangels nicht in der Lage sein werden, selbst erneuerbare Energien zu entwickeln. Und wir reden nur darüber, was die Chinesen für das nächste Jahrzehnt planen. Man braucht kaum zu erwähnen, dass die Situation in fernerer Zukunft noch schlimmer werden wird – mit hoher Wahrscheinlichkeit sogar katastrophal schlimmer.

# Kapitel 5
# Seltene Erden werden immer rarer – und China hat sie

Es herrscht die verbreitete Annahme, dass wir einfach zu Elektrofahrzeugen wechseln werden, wenn die Ölpreise zu sehr steigen. Eine ähnliche Annahme besagt, dass Wind- und Solarenergie schon bald unsere Häuser beleuchten und unsere Fabriken mit Strom versorgen werden, wenn wir keine Kohle mehr verbrennen, um gegen die Erderwärmung vorzugehen. Dieser anhaltende Glaube, dass etwas Besseres kommen wird (und natürlich zum richtigen Zeitpunkt), um das zu ersetzen, woran wir uns als selbstverständlich gewöhnt haben, basiert auf der unklugen Annahme, dass die Technologie immer unsere Probleme lösen wird. Aber Amerika wird bald lernen müssen, dass diese unerschütterliche Überzeugung etwa einer Fahrt vergleichbar ist, die in einer regnerischen Nacht ohne Scheinwerfer und Scheibenwischer über eine kurvenreiche Bergstraße führt.

Bedenken Sie, dass wir noch nicht einmal mit dem Aufbau der Infrastruktur begonnen haben, die wir brauchen, um den Wechsel von Benzinmotoren zu Hybrid- und Elektroautos zu vollziehen. Bis dieses Netz im ganzen Land installiert ist, werden wir viel Zeit und Geld investieren müssen – und beides ist knapp. Das soll nicht heißen, dass diese Aufgabe unmöglich zu bewältigen ist, also gehen wir einmal davon aus, das eines Tages überall Stationen für eine schnelle Energieaufladung bereitstehen werden, was folgerichtig zur weiten Verbreitung von Elektrofahrzeugen führt. Es gibt einige sehr bedeutende Mineralien, die man als seltene Erden bezeichnet. Sie sind unerlässlich für die Konstruktion von Elektromotoren und Hybridbatterien. Die Welt hat nicht genug davon, und man kann sie nicht ersetzen. Ohne sie werden in der Hauptverkehrszeit eher Fahrräder als Autos unsere Straßen verstopfen. Unsere Welt wird sich in vielerlei Hinsicht stärker lokal orientieren als heute.

Letztlich steht fest, dass die seltenen Erden für die Konstruktion von Windturbinen und Solarmodulen unbedingt erforderlich sind. Ohne sie bleibt die Idee nur ein Traum, unsere Stromproduktion auf alternative Energien umzustellen.

Auf persönlicher Ebene haben wir uns daran gewöhnt, dass die Preise für Elektroartikel immer weiter sinken. Jede neue Produktgeneration ist leistungsfähiger und kostet weniger als die letzte. Aber die sinkenden Preise werden nicht für immer Bestand haben, egal ob es sich dabei um Handys, Laptops oder Flachbildschirmfernseher handelt, wenn wir einen Rückgang der Produktion der seltenen Erden annehmen, die man für die Herstellung dieser Geräte benötigt. Im Gegenteil. Es mag sich kontrovers anhören, aber viele heute allgegenwärtige Geräte könnten auf dem besten Weg sein, Luxusgüter zu werden.

Selbst die Überlegenheit der US-Armee bei Waffensystemen könnte auf wichtigen Gebieten bald infrage gestellt werden, weil es an diesen wichtigen Rohstoffen mangelt. Und ohne Überlegenheit auf dem Schlachtfeld wird die Bedrohung für unsere Soldaten immer größer.

Das heißt nicht, dass wir schon verloren sind. Aber wenn wir die Chance haben wollen, den für uns selbstverständlich gewordenen Lebensstandard einigermaßen zu bewahren, müssen wir beim Aufbau einer neuen Energiewirtschaft schnell und kraftvoll handeln, denn sonst haben wir keine Chance. Wie wir noch zeigen werden, hat China bei diesen Entwicklungen bereits eine Führungsrolle eingenommen.

## Chinas Würgegriff

Wie alles andere in dieser Welt sind auch erneuerbare Energien nicht kostenlos zu haben. Und zwar in jeder Hinsicht: Nicht nur ihre Einrichtung kostet eine Menge Geld, sondern – was wohl noch wichtiger ist – sie erfordern auch eine Menge Ressourcen. In Game Over haben wir über die Relationen zwischen den einzelnen Rohstoffen geschrieben. Wir haben aufgezeigt, dass bei fast allen Materialien gegenseitige Abhängigkeiten bestehen, die sich direkt auf die Entwicklung alternativer Energien auswirken.

Ohne massiven Einsatz von Rohstoffen kann man keine alternativen Energien aufbauen – und dazu gehören auch immense Mengen fossiler Brennstoffe. Aber neben den bekannten Rohstoffen wie Öl, Kupfer, Kohle, Wasser, Eisenerz und dergleichen gibt es auch weniger bekannte Rohstoffe, die man für alternative Energien benötigt, darunter die seltenen Erden.

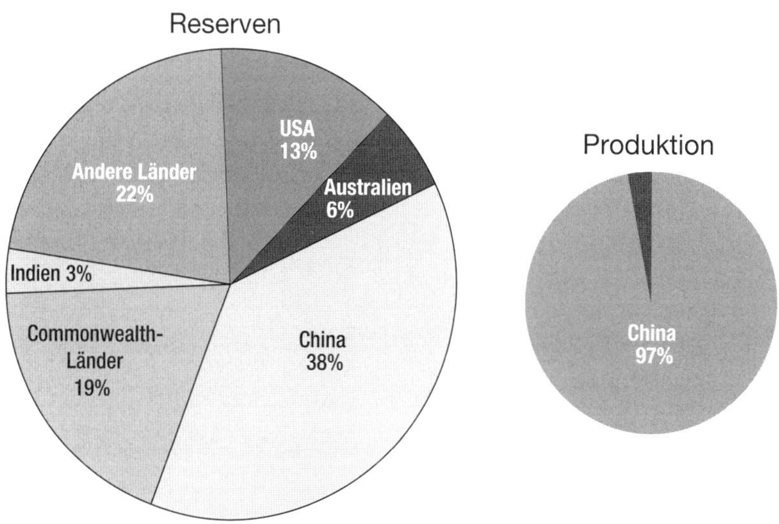


**Seltene Erden**
*Quelle: U.S. Geological Survey*

Obwohl man keine großen Mengen davon benötigt, sind diese Materialien unerlässlich für den Aufbau unserer Wind- und Solarsysteme, für Hybrid- und Elektrofahrzeuge und etliche andere High-Tech-Anwendungen, darunter iPods, Flüssigkristall-Displays, Katalysatoren, optische Kabel, Magnetresonanz-Abbildungssysteme und vor allem auch für Verteidigungssysteme.

Die letztgenannte Kategorie umfasst Präzisionsmunition, Laser-Zielgeräte, Luftfahrtsysteme, Radarsysteme, Nachtsichtgeräte, Satelliten und Kommunikationssysteme.

Ehe wir uns auf die bekannteren Rohstoffe konzentrieren, wollen wir diese »schwachen Bindeglieder« ins Auge fassen. Bei den meisten von ihnen sind die USA gänzlich von China abhängig, und diese Quellen könnten in wenigen Jahren vollständig versiegen.

Die 17 Mineralien, die man als seltene Erden bezeichnet, sind eigentlich gar nicht so selten, weil man sie überall in der Erdkruste finden kann. Unter einigen sehr wichtigen Aspekten kommt ihnen allerdings tatsächlich Seltenheitswert zu. Nur wenige Lagerstätten sind groß genug, um einen Abbau in wirtschaftlich lohnendem Ausmaß vorzunehmen. Denken Sie an Spielzeugmurmeln: Weltweit gibt es davon zwar eine ganze Menge, aber wenn man auf einmal sehr viele Murmeln braucht, wäre es ein teures Unterfangen, sie bei allen Kindern (und vielleicht auch einigen Erwachsenen) einzusammeln, die damit spielen.

Das andere Problem bei seltenen Erden ist, dass ihr Abbau und Verarbeitung extrem giftig ist. Aus diesem Grund sind die meisten einschlägigen Minen schon seit zehn Jahren oder noch länger geschlossen. In der Tat ist China das einzige Land, das nennenswerte Mengen dieser Mineralien fördert. Derzeit beträgt sein Weltmarktanteil bei seltenen Erden 97 Prozent. Das bedeutet: Wenn die USA seltene Erden benötigen, müssen sie sie aus China importieren.

Wir wollen hier betonen, dass nicht alle seltenen Erden gleich wichtig sind – manche kann man durch andere Mineralien ersetzen, die im Überfluss vorliegen. Allerdings gibt es für einige keinen gleichwertigen Ersatz. Eines davon ist Neodym, ein notwendiger Bestandteil hochleistungsfähiger permanenter Magnete. Diese Magnete weisen ein breites Spektrum an Einsatzmöglichkeiten auf, unter anderem spielen sie eine wesentliche Rolle bei den Motoren von Windturbinen. Ohne Neodym ist eine Windturbine weit weniger effizient, und die von ihr erzeugte Energie ist entsprechend viel teurer. Gleiches gilt für eine Vielzahl elektronischer Geräte, darunter auch militärische Ausrüstung wie Entfernungsmesser und Nachtsichtgeräte.

Das Fraunhofer-Institut für System- und Innovationsforschung veröffentlichte kürzlich eine Untersuchung zur wachsenden Abhängigkeit der Welt von Rohmaterialien für zu entwickelnde Energien. Um nur ein Beispiel zu erwähnen, wie angespannt die Situation ist: Die Forschungseinrichtung gelangte zu der Schlussfolgerung, dass die Welt im Jahr 2030 das Dreifache der heutigen Neodymproduktion für Anwendungen wie permanente Magnete und Lasertechnologie benötigen wird. Aber diese Anwendungen erfordern auch heute schon mehr als die Hälfte der jährlichen Neodymproduktion. Neodym ist wirklich sehr wichtig, und wir importieren jede Unze, die wir davon brauchen, aus China.

Ein weiteres Beispiel ist Europium, das man für optische Geräte, Laser und Lampen auf LED-Basis benötigt, die ein energieeffizienter Ersatz für Glühbirnen und kompakte fluoreszente Beleuchtungsmittel sind. Cerium und andere seltene Erden werden als Katalysatoren bei der Rohölverarbeitung eingesetzt, erhöhen die Erträge und reduzieren den Energieaufwand bei der Raffinierung von Erdöl.

Angesichts dieser problematischen Situation könnte man annehmen, dass die USA aktiv werden, um ihre Versorgung mit diesen immer wichtiger werdenden Ressourcen zu sichern. Das Gegenteil ist der Fall. Das Land fördert keine seltenen Erden mehr. Es kann sich nicht mehr selbst versorgen, sondern ist vollständig von Importen abhängig.

Es ist lehrreich zu sehen, wie wir in diese Situation geraten sind. In den 1980er-Jahren wurden in den USA seltene Erden gefördert. Aber damals begann China damit, seltene Erden weit unter den Kosten unserer Minen zu verkaufen. China verfügte nicht nur über den Vorteil billiger Arbeitskräfte, sondern das Thema Umweltverschmutzung spielte dort so gut wie keine Rolle. Die größte Mine in den USA – Molycorps Mountain Pass in der kalifornischen Mojave-Wüste – war die wichtigste Quelle unseres Bedarfs an seltenen Erden, bis die Produktion Mitte der 1980er-Jahre – zusammen mit vielen anderen Minen auf der ganzen Welt – eingestellt wurde. Wenn eine

Mine seit langer Zeit geschlossen ist, kann man sie nicht so einfach wieder der Produktion zuführen. Molycorp hat seltene Erden aus seinen Lagerbeständen verarbeitet und verkauft, seit die Förderung eingestellt wurde. Angesichts der angespannten Versorgungssituation hofft die Firma, die Produktion 2012 wieder aufnehmen zu können, aber es könnte noch lange dauern, bis die Förderung auf vollen Touren läuft.

Ein Berater im Bereich des Abbaus seltener Erden wurde am 4. Mai 2010 im *Science Magazine* wie folgt zitiert: »Neue Produktionsaktivitäten sind nur der erste Schritt. Zahlreiche Oxide seltener Erden sind mit anderen Erzen vermischt. Sie müssen gefördert und gereinigt werden, man muss sie in die Form von Metallen reduzieren, in Barrenform gießen und formen. Alle Unternehmen im Westen, die das früher getan haben, existieren nicht mehr und man wird sie neu aufbauen müssen. Das alles kann Hunderte Millionen Dollar kosten und bis zu zehn Jahre dauern.« Weiter heißt es in diesem Artikel, dass die Minen nur dann wieder in Betrieb genommen werden können, wenn die US-Regierung dieses Unterfangen mit Anleihen im Volumen von 2 Milliarden Dollar finanziert. Sie könnte das tun, weil die seltenen Erden für wichtige militärische Ausrüstung unersetzlich sind.

Eine weitere Möglichkeit wäre, dass die Autohersteller, die grünere Technologien einsetzen wollen, das Angebot machen, die Förderung und Raffinierung der seltenen Erden zu bezahlen. Toyota tat sich kürzlich mit einem Bergbauunternehmen aus Vietnam zusammen, um seine Versorgung mit Neodym und Lanthan, einem weiteren seltenen Element, zu sichern. Beide sind für den Bau von Elektroautos unersetzlich. Der Motor eines Toyota Prius enthält 2,2 Pounds Neodym, in jeder Batterie stecken 22 Pounds Lanthan. Eine 3-Megawatt-Windturbine enthält etwa zwei Tonnen seltene Erden. Der entscheidende Punkt ist, dass seltene Erden bei mehreren grünen Technologien eine entscheidende Rolle spielen. Seltene Erden sind notwendig; bei Windturbinen und Elektroautos ebenso wie für wichtige militärische und verschiedene elektronische Geräte. Hinzu kommt: Obwohl man seit mehr als einer Generation versucht, die speziellen Eigenschaften von Neodym und anderen seltenen Erden zu ersetzen, haben die Forschungen der Materialwissenschaftler zu nichts geführt. (Es wird von manchen Leuten vorgebracht, die Technologie werde wie eine Art Gottheit unsere Probleme lösen. Diese Sichtweise verkennt die Tatsachen, wenn man bedenkt, dass die Erfinder von Hochtemperatur-Supraleitern schon vor über 25 Jahren den Nobelpreis erhalten haben. Erinnern Sie sich noch an das Versprechen von Raumtemperatur-Supraleitern – ein wissenschaftlicher Durchbruch, der den größten Teil unserer Energieprobleme gelöst hätte? Dieses Versprechen ist noch immer nicht mehr als ein Traum, zu dessen Realisierung absolut kein Weg hinführt.)

Wie kam es dazu, dass China die Produktion dieser wichtigen Elemente vollständig beherrscht? Indem es eine rücksichtslose Preispolitik verfolgte. In Ländern mit freier Wirtschaft ist Gewinn die Motivation, etwas zu produzieren. Wenn keine Gewinne in Aussicht stehen, wird ein Projekt nicht umgesetzt. Sollte in den USA ein bedeutendes Minenprojekt initiiert werden, dann müssten die Eigentümer davon überzeugt sein, dass der Preis des Metalls oder des Elements langfristig hoch genug sein wird, um nicht nur die Kosten für die Erschließung der Mine zu decken, sondern auch nach Abzug aller Gründungs- und operativen Kosten einen Gewinn zu liefern. Mit anderen Worten: Das Unternehmen muss großes Vertrauen in die langfristigen Aussichten dessen haben, was es produziert.

Aber in einem vom Staatskapitalismus beherrschten Land gelten andere Regeln. Zum Beispiel muss das Kalkül für die Zukunft nicht von Gewinn und Verlust des Unternehmens bestimmt werden, sondern eher davon, was langfristig dem Staat am meisten nützt. Offensichtlich kalkulierte China schon vor langer Zeit, es sei in seinem Interesse, den Markt für seltene Erden zu kontrollieren. In der Tat erfolgte bereits 1992 die berühmte Proklamation von Deng Xiaoping: »Im Nahen Osten gibt es Öl. In China gibt es seltene Erden.« Statt ihre Kostenvorteile zu nutzen, um eine profitable Industrie aufzubauen, waren die Chinesen bereit, auf Gewinne zu verzichten, damit ihnen niemand Konkurrenz machen konnte. Und daran hat sich bisher nichts geändert.

2009 bezahlte Amerika für seine Importe seltener Erden etwa 85 Millionen Dollar. Denken Sie jetzt ein wenig nach, ehe Sie daraus schließen, die Chinesen seien einfach großherzig und gewährten uns einen massiven Preisabschlag auf diese unverzichtbaren Materialien. Wenn der Markt für ein Produkt ein Volumen von 85 Millionen Dollar aufweist, würden Sie als Investor dann Milliarden von Dollar in eine Mine stecken, deren Gesamtumsatz unter 100 Millionen Dollar liegt? Nur wenn Sie den Verstand verloren haben. Und das ist der entscheidende Punkt, wenn es um die Wiedereröffnung von Minen wie Molycorps Mountain Pass geht. Dann sind nämlich Kredite und Abnahmegarantien durch Regierungen und andere Interessenten erforderlich. In den USA und anderen hoch entwickelten Ländern erfordern solche Garantien Zeit, manchmal Monate oder sogar Jahre. Sogar wenn der Kongress sofort die nötigen Kredite und Abnahmegarantien absegnen würde, könnte es immer noch große Hindernisse vonseiten des Umweltschutzes geben. Wegen der toxischen Natur dieser Art von Bergbau wird es fast mit Sicherheit zu solchen Problemen kommen.

Wie groß ist der Vorsprung Chinas gegenüber den USA und anderen Ländern? Er bemisst sich mit Sicherheit nicht in Monaten, sondern in Jahren. Nachdem Molycorp Mitte 2010 damit begonnen hat, Finanzmittel für die Wiedereröffnung seiner Mine anzuwerben, wird das Unternehmen mehr als ein Jahr brauchen, um die Produktion wieder in Gang zu bringen, und noch länger, um das geförderte Material zu verarbeiten. Und die Mine wird höchstens 10 Prozent des weltweiten Bedarfs an seltenen Erden decken können. China wird also auch im besten aller denkbaren Szenarien bei diesen dringend erforderlichen Materialien bei Weitem die Oberhand behalten.

Die Chinesen haben aggressive Anstrengungen unternommen, ihre Vorräte und ihre Versorgungskette an seltenen Erden zu sichern, um ihren zukünftigen inländischen Bedarf zu decken. Ihr Ministerium für Industrie und Informationstechnologie (MIIT) hat angekündigt, ab 2001 Vorräte an seltenen Erden anzulegen. Aber das ist nur der letzte Schritt. China führte 1998 eine Exportquote ein und hat seit 2005 einen Abwärtstrend seiner Exporte durchgesetzt, mit einem durchschnittlichen Rückgang von jährlich 10 Prozent. 2009 exportierte das Land weniger als die Hälfte der von ihm geförderten seltenen Erden. In einem Berichtsentwurf des MIIT mit dem Titel Entwicklungsplan für seltene Erden 2009 bis 2015 heißt es, das Land werde den Export der schweren seltenen Erden Dysprosium, Lutetium, Terbium, Thulium und Yttrium in den kommenden Jahren komplett einstellen und die Exporte von Neodym, Europium, Cerium und Lanthan auf insgesamt ungefähr 15.000 Tonnen pro Jahr begrenzen, während es 2008 noch 38.189 Tonnen und 2004 48.040 Tonnen waren. Das liegt weit unter dem aktuellen weltweiten Bedarf und droht die Entwicklung zahlreicher neuer Technologien abzuwürgen, darunter Supraleiter, Hochleistungsmagneten und Katalysatoren. Hybrid- und Elektrofahrzeuge sowie Windturbinen sind nur einige Technologien, die von den Preisen seltener Erden betroffen sein werden.

Proteste gegen Chinas Einschränkungen der Versorgung mit seltenen Erden treffen auf das Argument, dass die Aktionen des Landes darauf abzielen, die Umweltverschmutzung zu minimieren. Es mag zwar ein Körnchen Wahrheit darin stecken, dass China die Produktion seltener Erden durch kleine Minen, die schwer zu überwachen sind, beenden will, aber es gibt keine Anzeichen, dass es seine Produktion dieser Mineralien reduziert. Die Chinesen scheinen also moralisch richtig zu handeln, indem sie den Export seltener Erden einschränken, um die Umwelt zu schützen, aber in Wirklichkeit verstecken sie ihre Akkumulation von Ressourcen unter dem Deckmantel der Sorge um das Klima, und das ist unaufrichtig. Neben der Beschränkung von Exporten seltener Erden haben in Staatsbesitz befindliche Unternehmen viele strategische Käufe außerhalb Chinas durchgeführt, um die Marktdominanz des Landes zu sichern. Die Chinesen wären heute Eigentümer von Molycorp, hätte CNOOC, der nationale chinesische Offshore-Ölkonzern 2005 mit seinem Angebot Erfolg gehabt, Unocal zu kaufen. Die Ölfirma mit Sitz in Kalifornien war damals Eigentümer von Molycorp und wurde nur deshalb nicht von dem chinesischen Giganten geschluckt, weil der Kongress aus Gründen der nationalen Sicherheit Einspruch gegen den Erwerb erhob. Stattdessen wurde Unocal von Chevron übernommen, das Molycorp später an eine Gruppe privater Investoren verkaufte.

Japan und die USA denken daran, das Thema des Exports seltener Erden bei der Welthandelsorganisation zur Sprache zu bringen, aber man wird abwarten müssen, ob es ihnen gelingen wird, China zu weiteren Exporten dieser wichtigen Mineralien zu zwingen. China kann immer argumentieren, dass die seltenen Erden gar nicht so selten sind und dass die USA und andere Nationen sie auch selbst fördern könnten, sollten sie sich dazu entschließen. Zudem könnte China die seltenen Erden zu »strategischen Mineralien« erklären, wie es Chile mit Lithium getan hat. Damit könnte das Land sämtliche Verkäufe dieser Mineralien regulieren und sie restlos für den Gebrauch im Inland reservieren.

Denken Sie daran, dass China im Gegensatz zum arabischen Ölembargo 1973/74 nicht unbedingt jemanden in Geiselhaft nehmen will, indem es die Versorgung mit seltenen Erden einschränkt. Stattdessen hält es diese Mineralien für unersetzlich für seine eigene Entwicklung, daher wird am Beginn des folgenden Jahrzehnts der Eigenverbrauch des Landes wahrscheinlich höher sein als die Produktion. In der Zwischenzeit hat China seine Dominanz bei seltenen Erden als Anreiz benutzt, ausländische Firmen zur Eröffnung von Betrieben in China zu verleiten. Eine Reihe amerikanischer, japanischer und europäischer Technologieanbieter haben Teile ihrer Produktion dorthin verlagert, um sich den Zugang zu seltenen Erden zu sichern, die Exportbeschränkungen unterliegen.

## Ohne China keine Solarenergie

Die seltenen Erden sind nur eines von vielen Beispielen, die überzeugend aufzeigen, dass alternative Energien und die Sicherheit der Energieversorgung alle anderen ökonomischen Ziele Chinas überwiegen. Die toxische Natur der seltenen Erden und Chinas Bereitwilligkeit, bei deren Produktion beide Augen zuzudrücken, straft seine Sorgen über Umweltverschmutzung und Erderwärmung Lügen.

Ein weiterer Rohstoff, von dem die meisten Menschen wahrscheinlich noch nie gehört haben, der aber trotzdem eine Erwähnung verdient, ist Indium. Es ist rarer als die seltenen Erden, gehört aber dennoch nicht zu den seltensten Metallen auf unserem Planeten. Schätzungen zufolge kommt es in der Erdkruste etwa dreimal häufiger vor als Silber. Aber das relativ häufige Vorkommen erzählt nicht die ganze Geschichte. Denn Indium kommt nicht in isolierter Form vor. Es muss aus anderen Metallen raffiniert werden – hauptsächlich aus Zink. Verarbeitungsanlagen sind nicht leicht zu realisieren, was man der Tatsache entnehmen kann, dass es in den USA keine Raffineriekapazitäten für Indium gibt. Und das bedeutet, dass wir – ebenso wie bei den seltenen Erden – 100 Prozent unseres Indiumbedarfs importieren. Das ist keine komfortable Position, denn dieses Metall besitzt spezifische Eigenschaften, die sich zumindest auf Basis des heutigen Wissens nicht duplizieren lassen.

Man braucht Indium für die Herstellung von Flachbildschirm-Fernsehern und der verschiedensten elektronischen Unterhaltungsgeräte. Wirklich wichtig ist allerdings, dass es, zusammen mit Silber, für die Produktion von Solarenergie unersetzlich ist. Ohne Indium wird sich Solarenergie wohl nicht auf breiter Basis durchsetzen. Silber kann ein Ersatz sein, aber wie wir gesehen haben, ist es ebenfalls knapp. Und bei manchen Anwendungen, zum Beispiel bei dünnen Metallschichten zur Produktion von Solarenergie – lässt sich Indium nicht ersetzen. Da die bei Weitem größte Menge Indium aus dem Zinkbergbau stammt, braucht man für die Produktion von Indium zwei Dinge: adäquate Zinkvorkommen und die Fähigkeit, Indium daraus zu raffinieren.

1999 importierten die USA etwa 30 Prozent ihres Zinks und 100 Prozent ihres Indiums. Der Grund, warum wir uns auf Importe verlassen, wurde im CRB Commodity Year Book 2000 des Commodity Research Bureau zusammengefasst: »Der Markt für Indium schien sich einer langfristigen Preisstabilität anzunähern. Der Anstieg der Nachfrage stieß auf ein adäquates Angebot und größere Effizienz bei der Verarbeitung.« Die letzten Indiumvorräte der US-Regierung wurden im Dezember 1998 verkauft. 1999 lagen die Preise für Indium unter 100 Dollar pro Pound. Heute sind es mehr als 400 Dollar pro Pound. Und in dem Maß, in dem Solarenergie zum Ersatz fossiler Brennstoffe wird, steigen die Indiumpreise umgekehrt »der Sonne entgegen«. Dennoch raffinieren wir in diesem Land noch immer kein Indium. Und was Zink betrifft, ist unsere Abhängigkeit von Exporten von 30 Prozent 1999 auf heute 75 Prozent gestiegen.

Nun vergleichen Sie das einmal mit dem, was in China passiert ist. 1999 produzierten China und die USA in etwa die gleiche Menge Zink. Aber im Gegensatz zu den USA raffinierte China sein Indium aus Zink und kam auf einen Weltmarktanteil von ungefähr 20 Prozent. Bis heute ist die amerikanische Zinkproduktion zurückgegangen, und China fördert heute viermal mehr als die USA sowie doppelt so viel wie der zweitgrößte Produzent. Allein auf China entfallen heute 50 Prozent der weltweiten Produktion von Indium. Zwei andere asiatische Länder, Südkorea und Japan, erreichen zusammen etwa weitere 25 Prozent.

Aus all dem folgt: Wenn es den USA mit der Solarenergie jemals ernst ist, führt kein Weg an China vorbei. Das kann katastrophale Folgen haben. Denn China hat kürzlich angedeutet, dass es plant, ebenso wie bei den seltenen Erden auch seine Indium-Exporte einzuschränken. Es ist eine fast hoffnungslose Aufgabe, wenn man zu ermitteln versucht, wie lange die USA brauchen würden, rasch genug Indium für unseren zukünftigen Bedarf zu erwerben, entweder durch Exporte aus anderen Ländern, aus China oder durch eigene Produktionsanlagen. Aber unserer Meinung nach wäre ein Jahrzehnt oder mehr noch eine konservative Schätzung.

Dafür spricht auch, dass das U.S. General Accountability Office 2010 schätzte, der Neuaufbau einer Versorgungskette mit seltenen Erden würde bis zu 15 Jahre dauern und sei von verschiedenen Faktoren abhängig, darunter die Sicherung von Kapitalinvestments für die Infrastruktur, die Entwicklung neuer Technologien und der Erwerb von Patenten, die derzeit von internationalen Unternehmen gehalten werden.

Man kann dieses Kapitel, ebenfalls wie viele andere in diesem Buch, schwer zusammenfassen, weil es so viele bedrohliche Schlussfolgerungen enthält. Wie wir in Kapitel 3 gezeigt haben, ist klar, dass die USA nicht mehr von unbegrenzter Verfügbarkeit fossiler Brennstoffe ausgehen können. Deren wachsende Seltenheit war ein wichtiger Grund, warum die 2000er-Jahre in ökonomischer Hinsicht eines der schlimmsten Jahrzehnte für die Amerikaner bedeuteten. Und diese Seltenheit wird sich weiter verschärfen. Ohne andere Energiequellen, für die man seltene Mineralien benötigt, wird unser Lebensstil weiter absinken – vielleicht sogar exponentiell.

*Steigende Kosten lassen weniger von unserem Einkommen für alles übrig, was über die Lebenshaltungskosten hinausgeht. Der Dienstleistungssektor, heute bei Weitem das größte Segment unserer Volkswirtschaft, wird wahrscheinlich massiv schrumpfen. Wenn wir unserem Kurs treu bleiben, werden in unserem Land folglich Millionen von Jobs verschwinden, was dann zu großen sozialen Problemen führt.*

*Wir brauchen unbedingt neue Energiequellen, um diesen zu erwartenden Ruckgang zu verhindern.* Das bedeutet, dass die erneuerbaren Energien eine immer wichtigere Rolle spielen müssen. Die beiden am besten skalierbaren erneuerbaren Energien sind Wind- und Solarenergie. Schon jetzt fehlen uns die notwendigen Rohstoffe für deren Ausbau im großen Stil. Auf diese wichtigen Materialien haben die Chinesen ein Monopol oder sie kontrollieren sie zumindest. Wenn Sie nun weiterlesen, werden die Nachrichten leider nicht besser.

# Kapitel 6
# Andere wichtige Rohstoffe und die weltweiten Landkäufe der Chinesen

Die Amerikaner trugen in den letzten zehn Jahren Scheuklappen. Schon der Rückgang unserer Wirtschaft hätte ausreichen müssen, um uns davon zu überzeugen, dass unser Lebensstil immer schneller absinken wird, wenn wir unsere Abhängigkeit von wichtigen Rohstoffen nicht reduzieren. Tatsächlich könnte auch die wichtigste Quelle der Macht Amerikas – unser riesiges militärisches Aufgebot – am Ende durch einen massiven Mangel an wichtigen Rohstoffen bedroht werden. Eine geschwächte Armee wäre dann Teil eines Teufelskreises, der auch Amerika immer weiter schwächen könnte. Denken Sie daran, dass China das Land ist, das den Großteil dieser Rohstoffe kontrolliert.

Wir legen zwar weiterhin großen Wert auf die Feststellung, dass China nicht darauf abzielt, die USA zu zerstören, aber wir können auch gar nicht genug betonen, dass die Schlacht um Rohstoffe, die China gewinnt (und bei der das Land wohl heute schon einen unaufholbaren Vorsprung hat), eine Schlacht um unsere Freiheit, unseren Lebensstandard und überhaupt um alles ist, was Amerika ausmacht. Ein Amerika, das militärisch stark geschwächt und mit akutem Mangel an alltäglichen Bedarfsgütern konfrontiert ist, ist ein Amerika, das viele seiner grundlegenden Freiheiten verlieren könnte. In der Tat kann man sich nur schwer ein bedeutendes Land vorstellen, das in einer solchen Situation als freie und dynamische Demokratie existiert.

Den vielleicht schlagendsten Beweis, dass Amerika sich weigert, die Realität unserer Situation zur Kenntnis zu nehmen, kann man einer einfachen Tabelle entnehmen. Die Daten liegen um ein Jahrzehnt auseinander und beziffern die Mengen verschiedener Rohstoffe, die wir aus dem Ausland importieren. Die ersten Daten zeigen die Abhängigkeit der USA von Mineralien (Brennstoffe ausgenommen) um 1999. Damals importierten wir bei 27 Mineralien über die Hälfte unseres Bedarfs, bei zwölf Rohstoffen waren wir vollständig von Importen abhängig. Bei zwölf der genannten 27 Mineralien war China der wichtigste Exporteur. China war auch der wichtigste Lieferant von drei der Rohstoffe, bei denen wir komplett von Importen abhängig waren.

Zehn Jahre später importierten die USA bei 38 Mineralien mehr als die Hälfte ihres inländischen Bedarfs. Und mittlerweile sind wir bei 19 Rohstoffen zu 100 Prozent auf Importe angewiesen. Von den genannten 38 Mineralien ist China immer noch bei elf der wichtigste Lieferant. Bei den 19 Rohstoffen, die wir komplett durch Importe decken, ist China bei acht der wichtigste Exporteur. Innerhalb eines Jahrzehnts hat sich unsere substanzielle Abhängigkeit von drei auf acht Rohstoffe erhöht.

Amerika wird, was seine materiellen Bedürfnisse betrifft, immer mehr von anderen Ländern abhängig, und China ist zu dem Land geworden, dessen Rohstoffreichtum für uns am wichtigsten ist. Diese Entwicklung ist ein guter Grund, sich Sorgen zu machen, und sollte in der Tat zur Umsetzung von Plänen führen, alternative Quellen in mit uns verbündeten Ländern zu finden statt ausgerechnet bei unserem größten Rivalen. Wer sich diese Daten ansieht, muss einfach zu der Schlussfolgerung kommen, dass wir China als ökonomische Bedrohung nicht ernst nehmen.

**1999**

| Rohstoff | Importe | Chinas Rolle |
|---|---|---|
| Arsen (Trioxid) | 100% | C* |
| Bauxit und Aluminium | 100 | |
| Wismut | 100 | C |
| Niobium | 100 | |
| Feldspat | 100 | C* |
| Graphit (natürlich) | 100 | C |
| Mangan | 100 | |
| Muskovit | 100 | C |
| Strontium | 100 | |
| Thallium | 100 | |
| Thorium | 100 | |
| Yttrium | 100 | C* |
| Edelsteine | 99 | |
| Antimon | 85 | C* |
| Zinn | 85 | C |
| Wolfram | 81 | C* |
| Chrom | 80 | |
| Kali | 80 | |
| Tantal | 80 | C |
| Steine | 77 | |
| Titan (Konzentrat) | 77 | |
| Kobalt | 73 | |
| Seltene Erden | 72 | C* |
| Jod | 68 | |
| Barit | 67 | C* |
| Nickel | 63 | |
| Torf | 57 | |

**2009**

| Rohstoff | Importe | Chinas Rolle |
|---|---|---|
| Arsen (Trioxid) | 100% | C* |
| Asbest | 100 | |
| Bauxit und Aluminium | 100 | |
| Cäsium | 100 | |
| Feldspat | 100 | C* |
| Graphit (natürlich) | 100 | C* |
| Indium | 100 | C* |
| Mangan | 100 | C |
| Muskovit | 100 | C* |
| Niobium | 100 | |
| Kristallquarz (Industriequalität) | 100 | C* |
| Seltene Erden | 100 | C* |
| Rubidium | 100 | |
| Strontium | 100 | |
| Tantal | 100 | C |
| Thallium | 100 | |
| Thorium | 100 | |
| Vanadium | 100 | |
| Yttrium | 100 | C* |
| Gallium | 99 | C |
| Edelsteine | 99 | |
| Antimon | 93 | C* |
| Wismut | 90 | C |
| Germanium | 90 | C |
| Platin | 89 | |
| Barit | 80 | C* |
| Zinn | 80 | C |
| Rhenium | 79 | |
| Diamanten (natürlich, Industriequalität) | 78 | |
| Steine | 78 | C |
| Zink | 76 | |
| Kobalt | 75 | C |
| Kali | 73 | |
| Titanium (Konzentrat) | 73 | |
| Titanium (natürlich) | 67 | C |
| Silber | 63 | |
| Wolfram | 63 | C* |
| Torf | 60 | |

| | 1999 | 2009 |
|---|---|---|
| Importabhängigkeit von 100 %: | 12 | 19 |
| Importabhängigkeit > 50 % | 27 | 38 |

C* = China ist der wichtigste Lieferant; C = China ist ein bedeutender Lieferant.
Beachten Sie, dass sich die Bedeutung bestimmter Mineralien im Lauf der Zeit verändert hat.

**Die Netto-Importabhängigkeit der USA bei ausgewählten Mineralien**
*Quelle: U.S. Geological Survey*

Die Gefahren von Chinas wachsender Dominanz im Rohstoffsektor reichen viel weiter als die bloßen Zahlen. Nicht alle Mineralien und Metalle sind gleich zu bewerten.

Im letzten Kapitel haben wir uns auf seltene Erden und Indium konzentriert, wahrscheinlich die beiden wichtigsten Rohstoffen, bei denen wir von China abhängig sind. In diesem Kapitel werden wir einen umfassenderen Blick auf andere Materialien werfen, bei denen China unser wichtigster Lieferant ist. In einem 2010 veröffentlichten Bericht listete die Europäische Union 14 Rohstoffe auf, deren Export eingeschränkt war und die von entscheidender ökonomischer Bedeutung waren. Von diesen 14 Rohstoffen war China bei acht der wichtigste Lieferant für Europa und die USA: Antimon, Feldspat, Gallium, Graphit, Germanium, Indium, seltene Erden und Wolfram.

Kurz gesagt: Ohne zuverlässigen Zugang zu diesen Materialien ist die Produktion zahlreicher wichtiger Güter bedroht, von der Halbleiterherstellung und der Produktion kleiner Waffen (Antimon und Gallium) über komplexe militärische Waffensysteme (Gallium, Indium, seltene Erden und Antimon) bis zu optischen Geräten (Germanium).

Mit anderen Worten: Ohne diese Materialien können wir unsere Ökonomie nicht aufrechterhalten, und wir haben auch keine Möglichkeit, den Übergang von einer Wirtschaft, die von nicht erneuerbaren Energien abhängt, zu einer Wirtschaft zu vollziehen, die auf erneuerbare Energien baut.

Natürlich werden einige Leute argumentieren, dass wir uns aus dieser Notlage befreien können, indem wir die Eigenschaften der genannten Rohstoffe mit unserer fortgeschrittenen Energie kompensieren. Aber wir sollten uns nicht darauf verlassen, dass das passieren wird. In vielen Fällen gibt es wenig bis gar keinen Ersatz für diese Mineralien. Und wo es Ersatz gibt, können die Nachteile erheblich sein. Wie wir in Kapitel 8 noch erörtern werden, ist die Selbstzufriedenheit der USA fehl am Platz, dass fortschrittliche Technologie alle Probleme lösen wird.

Man könnte den Eindruck gewinnen, dass die chinesische Regierung dies alles verstanden hat. Sie wartet nicht auf ein Techno-Wunder, sondern sie sichert sich jede Unze wichtiger Rohstoffe, derer sie habhaft werden kann, um die Grundlagen einer Wirtschaft mit alternativen Energien zu schaffen, solange diese unverzichtbaren Rohstoffe noch verfügbar sind. Und Amerika steht dabei, schaut zu und tut sehr wenig, um sich auf den kommenden Sturm vorzubereiten.

## Abgang Afrika, Auftritt China

Im 19. Jahrhundert machten sich Leute wie Henry Morton Stanley und Cecil Rhodes auf nach Afrika, um die Reichtümer des Kontinents zu explorieren, weil die europäischen Länder Anspruch darauf erhoben. Die Kolonialzeit ist längst vorbei, aber dennoch können wir eine starke Parallele zwischen dieser seit Langem vergangenen Zeit und Chinas heutigen Aktivitäten in Afrika feststellen.

China ist zum größten Lieferanten von Niedrigpreisprodukten geworden. Die Produktion dieser Exportgüter und die Befriedigung seines eigenen ständig wachsenden Bedarfs erfordert enorme Mengen von Rohstoffen. Und China wird noch wesentlich mehr Rohstoffe benötigen, wenn das Land ein vollständiges Netzwerk alternativer Energien aufbauen will. Nirgends außerhalb der eigenen Landesgrenzen ist China mehr darauf aus, sich Rohstoffe zu sichern als in Afrika. Aber die Chinesen marschieren dort nicht ein und ergreifen gewaltsam die Macht, sondern sie kommen mit einem Blankoscheckbuch und einer ganzen Armee von Bauarbeitern, die beim Aufbau eines modernen Staats helfen. Und die Afrikaner hießen die Chinesen herzlich willkommen und gewährten ihnen unbegrenzten Zugang zu ihren enormen Rohstoffvorkommen.

Das exakte Volumen von Chinas Direktinvestitionen in Afrika ist unbekannt. China veröffentlicht diese Informationen nicht mehr, und von den afrikanischen Staaten sind sie auch nicht erhältlich. Klar ist allerdings, dass China die USA und Frankreich als wichtigste Handelspartner Afrikas abgelöst hat. Es ist durchaus bemerkenswert: Der Handel zwischen China und Afrika stieg 2008 auf 107 Milliarden Dollar. Nach den Angaben des chinesischen Handelsministeriums lag das Volumen im Jahr 2000 bei nur 10 Milliarden Dollar. Chinesische Firmen, von riesigen Staatskonzernen bis zu kleinen Unternehmern und Tradern, sind in fast allen Sektoren der afrikanischen Wirtschaft aktiv. Chinas Aktivitäten in Afrika und anderen Teilen der Welt werden von vielen verschiedenen Einheiten durchgeführt, und wenn man die engen Verbindungen zwischen großen Aktiengesellschaften und der kommunistischen Regierung bedenkt, dann ist es nicht abwegig, sich alle chinesischen Akteure als monolithischen Block vorzustellen.

Die immer enger werdende Beziehung zwischen China und Afrika hat die Bezeichnung »ChinAfrica« aufkommen lassen, aber die Volksrepublik war in Afrika schon lange zuvor kein Fremdling. In den 1950er- und 1960er-Jahren entsandte China an notleidende afrikanische Nationen finanzielle Hilfe und Bauarbeiter, um den Ländern beim Bau von Eisenbahnlinien und Straßen zu helfen – und natürlich auch, um dort den Sozialismus zu verbreiten und ein Gegengewicht zum Einfluss des Westens zu schaffen. In den vergangenen zehn Jahren kamen viele chinesische Arbeiter nach Afrika – und das Geld aus China floss in Strömen. Man schätzt, dass heute ungefähr eine Million Chinesen auf dem ganzen Kontinent leben. Das war ein direktes Ergebnis von Chinas zou-chuqu-Politik. Man kann das mit »Gehe hinaus« übersetzen. Seit 2001 regte sie die ausländischen Aktivitäten chinesischer Unternehmen an. Als Teil von zou chuqu wurde ein Regierungsfonds mit 50-jähriger Laufzeit eingerichtet, um chinesische Firmen zu motivieren, in Afrika zu investieren. Sie wandten sich aber nicht aus ideologischen Gründen Afrika zu, sondern sie konzentrieren sich jetzt darauf, die noch unberührten Ressourcen des Kontinents auszubeuten.

Die Vorstellung vieler Menschen aus dem Westen über die Größe Afrikas ist in hohem Maß von der Mercator-Projektion verzerrt, die bei vielen Landkarten verwendet wird und die Größe von Landmassen künstlich erhöht, die näher an den Polen liegen, um den sphärischen Globus auf eine glatte Oberfläche zu übertragen. In Wirklichkeit ist der afrikanische Kontinent größer als die USA, China und ganz Europa zusammen.

Bis zu diesem Zeitpunkt hatte man die Oberfläche Afrikas sozusagen kaum angekratzt, was die Ausbeutung der mineralischen Rohstoffe des Kontinents betraf. Es existieren dort spektakuläre Vorkommen von Öl, Kohle, Eisen, Zink, Blei, Wolfram, Kobalt, Kupfer, Molybdän, Mangan, Chrom, Antimon, Niobium, Industriediamanten, Uran, Metallen der Platingruppe, Silber und Gold sowie so gut wie alle Mineralien, die für unser modernes Leben erforderlich sind.

Aber trotzdem ist das gesamte Bruttoinlandsprodukt Afrikas nur etwa so hoch wie das Brasiliens. Viele politische Führer in Afrika wollen das dringend ändern – in vielen Fällen auch, um sich selbst ein Denkmal zu setzen. Sie versuchen, vom Export der Naturschätze ihrer Nationen zu profitieren. Der Wettbewerb um diese ist für alle offen, aber die Unternehmen aus dem Westen können nicht mit den Angeboten der Chinesen konkurrieren. China verändert in der Tat die afrikanische Landschaft, indem es sich alle dortigen Ressourcen zu sichern versucht, bevor andere Nationen das tun können.

Nach Angaben der Weltbank hat China mit mindestens 35 afrikanischen Staaten südlich der Sahara Vereinbarungen getroffen, von dort Rohstoffe zu beziehen und dafür die Infrastruktur zu fördern. Chinesische Baufirmen entfalten in Afrika große Aktivitäten. Ein großer Teil des Gelds, das für Infrastrukturmaßnahmen aus China kommt, sind niedrig verzinste Kredite. Sie werden von staatlichen chinesischen Unternehmen ausgereicht, die im Gegenzug Zugang zu Rohstoffen erhalten. Zusätzlich zu Regierungsgarantien für Bankkredite erhalten chinesische Firmen Exportkredite zur Finanzierung der operativen Kosten der Projekte in Afrika sowie Kredite für Kapitalgüter und Maschinen. Als Ergebnis dieser Unterstützung durch die kommunistische Regierung können chinesische Firmen Infrastrukturprojekte zu Kosten anbieten, die weit unter den Angeboten westlicher Firmen liegen, die nicht in den Genuss solcher Regierungssubventionen kommen.

Aber obwohl die Straßen, Eisenbahnen und Dämme zur Produktion von Strom aus Wasserkraft, die den größten Teil dieser Hilfe ausmachen, offensichtlich zum Vorteil der Afrikaner gebaut werden, dienen sie dem doppelten Zweck, die Förderung von Rohstoffen und deren Transport nach China zu beschleunigen und die Umsätze der Firmen im Reich der Mitte zu steigern, weil die meisten Baumaterialien aus China importiert werden. Diese sogenannte Hilfe trägt nur wenig zur Verbesserung der Arbeitsmärkte in den Zielländern bei. Die meisten dieser Infrastrukturprojekte sehen vor, dass 70 Prozent der Menschen, die an diesen Projekten arbeiten, Chinesen sind. In vielen Fällen handelt es sich dabei um ehemalige Häftlinge, denen man Strafmilderungen verspricht, wenn sie sich für diese Operationen in Übersee zur Verfügung stellen.

Das derzeit größte Projekt befindet sich in der Demokratischen Republik Kongo, die ein Gebiet in Zentralafrika umfasst, das etwa einem Viertel der Landfläche der USA entspricht. Die Bevölkerung von über 70 Millionen Menschen lebt von weniger als einem Dollar pro Tag. Das sind die Folgen der Kolonialherrschaft, korrupter Regierungen nach der Unabhängigkeit und von Bürgerkriegen, die zwischen 1998 und 2004 durch militärische Auseinandersetzungen, Epidemien und Hungersnöte geschätzte 5,4 Millionen Menschen das Leben gekostet haben. Aber innerhalb seiner Grenzen verfügt der Kongo über riesige, bislang unangetastete Rohstoffvorkommen. Man schätzt, dass diese Vorkommen zwischen 25 und 50 Billionen Dollar wert sind.

Im Rahmen eines 9 Milliarden Dollar schweren Infrastruktur-für-Mineralien-Projekts erhält China Ressourcen, die es für seine gefräßige Wirtschaft braucht. Der Kongo hat und wird im Gegenzug eine Menge Infrastrukturprojekte erhalten, die von einem Konsortium staatlicher chinesischer Unternehmen gebaut werden. Die Projekte umfassen 2400 Meilen Straßen, 2000 Eisenbahnmeilen, 32 Kliniken, 145 Gesundheitszentren und zwei Universitäten. Im Kongo gibt es fast keine befestigten Straßen, und Reisen zwischen vielen Städten sind nur auf dem Luftweg möglich. Die Lebenserwartung liegt unter 55 Jahren, die Kindersterblichkeit ist eine der höchsten der Welt, ein Drittel der Einwohner sind Analphabeten. Daher ist die Verlockung der chinesischen Investitionen für die politischen Führer des Kongo unwiderstehlich, wie es auch in allen anderen unterentwickelten afrikanischen Ländern der Fall ist, mit denen China ähnliche Vereinbarungen getroffen hat.

China macht im Kongo extrem gute Geschäfte. Für die Investition in Höhe von 9 Milliarden Dollar für Baukosten und Kredite wird es 10 Millionen Metrische Tonnen Kupfer und 600.000 Metrische Tonnen Kobalt abbauen. Selbst nach Abzug des Anteils dieser Ressourcen, der an Gecamines gehen wird, das quasistaatliche Unternehmen, das Partner des Joint Ventures ist, bringt diese Investition China mindestens mehrere 10 Milliarden Dollar ein.

Ähnliche Vereinbarungen mit anderen Ländern Afrikas wurden Berichten zufolge massiv von Korruption beeinflusst, mit Koffern voller Bargeld und der Finanzierung von Orchideenprojekten. Dazu gehörten der Bau eines neuen Präsidentenpalastes (im Sudan), Fußballstadien (in Sambia und Kenia) und Glasfaser-Internetverbindungen (in Uganda). Der Foreign Corrupt Practices Act verbietet amerikanischen Unternehmen jegliche Art von Bestechung, aber für chinesische Firmen stellen solche finanziellen Anreize einfach einen Teil der Kosten bei der Abwicklung von Geschäften dar.

Da die Chinesen keine Kolonialgeschichte aufweisen und in der Vergangenheit Unabhängigkeitsbewegungen unterstützten, sind sie in Afrika willkommene Partner, während die westlichen Staaten misstrauisch betrachtet werden. Chinas Methode, in den Entwicklungsländern Geschäfte zu betreiben, ist extrem pragmatisch. Während Entwicklungshilfe aus dem Westen oft mit besserer Beachtung der Menschenrechte und demokratischen Reformen verknüpft wird, ist Chinas Politik sowohl unpolitisch als auch amoralisch. China ist bereit, mit wirklich jedem Regime zusammenzuarbeiten – unabhängig von seinem Status in der internationalen Gemeinschaft.

Theodore H. Moran, Inhaber des Marcus-Wallenberg-Lehrstuhls der School of Foreign Service an der Georgetown University und Autor von China's Strategy to Secure Natural Resources: Risks, Dangers and Opportunities, stellt fest, dass Chinas Aktionen auch mit Implikationen für Schurkenstaaten, autoritäre Regimes, Bürgerkriege, Korruption, den Verfall der Sitten in Regierungen und die Umwelt verbunden sind. Solche Effekte können die Muster der chinesischen Ressourcenversorgung sehr zweifelhaft machen, und zwar aus Gründen, die mit der Debatte über den Zugang Chinas und chinesischer Unternehmen zu Rohstoffvorkommen kaum etwas zu tun haben.

China kauft nicht nur etwa die Hälfte des sudanesischen Öls, sondern versorgt die Regierung im Gegenzug mit Waffen für dessen Völkermord. Chinesische Waffen werden auch zuverlässig nach Simbabwe geliefert und unterstützen – im Gegenzug zum Zugang zu den Diamantenvorkommen des Landes – den Diktator Robert Mugabe.

Im Juli 2010 unterzeichnete Präsident Obama einen Gesetzesentwurf zur Einschränkung der Exzesse im Bankensektor, der vor allem auf das Thema der »Konfliktminerialien« abzielte. Dabei ging es vor allem darum, den Handel mit Mineralien aus dem Kongo zu stoppen. Das Gesetz verpflichtet amerikanische Unternehmen, bei der Securities and Exchange Commission jedes Jahr einen Bericht abzuliefern, der darüber aufklärt, ob seine Produkte Tantal, Gold, Wolfram oder andere Mineralien aus dem Kongo oder deren Nachbarländern stammen. Es gibt keine Strafen für die Verwendung von Mineralien aus diesen Nationen, aber sie wird veröffentlicht.

Dieses Gesetz stellt zwar eine noble Initiative dar, um Organisationen kein Geld zukommen zu lassen, die Gewalt ausüben – einschließlich systematischer Massenvergewaltigungen –, und es könnte amerikanischen Firmen den Anreiz liefern, ihre Mineralien aus anderen Regionen zu beziehen, aber die chinesischen Hersteller werden dort weiterhin Mineralien kaufen. Sie werden sich sogar darüber freuen, dort erwerben zu können, wo es die Amerikaner nicht mehr tun.

Jeffrey Sachs, Professor für Wirtschaftswissenschaften und Direktor des Earth Institute an der Columbia University drückte es so aus: »Von China gibt es weniger Vorträge und mehr praktische Hilfe.« Chinas einzige Bedingung, einem Land zu helfen, ist, dass China vom Empfänger der Hilfe verlangt, das »Ein-China-Prinzip« anzuerkennen – nämlich die Isolierung Taiwans vom Rest der Welt. Das alles verschafft den Chinesen einen enormen Vorteil, wenn es gegen amerikanische oder europäische Länder um den Zugang zu Rohstoffen konkurriert.

Nebenbei bemerkt: Trotz ihres neu entdeckten Umweltengagements in der Heimat haben die Chinesen bisher so gut wie kein Interesse für den Umweltschutz in Afrika gezeigt. Dort ist die Umsetzung der Vorschriften lax, und die Offiziellen sind problemlos käuflich. Auch Unternehmen aus dem Westen schneiden in dieser Hinsicht nicht immer optimal ab, aber sie halten sich stärker an die jeweiligen Gesetze. Zu den Organisationen, die China diesbezüglich kritisiert haben, gehört die United Nations Conference on Trade and Development (UNCTAD), die befürchtet, dass die Missachtung von Umweltvorschriften und Chinas Politik, sich nicht in ausländische Angelegenheiten einzumischen, dazu tendieren, die Standards zu untermi nieren, die durch die OECD-Konvention über die Bekämpfung von Bestechung festgelegt worden sind. Diese Gleichgültigkeit gegenüber der Umwelt in Afrika unterstreicht, dass China den Klimawandel hauptsächlich als Vorwand verwendet, sich schrumpfende Ressourcen zu sichern, ehe der Rest der Welt schlauer wird und eine ähnliche Strategie verfolgt.

Die Liste der von China vereinbarten Rohstoffdeals wird schnell immer länger: Öl aus dem Sudan, Angola, Nigeria und Ghana; Eisenerz aus Sierra Leone; Mangan aus Gabun; Uran aus Simbabwe; Kupfer aus Sambia und dem Kongo; Bauholz aus Madagaskar – die Liste ließe sich fortsetzen. Wir machen uns Sorgen, dass China diese langfristige Rohstoffversorgung nicht nur deshalb anstrebt, um seine Wirtschaft zu fördern, sondern um sie auf erneuerbare Energie umzustellen, während die USA und ihre Verbündeten zaudern. Auch wenn die Welt eigentlich nicht in Gefahr ist, dass ihr bestimmte Ressourcen ausgehen, könnte ein Mangel an Verfügbarkeit, auch wenn er nur vorübergehend ist, für die USA große Probleme verursachen und unsere nationale Sicherheit gefährden.

Nehmen wir Chinas Vorgehen auf dem Markt für Coltan. Das ist die gängige Bezeichnung für Columbit-Tantalit – ein Erz, aus dem Tantal extrahiert wird. Wahrscheinlich haben Sie noch nie davon gehört, aber Tantal wirkt sich jeden Tag in vielerlei Hinsicht auf Ihr Leben aus. Es wird hauptsächlich für Kondensatoren in elektronischen Schaltkreisen verwendet, weil es mit minimalem Energieverlust elektrische Spannung speichern und freisetzen kann. Zum Beispiel enthalten alle Handys und Laptops Tantal, ebenso wie zahlreiche andere elektronische Geräte. Die physikalischen Eigenschaften von Tantal, zum Beispiel Widerstand gegen Hitze und chemische Korrosion, seine Härte und seine Verformbarkeit haben dazu geführt, dass es in der Verteidigungs- und in der Luftfahrtindustrie weit verbreitet ist, wo es unter anderem zur Herstellung hochbelastbarer Leichtmetalle genutzt wird. Zudem verwendet man es für medizinische Geräte wie Implantate und künstliche Gelenke.

64 Prozent der geschätzten weltweiten Coltan-Reserven liegen im Kongo. In den letzten beiden Jahrzehnten wuchs der weltweite Tantalverbrauch beständig um 6 Prozent jährlich. Sollte die ganze Welt nur halb so viel Tantal verbrauchen wie die USA, dann wären alle Vorräte in zwei Jahrzehnten erschöpft. Nur sehr wenige Unternehmen verarbeiten Tantal: Die Cabot Corporation aus den USA, die deutsche H.C. Starck, die staatliche chinesische Ningxia Non-ferrous Metals Smeltery kommen zusammen auf 80 Prozent des Gesamtbedarfs. Wegen des internationalen Drucks gegen den Handel mit »Konfliktmineralien« – Mineralien, die aus Konfliktgebieten stammen – haben sich Cabot und Starck dazu verpflichtet, kein Tantalerz aus dem Kongo zu beziehen. Ningxia dagegen kauft entweder direkt bis zu 50 Prozent seines Erzes in dem zentralafrikanischen Land oder solches Erz, das aus dem Kongo in Nachbarländer geschmuggelt worden ist. Die USA sind nach China der zweitgrößte Tantalkonsument weltweit, und wir werden immer stärker von dem kommunistischen Land abhängig, um unseren Bedarf an diesem wichtigen Mineral zu decken.

Afrika ist die wichtigste Quelle vieler anderer unersetzlicher Mineralien. Wenn wir uns von irgendeinem von ihnen keine ausreichenden Vorräte sichern, könnte dies für unsere Nation einen entscheidenden Rückschlag bedeuten, und wir stünden vor größten Schwierigkeiten, uns davon zu erholen.

Kobalt ist ein sehr wichtiges Mineral. Es wird für industrielle und militärische Zwecke verwendet und lässt sich schlecht ersetzen. Die meisten Ersatzmaterialien würden zu einem Rückgang der Leistungsfähigkeit führen. Fast die Hälfte der weltweiten Kobaltreserven lagern im Kongo. Man findet das Mineral auch in den USA, aber es ist dort schon seit 1971 nicht mehr abgebaut worden, und die Preise müssten weitaus höher sein, um solche Operationen wirtschaftlich wieder lohnend zu machen. In der Zwischenzeit könnte eine Unterbrechung unserer Kobaltversorgung unserer Wirtschaft schaden. China ist heute der weltweit größte Produzent von raffiniertem Kobalt, obwohl es den größten Teil seines kobaltreichen Erzes aus dem Kongo bezieht.

Ein weiteres sehr wichtiges Mineral, bei dem die USA vollständig auf Importe angewiesen sind, ist Mangan. Mangan ist unerlässlich für die Stahlproduktion, und es gibt dafür keinen wirtschaftlich vernünftigen Ersatz. Zusammen mit Aluminium, Antimon und Kupfer kann man das harte, aber spröde Metall auch für die Produktion ferromagnetischer Legierungen einsetzen. Die Manganreserven scheinen hoch zu sein, aber die Rolle des Metalls bei alternativen Energien könnte das ändern. Zum Beispiel könnte das Mangan möglicherweise die Lebensdauer von Lithiumionenbatterien verdoppeln, und dadurch würde die Nachfrage massiv steigen.

Man findet Mangan an vielen Orten auf der Welt in Vorkommen anderer Metalle, aber niemals in Reinform. Mehr als 80 Prozent aller bekannten Manganvorkommen liegen in Südafrika, weitere 10 Prozent in der Ukraine. Auch in China und einer Reihe anderer Länder kommt es vor, darunter Gabun, woher etwa 60 Prozent der amerikanischen Manganerz-Importe stammen. Fast ein Fünftel des amerikanischen Ferromangans kommt heute aus China.

Chinas Ressourcenabkommen beschränken sich nicht nur auf Afrika. Zum Beispiel hat es in Südostasien Kredite für Konzessionen vergeben und baut Dämme zur Stromproduktion, ganz zu schweigen von militärischer Ausrüstung und diplomatischer Unterstützung für die Militärjunta von Myanmar – einem Paria auf der internationalen Bühne – im Austausch für den Zugang zu Ressourcen wie Öl oder Nickel.

China war auch in ganz Lateinamerika aktiv, vergab Kredite für Konzessionen im Umfang von zweistelligen Milliardenbeträgen, und in geringerem Umgang investierte es auch in Infrastruktur, um sich langfristigen Zugang zu Ressourcen zu sichern. Zum Beispiel hat es ein Abkommen mit Venezuela geschlossen, dem größten Ölproduzenten in Südamerika und viertgrößten Öllieferanten der USA. Venezuela liefert Rohöl nach China, um einen Kredit von 20 Milliarden Dollar zurückzuzahlen, den das Land aufgenommen hat, um Kraftwerke, landwirtschaftliche und technologische Projekte zu finanzieren. Wenn Venezuela seine Exporte bis 2012 auf eine Million Dollar pro Tag steigert, bleibt weniger Öl übrig, das die USA kaufen können.

Chinas Deals in Lateinamerika spielten sich hauptsächlich im Ölsektor ab, aber dazu gehören auch Lieferabkommen für Erdgas, Eisenerz, Kupfer und andere Mineralien. Abgesehen von Venezuela hat China auch bedeutende Vereinbarungen mit Brasilien, Bolivien, Ecuador und Argentinien getroffen.

Chinas aggressive Aktionen in Afrika und anderswo, um sich die langfristige Versorgung mit zunehmend seltener werdenden Ressourcen zu sichern, haben weit stärkere Auswirkungen als das, was die Amerikaner für ihr Benzin, ihre Handys und andere elektronische Geräte bezahlen müssen. Auf lange Sicht könnte Chinas Kontrolle über die entscheidenden Rohstoffe uns zur Geisel unseres größten Konkurrenten machen – eine Situation, mit der sich kein Amerikaner abfinden sollte.

## Der US-Kongress schläft – wieder einmal

Die amerikanische Armee ist sich der Wahrscheinlichkeit kritischer Versorgungsmängel bei wichtigen Mineralien bewusst, die sie für die Landesverteidigung braucht. Die meisten davon kommen aus dem Ausland – auch aus China –, aber die Bundesregierung scheint sich um diese Zustände keine Sorgen zu machen und reagiert mit der Geschwindigkeit eines Gletschers.

Als sich 1939 das Kriegsministerium auf einen offenen Konflikt mit Hitlerdeutschland vorbereitete, wurde für den möglichen Krieg eine strategische Reserve an Metallen und Mineralien geschaffen. Diese Reserve wurde auch in der Zeit des Kalten Kriegs aufrechterhalten, und sie lagert bis heute als Defense National Stockpile Center (DNSC) in Fort Belvoir im Norden von Virginia.

Diese Einrichtung ist noch immer für das Management eingeschränkt verfügbarer entscheidender Mineralien in Depots zuständig, die über die ganzen USA verstreut sind. Aber nach dem Zusammenbruch der Sowjetunion wies der Kongress das DNSC an, den größten Teil seiner Rohstoffvorräte zu verkaufen. Man sah diese Reserven als Relikt des Kalten Kriegs, das man nicht mehr brauchte. Zudem war der Kongress darauf aus, die sogenannte »Friedensdividende« einzustreichen, die der amerikanischen Regierung in den folgenden fünf Jahren 6,6 Milliarden Dollar einbrachte. Damals glaubte man, diese strategischen Mineralien würden weiterhin im Überfluss verfügbar sein, auch wenn die Nachfrage jemals steigen sollte. Die Rohstoffreserven, die am Ende des Kalten Kriegs aus 90 verschiedenen Rohstoffen bestanden, die an 85 verschiedenen Orten gelagert wurden, sanken bis Ende 2007 auf 17 Rohstoffe an drei Standorten.

In der 2008 veröffentlichten Studie Managing Materials for a Twenty-first Century Military sprach das National Research Council (NRC) der National Academies of Science die Notwendigkeit eines Rohstoffvorrats für Verteidigungszwecke an und gelangte zu einer völlig anderen Schlussfolgerung. Die Untersuchung wurde unter der Berücksichtigung der Tatsache durchgeführt, dass sich unser militärisch-industrieller Komplex seit der Einführung der strategischen Reserven radikal geändert hat. Die Versorgung mit Verteidigungssystemen, früher von der Regierung dominiert, wird heute von der zivilen Industrie angetrieben, die immer stärker von der globalen Versorgungskette für ihre Materialien abhängig ist. Und statt Vorräte anzulegen, verlässt sie sich für ihren Bedarf lieber auf Just-in-Time-Lieferungen mit Rohstoffen. Während eines größeren Konflikts könnte sich diese Praxis als katastrophal erweisen.

Die wichtigste Schlussfolgerung lautete, dass »der Aufbau, die Struktur und die Vorgehensweise des Defense National Stockpile es vielleicht unmöglich macht, auf moderne Bedürfnisse und Bedrohungen zu reagieren«. Es wurden drei wichtige Bedrohungen der Versorgung mit Rohstoffen genannt, die für die Landesverteidigung unerlässlich sind:

- Erhöhter Bedarf aus der ganzen Welt an mineralischen Rohstoffen und Mineralien.
- Eine rückläufige inländische Produktion und Verarbeitungskapazität im Gleichschritt mit höherer Abhängigkeit von ausländischen Bezugsquellen.
- Höhere Risiken und Unsicherheiten bezüglich Unterbrechungen der Rohstofflieferungen wegen der Fragmentierung der globalen Versorgungsketten.

Das NRC empfahl die Einrichtung eines neuen Systems für das Versorgungsmanagement mit strategischen Materialien. Der Aufbau eines Vorrats an Rohstoffen wäre nur eine von vielen verfügbaren Werkzeugen, um ein Managementsystem für Rohstoffe aufzubauen, die für Verteidigungszwecke wichtig sind. Das neue System würde alle verfügbaren Werkzeuge verwenden, um robuste Versorgungsketten zu etablieren und zu stabilisieren. Dies vor allem im sich immer mehr verändernden und globalen Umfeld der Rohstoffversorgung, einschließlich der Option von Partnerschaften mit privaten Unternehmen beim Outsourcing und der Verlagerung von Aktivitäten nach Übersee.

Der besagte Bericht erschien zu einer Zeit, als die Preise vieler strategischer Materialien aufgrund steigender Nachfrage aus China massiv nach oben geschossen waren. Rhenium, begehrt wegen seiner Hitzebeständigkeit, das bei Hochgeschwindigkeits-Flugzeugturbinen zum Einsatz kommt, stieg zum Beispiel um 1000 Prozent. Rückblickend hat sich der Beschluss des Kongresses, die nationalen Vorräte an strategischen Mineralien zu verringern, als Fehlentscheidung erwiesen.

Zweifellos unter dem Einfluss der NRC-Studie hat unser Militär die Verkäufe von 13 Mineralien beendet oder limitiert – darunter Beryllium, Chrom, Kobalt, Ferrochrom, Ferromangan, Germanium, Iridium, Niobium, Platin, Tantal und Zinn. Seither hat das Verteidigungsministerium die Liste von Mineralien, von denen es Lagervorräte anlegen will, auf 68 erhöht. Darunter spezielle Stähle, Lithium und einige seltene Erden. Und diese Zahl dürfte noch steigen – obwohl die Kosten für den Neuaufbau der Reserven für die amerikanischen Steuerzahler weit höher sein werden, als sie damals als Teil der Friedensdividende vereinnahmt haben.

Hinzu kommt: Wegen der altertümlichen Regulierung der strategischen Reserve kann die Armee ihre Vorräte nicht aufstocken, ohne zuvor die Genehmigung des Kongresses eingeholt zu haben – ein qualvoll langer Prozess, der bis zu zwei Jahre lang dauern kann. Diese völlig veraltete Praxis macht die USA anfällig für potenzielle Versorgungsmängel mit Rohstoffen, die für die nationale Sicherheit von entscheidender Bedeutung sind, weil Wettbewerb aus China und anderen Ländern die ohnehin schon eingeschränkte Verfügbarkeit bestimmter Rohstoffe noch wesentlich einschränken könnte.

Die ungenügende Versorgung mit irgendeinem von vielen strategischen Mineralien könnte sich im Fall eines Krieges als unsere Achillesferse erweisen. Sollte es zu einer bedeutenden Konfrontation mit China oder einer anderen Nation kommen, könnte die Überlegenheit unserer Waffensysteme, die Amerika zur unbestrittenen Supermacht zu Land, zu Wasser und in der Luft gemacht haben, herausgefordert werden, falls unsere Truppen nicht in der Lage sind, die nötige Ausrüstung zur Verfügung zu stellen, weil es an wichtigen Komponenten mangelt, deren Funktionsfähigkeit stark von der Verfügbarkeit strategischer Mineralien abhängt.

# Kapitel 7
# Der Anstieg des Rohstoff-Nationalismus

Der Wettbewerb um Brennstoffvorräte und die Mineralien, die man für eine moderne Zivilisation braucht, wird die Außenpolitik der Nationen verändern, zur Auflösung langjähriger Allianzen und zur Bildung neuer führen. Und er wird die Welt wesentlich gefährlicher machen. So wie Europa wenige Jahre vor dem Ausbruch des Ersten Weltkriegs wird unsere scheinbar so friedliche und globalisierte Ökonomie wahrscheinlich einem immer stärkeren wirtschaftlichen Wettbewerb und schließlich einer wesentlich feindseligeren Welt Platz machen. Man kann diesen Übergang, der bereits begonnen hat, als Aufstieg des Ressourcen-Nationalismus oder zumindest als neues Zeitalter des Merkantilismus beschreiben.

Kurz gesagt umfasst der Ressourcen-Nationalismus die staatliche Kontrolle von Rohstoffen, um politische Ziele zu erreichen. In früheren Jahren, vor dem Zeitalter der Seltenheit, spielte sich der Ressourcen-Nationalismus in der Regel so ab, dass die Regierung eine Branche monopolisierte oder zumindest einen dominierenden Anteil hielt, so wie Saudi Aramco bei Öl oder Chiles Codelco bei Kupfer, um die Renditen der Naturschätze eines Landes zu maximieren. Ein solcher Ressourcen-Nationalismus existiert zweifellos immer noch, so wie in Bolivien bei Lithium oder in Russland bei Erdöl und Erdgas. Eine andere, seltener praktizierte Form des Ressourcen-Nationalismus waren die staatlichen europäischen Energiefirmen der 1960er- und 1970er-Jahre, die in der ganzen Welt nach Rohstoffen suchten. (Nach Jahren des Missmanagements wurden sie schließlich privatisiert.)

Der neue Ressourcen-Nationalismus hat einen völlig anderen Charakter. Statt die höchsten Renditen für ein Asset anzustreben, bemüht er sich, den Zugang der Nation zu einem Rohstoff zu maximieren. Chinas Aktionen, um sich in Afrika Rohstoffe zu sichern, sind ein Musterbeispiel dafür.

Mit niedrig verzinsten und staatlich garantierten Krediten sowie Subventionen für chinesische Baufirmen, die in Afrika Infrastruktur aufbauen – etwas, das kein anderes Land tut –, kann sich China substanzielle Kontrolle über den gesamten Kontinent sichern und die USA sowie andere Nationen effektiv ausschließen. China wiederholt dieses Muster in Afghanistan mit der Entwicklung des Kupfervorkommens von Aynak (das wir in Kapitel 4 beschrieben haben) und anderswo in der Welt. Weniger Erfolg hatte China mit dieser Methode in Lateinamerika, wo die Infrastruktur bereits existiert und die Verkäufer für ihre Ressourcen lieber Bargeld sehen.

Um sich die Ressourcen zu sichern, die sie in den kommenden Jahren brauchen, werden die Länder auf der ganzen Welt mit höherer Wahrscheinlichkeit ihre eigenen Bodenschätze horten, damit sie wertvollere Exportgüter herstellen können.

Wie wir schon dargelegt haben, könnte China bald sämtliche Exporte seltener Erden einstellen – also von Mineralien, die für ein breites Spektrum von Technologien unverzichtbar sind –, auch im militärischen Bereich. Das ist ein Musterbeispiel für Ressourcen-Nationalismus in der Realität: Statt den freien Markt entscheiden zu lassen, was und wie viel von einer Sache ein Kunde kaufen kann, reserviert China Ressourcen für seinen exklusiven Bedarf und verlangt, zumindest derzeit, dass ausländische Unternehmen Fabriken in China bauen, um Zugang zu den wichtigen Mineralien zu erhalten (und wichtige Technologien ins Reich der Mitte transferieren).

Und wie wir im September 2010 gesehen haben, zögert die kommunistische Regierung auch nicht, den Zugang zu Ressourcen als Werkzeug der Außenpolitik einzusetzen.

China hat sich seinen Nachbarn gegenüber in den letzten Jahren zunehmend feindselig verhalten, auch gegenüber den USA, wenn es um Gewässer im

Südchinesischen und im Ostchinesischen Meer ging, wo sich Wirtschaftszonen überlappen, auf die verschiedene Nationen Anspruch erheben. In diesen Gewässern gibt es nicht nur Fische, sondern auch erhebliche Öl- und Gasvorkommen sowie Mineralien, die man eines Tages fördern könnte. Leider ist China in keiner Weise bereit, diese Ressourcen mit seinen Nachbarn zu teilen.

Das wurde völlig klar, nachdem ein chinesischer Fischtrawler innerhalb von 40 Minuten in diesen umstrittenen Gewässern in der Nähe der Diaoyu-Inseln im Ostchinesischen Meer gleich zwei Schiffe der japanischen Küstenwache gerammt hatte. In Japan, das diese kleinen und unbewohnten Inseln seit 1895 verwaltet, nennt man sie Senkaku-Inseln. Aber als Teil der abtrünnigen Provinz Taiwan erhebt auch China Anspruch darauf. Die Inseln gelten dort als »nationales Kerninteresse«, deren Besitz auf »uralte Zeiten« zurückgehe, obwohl der Eigentumsanspruch außerhalb Chinas als ein wenig zweifelhaft angesehen wird.

Ganz offensichtlich wollten die Chinesen eine Auseinandersetzung provozieren, und sie verwendeten den Fischtrawler als Vorwand. Zunächst verhafteten die Japaner die Besatzung des Boots, ließen später aber mit Ausnahme des Kapitäns alle wieder frei. Wütend verlangte China auch die sofortige Freilassung des Kapitäns und drohte Japan andernfalls mit ernsthaften Konsequenzen. Als Japan sich weigerte, ließ China die Muskeln spielen und blockierte die Exporte seltener Erden nach Japan.

China ordnete keinen offiziellen Exportstopp an, der seinem Rivalen gute Argumente für eine Klage vor der Welthandelsorganisation geliefert hätte. China »bat« seine Produzenten seltener Erden lediglich darum, die Lieferungen nach Japan zeitweise einzustellen – als patriotische Unterstützung des verhafteten Fischtrawler-Kapitäns, während die Regierung daran arbeitete, eine Lösung für den Streit zu finden. Einer der Produzenten, China Rare Earth Holdings, räumte später ein, dass dem De-facto-Boykott Japans mehr folgen sollte, weil eine lokale Zweigstelle des chinesischen Handelsministeriums damals keine Exportlizenzen mehr ausstellte. Die chinesische Regierung ging noch einen Schritt weiter: Man führte unangemeldete Kontrollen von Gütern durch, die für den Export nach Japan gedacht waren, und tat das auch bei sämtlichen Produkten, die aus Japan in den Häfen ankamen, was den Handel erheblich verlangsamte.

Japan litt bereits seit Monaten unter Chinas deutlichen Einschränkungen der Exporte seltener Erden, und daher funktionierte Chinas Aktion. Japan hatte keine andere Quelle für seltene Erden, die es für zahlreiche Produkte benötigte, und seine Wirtschaft wuchs gerade stark genug, um nicht als Rezession bezeichnet werden zu müssen. Japan gab nach und setzte den Kapitän in ein Flugzeug. Um sein Gesicht zu wahren, weigerte es sich allerdings, die Reparatur des Fischtrawlers zu bezahlen.

Diesmal gab Japan zwar nach, aber in Zukunft wird es das vielleicht nicht mehr tun, weil hier so große Öl- und Erdgasreserven auf dem Spiel stehen. China wird in der Zwischenzeit seine Seestreitkräfte aufbauen, und das wird die Volksrepublik in eine bessere Position versetzen, ihren Willen in der Region durchzusetzen. Die Auseinandersetzung zwischen den beiden Ländern ist nichts, was die Amerikaner leichtfertig abtun könnten. Wegen der Verträge zur Kooperation und Sicherheit zwischen Japan und den USA könnten wir mit hineingezogen werden, falls es in der Zukunft zu einem offenen Konflikt kommen sollte.

Falls Ihnen ein solches Szenario als zu weit hergeholt erscheint, möchten wir Sie noch einmal an den Konsens der Meinungen vor dem Ausbruch des Ersten Weltkriegs erinnern. Der Harvard-Historiker Niall Ferguson, Verfasser zahlreicher Publikationen über dieses Thema, schrieb in der März/April-Ausgabe 2005 von *Foreign Affairs*:

> *»Es mag übertrieben pessimistisch erscheinen, sich Sorgen zu machen, dass sich dieses Szenario wiederholen könnte – dass unser Zeitalter der Globalisierung ebenso kollabieren könnte wie das unserer Großeltern. Man darf aber nicht vergessen, dass viele Menschen – nicht zuletzt Investoren, die in der Regel zu den gut informierten Leuten gehören – vom Ausbruch des Ersten Weltkriegs vollkommen überrascht wurden. Und dies trotz vieler Warnungen in den ersten Jahren des 20. Jahrhunderts über die katastrophalen Auswirkungen eines Kriegs zwischen den europäischen Großmächten. Die Wahrscheinlichkeit ist heute eben-*

*so hoch wie 1915, dass die Globalisierung untergehen könnte wie die Lusitania.*

*Das letzte Zeitalter der Globalisierung gleicht dem gegenwärtigen in mancherlei Hinsicht. Es zeichnete sich durch relativ freien Handel aus, durch begrenzte Einschränkungen der Migration und so gut wie keinerlei Beschränkungen des freien Kapitalverkehrs. Die Inflation war niedrig. Eine Welle technologischer Innovationen revolutionierte den Kommunikations- und den Energiesektor. Die Welt entdeckte erstmals die Vorteile von Telefon, Radio, Verbrennungsmotoren und geteerten Straßen. Die Wirtschaft der USA war die größte der Welt, und die Entwicklung eines riesigen amerikanischen Binnenmarkts war zur Hauptquelle geschäftlicher Innovationen geworden. China öffnete sich in politischer Hinsicht, was im Westen zu allen erdenklichen Erwartungen führte, und Russland wuchs massiv.«*

Durch den Druck aufgrund des Bedarfs an Energie und anderen Ressourcen sowie wegen der angestrengten Lage der USA in militärischer und finanzieller Hinsicht werden China (und auch andere Länder) mit höherer Wahrscheinlichkeit riskante Aktionen durchführen, um sich die gewünschten Konzessionen zu sichern. Mit Sicherheit könnte eine plötzliche Unterbrechung der schwindenden Versorgung mit Öl und Erdgas, zum Beispiel als Ergebnis eines Staatsstreichs in Saudi-Arabien, die Chinesen dazu ermutigen, sich bestimmte Assets mit Gewalt zu sichern. Aber selbst ein auf den ersten Blick unbedeutendes Ereignis könnte zu einem zerstörerischen Konflikt führen.

Derzeit kann China aber einfach sein Gewicht in die Waagschale werfen, ohne sich auf einen offenen Konflikt einzulassen. Vielleicht als Folge seines Erfolgs in der Auseinandersetzung mit Japan dehnte China kurze Zeit später seine inoffiziellen Exportbeschränkungen seltener Erden auf die USA und die EU aus. Dies stellte eine Reaktion dar auf eine Beschwerde der USA bei der Welthandelsorganisation gegen die Subventionen Chinas seiner eigenen Techniken im Bereich der sauberen Industrien (eine Politik, die Washington unserer Meinung nach ebenfalls anwenden sollte) – zum Schaden konkurrierender westlicher Unternehmen, die keine staatliche Unterstützung bekommen. Ende Oktober nahm China seine Lieferungen seltener Erden ins

Ausland wieder auf, hob sein nie offiziell erklärtes Embargo auf und beteuerte, die seltenen Erden niemals als politisches Instrument zu verwenden.

Denken Sie daran, dass Chinas Ausnutzen seiner Monopolposition bei seltenen Erden, um Konzessionen aus anderen Ländern zu erhalten, wahrscheinlich erst der Anfang ist. Wir erwarten, dass die Volksrepublik ähnliche Taktiken bei den anderen Metallen anwenden wird: Sie wird sie als politische Verhandlungsmasse nutzen. Und diese Zeit wird vielleicht schon bald kommen. Zum Beispiel ist China der weltgrößte Silberexporteur und der drittgrößte Produzent (nach Peru und Mexiko). Wie wir in Kapitel 4 gezeigt haben, ist Silber unter anderem unerlässlich für die Produktion von Solarenergie, und das Silberangebot wird immer knapper. Daher sollte man den Rückgang der Silberexporte Chinas im Jahr 2010 durchaus mit ernsthafter Besorgnis betrachten. Zumindest wird eine weitere Reduzierung der chinesischen Silberexporte die Preise wesentlich nach oben treiben. Und wegen der wichtigen Rolle des Silbers bei ungezählten industriellen Anwendungen und bei alternativen Energien wird China Silber als Trumpfkarte verwenden, um sicherzustellen, dass seine Forderungen erfüllt werden. Und Silber ist nur eines von vielen Beispielen, die wir hier nennen könnten.

## Die Projektion der Macht

Wie wir in dem gesamten Buch aufzeigen, besteht das große Ziel der chinesischen Außenpolitik darin, sich die Ressourcen zu sichern, die es braucht, um seine Volkswirtschaft in Schwung zu halten. Zu dieser Politik gehört auch, dass Peking seine militärischen Kapazitäten weiterentwickelt und somit sicherstellt, dass die Versorgungskette des Landes nicht unterbrochen wird. Und China hat dabei bereits große Fortschritte erzielt. Chinas rasantes Wachstum in den vergangenen Jahrzehnten erforderte hohe Ausgaben für die Modernisierung seiner Armee, die heute gut ausgebildet und mit hochmodernen Waffensystemen ausgerüstet ist. Als Folge davon hat sich das militärische Gleichgewicht in Ostasien in den letzten Jahren massiv verändert und wird sich in Zukunft weiter zugunsten Chinas verschieben.

Im Quadrennial Defense Review Report des amerikanischen Verteidigungsministeriums 2010, der die Bedrohungen und Herausforderungen unseres Landes beschreibt, heißt es: »China entwickelt und produziert zahlreiche moderne Mittelstreckenwaffen und Marschflugkörper, neue U-Boote, die mit modernen Waffen bestückt sind, ein Computernetzwerk für elektronische Kriegsführung, Angriffskapazitäten und Kampfflugzeuge.«

Die Marine des Landes verfügt über die größte Zahl an Kriegsschiffen, mehr als 60 U-Boote, 55 mittelgroße und große Amphibienschiffe und ungefähr 58 mit Artillerie ausgerüstete Patrouillenboote. Man erwartet, dass China seine militärische Schlagkraft in den kommenden Jahren noch deutlich steigern wird. Dies mit dem Ziel, die Fähigkeit zu entwickeln, in »fernen Gewässern« zu operieren, um seine Interessen zu wahren. Zu diesem Zweck wird das Land in den nächsten Jahren wahrscheinlich mehrere Flugzeugträger und die dazugehörigen Versorgungsschiffe bauen. Die Ausbildung von Piloten für Starts und Landungen auf Flugzeugträgern ist bereits angelaufen. Und China hat ebenfalls mit der Durchführung von Testflügen mit einem Tarnkappenflugzeug begonnen, das dem amerikanischen F-22 Raptor in mancherlei Hinsicht überlegen sein soll.

Da die kommunistische Regierung hierzu keine Informationen veröffentlicht, kann man nur darüber spekulieren, wie hoch die chinesischen Militärausgaben pro Jahr tatsächlich sind. Sun Tzu hat ja schon im 6. Jahrhundert v. Chr. ein Drehbuch dafür verfasst. Das Land legt großen Wert darauf, über seine Absichten in sämtlichen Bereichen hinwegzutäuschen, ob es sich dabei um die Taktik, die Umsetzung, die Strategie oder die Kosten handelt.

Chinas militärische Entwicklung ist ganz offensichtlich dem gesamten wirtschaftlichen Fortschritt des Landes untergeordnet, für den es eine dienende Funktion einnimmt. Aber es gibt gute Gründe zu glauben, dass sich China auf den Tag vorbereitet, an dem es willens und in der Lage sein wird, seine wirtschaftlichen Interessen mit Gewalt durchzusetzen. Zwar verkündet Peking ein jährliches Militärbudget, das offiziell etwa 2 Prozent des Bruttoinlandsprodukts entspricht, aber unter China-Experten, darunter auch das amerikanische Verteidigungsministerium, ist allgemein bekannt, dass die Verteidigungsausgaben des Landes viel höher sind und etwa dem Dreifachen der offiziellen Zahlen entsprechen. Das bedeutet, dass das Land einen höheren Anteil seines Bruttoinlandsprodukts für Verteidigung aufwendet als die USA. Aber selbst das ist noch nicht die ganze Geschichte.

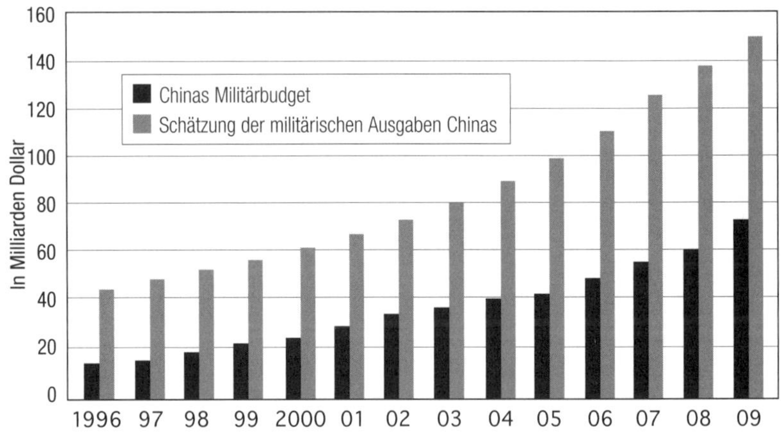


**Chinas Militärausgaben**
*Quelle: US-Verteidigungsministerium*

Bedenken Sie, dass in China noch immer eine Planwirtschaft existiert. Die Regierung kann nach Belieben und innerhalb kürzester Zeit Ressourcen vom zivilen in den militärischen Bereich verlagern – ohne kritische Kommentare seitens der Medien oder Klagen der Bürger. Zudem handelt es sich bei den Zahlen, die Chinas Militärausgaben beschreiben, um nominale Angaben. Passt man die Ausgaben des Landes der Kaufkraftentwicklung an, so erhöhen sich die Militärausgaben um 80 Prozent oder mehr. Und sie steigen in einem Ausmaß, das mindestens dem Wachstum der gesamten Volkswirtschaft entspricht.

Eine Nachricht in der Kyodo News vom Juli 2010 zitierte einen internen Report der Volksbefreiungsarmee, der andeutete, dass Chinas Militärausgaben sich bis 2020 wohl auf 1,41 Billionen Yuan verdoppeln und sich bis 2030 auf 2,30 Billionen Yuan verdreifachen werden. Diese Prognose basierte auf der Annahme, dass Chinas Bruttoinlandsprodukt bis 2020 pro Jahr um

6 Prozent und zwischen 2021 und 2030 um 5 Prozent wachsen wird. Angesichts der raschen Expansion des Landes in den letzten Jahrzehnten und der Tatsache, dass sein offiziell veröffentlichtes Militärbudget von 2000 bis 2009 pro Jahr inflationsbereinigt um 11,8 Prozent gestiegen war – was um mehr als 2 Prozent über dem Wachstum des Bruttoinlandsprodukts lag –, sind solche Prognosen eher konservativ, und Pekings Militärausgaben dürften in Wirklichkeit sogar noch höher ausfallen.

Man sollte das Wachsen der chinesischen Militärmacht nicht auf die leichte Schulter nehmen. Es ist nichts falsch daran, wenn ein Land sich bemüht, seine Interessen zu schützen, aber wie wir beim Disput mit Japan über die Diaoyu/Senkaku-Inseln gesehen haben, ist China nicht immer zu einem friedlichen Kompromiss bereit, wenn viel auf dem Spiel steht. Gleichzeitig reduzieren die USA ihre Militärausgaben, um ihre Finanzen in Ordnung zu bringen – zu einer Zeit, in der wir eine starke Armee dringender brauchen als je zuvor.

## Der Kampf um die Führungsposition

Die Praxis des Ressourcen-Nationalismus und territorialer Ansprüche beschränkt sich in keiner Weise auf China. Wir erwarten, dass sich dieses Wettrennen noch intensivieren wird. Und es wird sich ganz unverhohlen abspielen – ganz so, wie die Europäer im 15. und im 16. Jahrhundert ihre Kolonialimperien aufgebaut haben.

Die Verlockung der reichen Vorkommen an Mineralien in der Arktis verleitete Russland dazu, am Nordpol auf dem Meeresboden eine rostfreie Flagge aus Titan aufzustellen. Dieser Teil der Erdkugel gilt nicht als zu dem Territorium irgendeines Landes zugehörig und wird von einer internationalen Behörde der Vereinten Nationen verwaltet. Das derzeitige Völkerrecht gesteht Ländern eine exklusive Wirtschaftszone von 200 Seemeilen vor ihren Küsten zu. Wenn ein Land zu beweisen vermag, dass die Struktur des Kontinentalschelfs der geologischen Struktur innerhalb seines Territoriums ähnelt, kann diese Zone ausgeweitet werden.

2001 legte Moskau seinen Fall den Vereinten Nationen vor und behauptete, die Gewässer vor seiner Nordküste seien eine Ausdehnung seines maritimen Territoriums auf dem Grund des unter der Meeresoberfläche verlaufenden Lomonossow-Rückens, der zwischen dem Nordpol und Grönland verläuft. Die Klage wurde von den Vereinten Nationen zurückgewiesen, veranlasste aber verschiedene andere Nationen, deren Territorien an die Arktis grenzen – darunter die USA, Kanada, Dänemark und Norwegen –, dazu, ihrerseits Ansprüche auf die Region anzumelden. Kanadas Außenminister Lawrence Cannon betonte die Ernsthaftigkeit der Ansprüche seiner Regierung auf dieses Gebiet, als er erklärte, die Herstellung von Souveränität in der Arktis stelle die »wichtigste außenpolitische Priorität« seines Landes dar.

Russland unterhält auch eine permanente Forschungsstation auf einer künstlichen Insel in der Chukchi-See, nördlich der Beringstraße zwischen Russland und den USA, um seinen Anspruch auf eine Region zu untermauern, in der reiche Vorkommen von Öl und Erdgas vermutet werden. Nach den Daten des U.S. Geological Survey gibt es in der Arktis geschätzte 90 Milliarden Barrel von bislang unentdeckten, technologisch förderbaren Ölvorkommen. Hinzu kommen 1,670 Billionen Kubikfuß technisch förderbares Erdgas und 44 Milliarden Barrel förderbares Flüssig-Erdgas. Das entspricht ungefähr 30 Prozent der schätzungsweise vorhandenen, aber noch nicht erschlossenen Öl- und Gasvorkommen der Welt. Manche Länder meinen, es sei der Mühe wert, um einen solchen Schatz zu kämpfen. Russland hat für 2011 Militärausgaben in Höhe von 678 Milliarden Dollar angekündigt. Ein Viertel dieses Geldes kommt der Pazifikflotte zugute. Hier sollen 20 neue Schiffe gebaut werden, dazu Helikopter, mehrere Fregatten und Atom-U-Boote. Diese aufgerüstete Flotte wird es Russland ermöglichen, seine Interessen in der Arktis gegen sämtliche Konkurrenten zu verteidigen.

Am anderen Ende des Globus scheint auch die Antarktis enorme Reichtümer zu beinhalten. Zum Beispiel soll das Kontinentalschelf unter dem Weddell- und dem Ross-Meer 50 Milliarden Barrel Rohöl enthalten. Vom Transantarktischen Gebirge weiß man, dass dort Kohle, Eisenerz, Gold, Silber, Kupfer, Zink, Nickel, Blei, Zinn, Platin und andere wichtige Mineralien vorkommen.

In der Antarktis ist die Ausbeutung von Rohstoffen verboten, seit 1991 das Protokoll über Umweltschutz als Zusatz zum Antarktis-Vertrag unterzeichnet worden ist. Es verbietet explizit »jegliche mit mineralischen Rohstoffen verbundenen Aktivitäten, die nicht mit wissenschaftlichen Forschungen verbunden sind«. Dieses Verbot läuft erst 2048 aus. Dennoch haben 29 Staaten dort Forschungsstationen eingerichtet. Zum Beispiel hat China in den vergangenen Jahren seine Operationen in der Antarktis ausgebaut und zahlreiche Forschungsstationen eingerichtet. Zu deren offiziellen Research-Prioritäten gehört auch die Erforschung des Potenzials der noch nicht erschlossenen Rohstoffvorkommen in der Antarktis.

Heute weiß noch niemand, wie die Reichtümer des Kontinents einmal verteilt werden, wenn Rohstoffe noch viel knapper werden als heute. Der erste Antarktis-Vertrag von 1959 legte die territorialen Ansprüche von sieben Nationen fest (Argentinien, Australien, Chile, Frankreich, Neuseeland, Norwegen und Großbritannien) und verbot jegliche militärische Operationen in diesem Gebiet. Als der Vertrag unterzeichnet wurde, sicherten sich die USA und die Sowjetunion ihre Ansprüche, indem sie Einsprüche gegen neue Forderungen anderer Nationen erhoben.

Wenn es wirklich ernst wird, dann werden diese territorialen Ansprüche wahrscheinlich wiederbelebt werden. Und man kann sich nur schwer vorstellen, dass diese Angelegenheiten friedlich gelöst werden, wenn so viel auf dem Spiel steht.

## Ein Steuerthema

China hat das Bedürfnis, »die Umwelt und nicht erneuerbare Naturschätze zu konservieren«, heraufbeschworen, um Maßnahmen einzuleiten, die unverhohlene Schritte auf dem Weg zum Ressourcen-Nationalismus waren. Während seine Einschränkungen der Exporte seltener Erden die Aufmerksamkeit der Medien erregt haben, gehen Chinas Einschränkungen von Rohstoffexporten noch viel weiter. Die USA, Europa und Mexiko haben sich bei der Welthandelsorganisation über Chinas Exporteinschränkungen bei Rohstoffen beschwert. Dazu gehörten unter anderem Kokskohle, Zink und Magnesium. Bei allen drei Mineralien ist China der weltgrößte Exporteur. Zum Beispiel erhebt die chinesische Regierung 40 Prozent Steuern auf Kokskohle und legt Exportquoten fest. Kokskohle wird zur Stahlproduktion verwendet, und diese Maßnahmen schaden ausländischen Stahlherstellern, während sie den chinesischen Produzenten nutzen. Die Welthandelsorganisation (WTO) untersucht die Beanstandungen, doch wurden bislang keine Maßnahmen gegen China eingeleitet.

Steuern auf Rohstoffe sind auch in anderen Ländern ein beliebtes Werkzeug. Anfang 2010 legte der australische Premierminister Kevin Rudd einen Plan vor, auf die Gewinne von Bergbauunternehmen zugunsten des Staatsvermögens zusätzliche Steuern in Höhe von 40 Prozent zu erheben. Die Idee erwies sich als unpopulär, und Rudd wurde schon wenig später von seiner eigenen Partei aus dem Amt vertrieben. Seine Nachfolgerin Julia Gillard schlug eine wesentlich geringere Steuerquote vor, die sich zudem auf Eisenerz, Kohle, Öl und Erdgas beschränken sollte (die insgesamt drei Viertel der australischen Exporte ausmachen), aber das ist wahrscheinlich noch nicht das letzte Wort, das wir bezüglich einer solchen Steuer aus Australien hören werden.

Kasachstan, der größte Erdölproduzent in Zentralasien und zudem ein bedeutender Exporteur von Chrom, Kupfer und Eisenerz, führte kürzlich erneut eine Exportsteuer auf Öl ein und plant auch Ausfuhrsteuern auf Metalle. Obwohl die Exportsteuer auf Öl bescheidene 40 Dollar je Metrischer Tonne (etwa 5,50 Dollar pro Barrel) beträgt, öffnet sie doch die Tür für höhere Tarife in der Zukunft.

Die Liste der Länder mit solchen Ausfuhrsteuern wird immer länger. Die Verlockung der Steuereinnahmen (die nicht aus den Taschen der eigenen Staatsbürger kommen) kann für Politiker einen kraftvollen Anreiz darstellen, und wir haben allen Grund zur Annahme, dass wir bei so gut wie allen Mineralien mit höheren Rohstoffsteuern rechnen müssen.

An einem bestimmten Punkt werden die höheren Steuern dazu führen, dass die Länder ihre Rohstoffe horten. Und dieser Tag könnte schneller kommen, als die meisten glauben.

Schon seit der Unabhängigkeit von Großbritannien 1947 hat Indien protektionistische Maßnahmen eingeführt, um seine Bevölkerung vor ausländischen Wettbewerbern zu schützen, vor allem in der Textilindustrie. Zwar sind viele dieser protektionistischen Maßnahmen in den vergangenen Jahrzehnten überflüssig geworden, aber Indien legt immer noch größten Wert darauf, sich vor neokolonialen Bedrohungen zu schützen.

In einem Land, wo abgesehen von menschlicher Arbeitskraft an vielen Ressourcen großer Mangel herrscht, verlässt sich die indische Regierung auf einen Rohstoff, den es im Überfluss besitzt: Eisenerz. Indien ist der weltweit drittgrößte Exporteur von Eisenerz. Aber die Regierung macht sich Sorgen, schon in wenigen Jahren nicht genug Erz zu haben, um den eigenen Bedarf zu decken, und denkt nun darüber nach, überhaupt kein Eisenerz mehr zu exportieren.

Im Fiskaljahr 2009/10 produzierte Indien etwa 230 Millionen Metrische Tonnen Eisenerz und exportierte fast die Hälfte davon nach China. Um die Ausfuhr einzuschränken und von der Preisverdoppelung im Jahr zuvor zu profitieren, erhöhte die indische Regierung die Steuern auf Exporte von Eisenerz von 10 auf 15 Prozent. Die Erhöhung der Exportsteuern ist für Regierungen eine bequeme Methode, ihre Schatullen zu füllen. Aber der Anreiz für die Steuererhöhung (und mögliche Exportbeschränkungen) hat mit nationalen Interessen zu tun.

Das indische Stahlministerium hat sich für 2012 und 2013 ein Produktionsziel von 124 Millionen Metrischen Tonnen pro Jahr gesetzt. Das ist mehr als das Doppelte der derzeitigen Jahresproduktion von etwa 54 Metrischen Tonnen. Zur Erreichung dieses Ziels wird das Land wesentlich mehr Eisenerz benötigen. Karnataka, ein Bundesstaat in Südindien und ein wichtiger Eisenerzproduzent, hat dies schon vorweggenommen und alle Exporte von Eisenerz eingestellt. Folglich dürften die Exporte aus Indien im Fiskaljahr 2010/11 um 35 bis 40 Prozent sinken. Die Auswirkungen wird man nicht nur in China spüren, sondern auf der ganzen Welt, weil das reduzierte Angebot nicht nur die Preise für Eisenerz in die Höhe treiben wird, sondern auch die Stahlpreise.

In den vergangenen Jahren haben die hohen Preise fossiler Brennstoffe viele Länder aus dem Markt gedrängt. In vielen Nationen haben unzureichende

Vorräte zu häufigen Ausfällen der Energieversorgung gesorgt. Auch einige der wohlhabenderen Länder waren dagegen nicht immun. Ein solches Land ist Südafrika. Als wir dieses Buch schrieben, dachte das Land darüber nach, den Export sogar von Kohle niedriger Qualität einzustellen, um über genug Kohle für den Betrieb seiner eigenen Kraftwerke zu verfügen, wenn auch nur zu bestimmten Tageszeiten.

Russland wird wohl weiterhin einen großen Teil seines Bruttoinlandsprodukts durch den Export von Energie und anderen Rohstoffen erwirtschaften, wobei China zu den wichtigsten Kunden zählt. Aber eines Tages werden auch die politischen Führer in Moskau aufwachen und ebenfalls merken, dass Russland diese Rohstoffe für seine eigene Entwicklung horten muss.

Trotz seines riesigen Reichtums an Rohstoffen und seiner recht gut ausgebildeten Bevölkerung herrscht in Russland ein bedauerlicher Mangel hinsichtlich der Entwicklung der Infrastruktur. Zum Beispiel weist Russland eine dreieinhalbmal größere Einwohnerzahl und eine 13-mal größere Landfläche als Spanien auf, aber die Meilenzahl geteerter Straßen ist in beiden Ländern etwa gleich. Ganz zu schweigen vom Qualitätsunterschied der Straßensysteme. Eine Autofahrt zwischen Moskau und Sankt Petersburg, den beiden wichtigsten Städten des Landes, die nur 420 Meilen auseinanderliegen – das ist weniger als die Entfernung zwischen Boston und Washington, D. C., ist sogar bei bestem Wetter keine gute Idee, weil die Straßen eng und in schlechtem Zustand sind. Schon die Fahrt von der Moskauer Innenstadt bis zum Flughafen kann sechs Stunden dauern. Dieser Mangel an Infrastruktur ist ein wichtiger Grund, warum die vielen Hundert Brände, die im Sommer 2010 im Westen Russlands wüteten, sich als so zerstörerisch erwiesen. Offizielle Vertreter schätzten, dass der von den Feuern ausgehende Smog in Kombination mit einer Hitzewelle auf Rekordniveau für den Tod Tausender Menschen verantwortlich war, weil ganze Dörfer restlos abbrannten.

Jeder Versuch der Regierung, Russlands Infrastruktur vom aktuellen Zustand auf westeuropäisches Niveau zu bringen und gleichzeitig alternative Energien zu entwickeln, wird jedes Pound an Rohstoffen erfordern, das in Russlands Boden verborgen ist. Letztlich werden seine nationalen Interessen schwerer wiegen als der Wunsch nach Exporteinnahmen.

Bis diese Ressourcen nicht mehr verfügbar sind, wird China allerdings alles kaufen, was es bekommen kann – von Russland und allen anderen verkaufswilligen Nationen und sogar zu wesentlich höheren Preisen. Der Yuan wird in den nächsten Jahren wahrscheinlich markant aufwerten, und das wird Chinas Kaufkraft stärken, was höhere Preise abfedert. Aber die USA werden sich nicht nur mit höheren Rohstoffpreisen auseinandersetzen müssen, sondern auch mit einer geschwächten Währung, was unsere Probleme noch verschlimmern wird.

## Ressourcen-Liberalismus

Manche würden behaupten, dass dieser neue Ressourcen-Nationalismus auch schon von marktwirtschaftlich orientierten Demokratien praktiziert wird. Wie sonst kann man die Entscheidung von CNOOC (der staatlichen chinesischen Offshore-Ölfirma) verstehen, 2005 von seinem Kaufangebot für Unocal zurückzutreten, nachdem sie intensivem politischem Druck seitens der amerikanischen Regierung ausgesetzt worden war? Auf vergleichbare Weise blockierte die australische Regierung einen Versuch seitens der China Nonferrous Metal Company, die Aktienmehrheit an der Lynas Corporation zu kaufen, einem australischen Produzenten seltener Erden. Im selben Jahr verbot die Regierung in Canberra auch ein geplantes Joint Venture zwischen Chinas Wuhan Iron and Steel und dem Minenunternehmen Western Plains. Der Widerstand gegen alle diese Deals basierte auf dem Bedürfnis nach nationaler Sicherheit, aber stand dabei noch mehr auf dem Spiel?

Jeffrey D. Wilson, Professor für internationale Beziehungen an der Australian National University, hat überzeugend dargelegt, dass die Aktionen seines Landes gegen die Übernahme von Minenunternehmen durch die Chinesen in Wirklichkeit eher durch wirtschaftlichen Liberalismus als durch Nationalismus motiviert waren. Chinesische Firmenübernahmen werden blockiert, weil man sie für potenziell wettbewerbsfeindlich hält. Man kann dieses Argument auf die USA und andere marktwirtschaftlich orientierte Volkswirtschaften ausdehnen, die dem Ressourcenaufkauf der Chinesen im Weg standen. Wilson erläutert einige Merkmale von Chinas Direktinvestitionen in

Eisenerzprojekte im Ausland, die diese Investitionen von denjenigen unterscheiden, welche von börsennotierten Unternehmen aus dem Westen durchgeführt werden.

> *»Die jüngsten Direktinvestitionen Chinas in den australischen Minensektor unterscheiden sich in mancherlei Hinsicht von Investitionen aus anderen Quellen. Erstens: Sie werden hauptsächlich durch die Nachfrage der chinesischen Stahlindustrie nach Rohstoffen angetrieben und konzentrieren sich daher auf nur zwei Minensektoren – Eisenerz und Kokskohle. Zweitens: Diese Investitionen wurden hauptsächlich von staatlichen Unternehmen statt von Privatfirmen durchgeführt, typischerweise entweder Bergbauunternehmen oder Stahlwerke selbst – in der Regel mit finanzieller Unterstützung durch die Regierung. Drittens: Die Investitionen dürften das Resultat einer vom Staat gestützten Agenda sein, die darauf abzielt, durch die Investitionen die Transaktionen auf den internationalen Eisenerz- und Kokskohlemärkten zu beeinflussen.«*

Wilson hält Australiens Bemühungen, chinesische Übernahmen zu blockieren, weniger für einen Versuch, nationale Entwicklungsziele zu erreichen, indem es die auf dem Markt basierenden ökonomischen Prozesse politischer Kontrolle unterwirft, denn als »Verteidigungsaktion gegen das Potenzial nicht marktbezogenen Verhaltens, das entsteht, weil die chinesischen Investoren staatlich gelenkt sind«. Er fährt fort: »Eher ein nationales Programm zur politischen Kontrolle des Mineralienhandels und der entsprechenden Investitionen, ist es auch mehr als die Negierung einer nationalistischen Rohstoffpolitik – und dazu gehört ein Staat, der sich für die Entwicklung seiner Bodenschätze hauptsächlich auf internationale Marktmechanismen verlässt, und zwar durch eine relativ unbeschränkte Handels- und Investmentpolitik.

Wenn die wachsende Rohstoffknappheit als das erkannt wird, was sie ist, erwarten wir, dass sich dieser Liberalismus seitens der USA, Australiens und anderer Länder zu dem Ressourcen-Nationalismus verwandelt, dem sich China schon vollständig verschrieben hat. Tun wir das nicht, dürften wir es noch bereuen.

# Kapitel 8
# Warum China leichter mit sinkenden Rohstoffvorkommen leben kann

Kritiker unserer Arbeit wenden ein, dass sich Amerika nicht wirklich sorgen muss, einen Energiewettlauf gegen China zu verlieren, weil es in technologischer Hinsicht weit überlegen ist. Es ist ein Teil des amerikanischen Ethos, dass wir, was Technologie betrifft, anderen Ländern weit voraus sind und dass diese Führerschaft den Weg zu zukünftigen Energien und zu nationaler Sicherheit weisen wird. Aber bevor wir diese Sichtweise akzeptieren, sollten wir uns die chinesische Technologie näher ansehen.

Natürlich behaupten wir nicht, dass China einen technologischen Vorsprung besitzt. Letztlich waren die Chinesen Kopierer – wenn auch sehr gute. Natürlich hat China einige herausragende Wissenschaftler hervorgebracht, darunter Qian Xuesen. Der 2009 im Alter von 93 Jahren gestorbene Qian wurde in China geboren und verbrachte die wichtigsten Jahre seines akademischen Lebens am MIT und am Cal Tech. In den 1930er- und 1940er-Jahren legte er zusammen mit einigen Kollegen am Cal Tech die wissenschaftlichen Grundlagen des amerikanischen Raumfahrtprogramms. Aber zur Zeit der kommunistischen Bedrohung in den 1950er-Jahren verlor Qian seine Aufenthaltserlaubnis und kehrte 1955 in sein Heimatland zurück. Als er starb, zitierte *Nature* seine Aussage, er vermisse in China den kreativen Impetus, der die Wissenschaft in den USA charakterisierte. Aber dennoch waren die Chinesen ausgezeichnete Studenten, und Qian erlangte als Vater des chinesischen Raumfahrtprogramms Bekanntheit.

Man kann die chinesische Philosophie wie folgt zusammenfassen: Strebe nach dem Besseren, aber in der Zwischenzeit musst du das Beste aus dem machen, das du hast. Julian Wong, ein Gelehrter aus Fulbright, der in Peking Technologie und Energiewissenschaften studiert hat und weithin als einer der weltweit führenden Experten für die Relation zwischen chinesischer Technologie und Chinas Energiepolitik gilt, führte diese Haltung in einer schriftlichen Stellungnahme aus, die er am 14. Juli 2010 der U.S.-China Economic and Security Review Commission vorlegte:

*»Um dieses Ziel der einheimischen Innovation zu erreichen, hat Chinas Regierung ein Modell entwickelt, das Import, Absorption, Auswertung und Re-Innovation umfasst. Auf diese Weise beinhalten die frühen Stadien jeder technologischen Entwicklung eine starke Abhängigkeit von ausländischen Technologien. Diese Möglichkeiten des Technologietransfers sind manchmal das Ergebnis von Zusammenarbeit zwischen Regierungen – so wie es bei Energiespartechnologien der Fall war, die China zwischen 1992 und 2003 von Japan zugänglich gemacht wurden. Sie können auch das Ergebnis rein kommerzieller Verhandlungen sein, wie im Fall von Goldwind, eines chinesischen Windenergieunternehmens. Goldwind hat einen großen Teil seiner intellektuellen Mittel und seines Know-hows durch Lizenzen ausländischer Firmen und letztlich durch die Übernahme eines deutschen Windkraftunternehmens erworben. Noch 2008 war Goldwind so gut wie unbekannt. Jetzt ist es an die Börse gegangen und weltweit der achtgrößte Hersteller von Windkraftturbinen.*

*Heute erhöht China weiterhin seine Kapazitäten bei Forschung und Entwicklung, indem es gern die Expertise multinationaler ausländischer High-Tech-Firmen aus dem Westen übernimmt. Applied Materials, der weltweit größte Produzent von Ausrüstung für die Solarbranche, hat in China ein großes neues Forschungs- und Entwicklungszentrum eröffnet und seinen wichtigsten Technologiemanager aus dem Silicon Valley nach China versetzt. Die Maßnahmen von Applied Materials folgten dem Beispiel von DuPont, eines weiteren amerikanischen Unternehmens, das sein Forschungs- und Entwicklungszentrum im Solarbereich in Schanghai im letzten Sommer vergrößert hat, und von IBM, das etwa gleichzeitig sein*

*Forschungs- und Entwicklungszentrum für Software-Kontrollsysteme von Hochgeschwindigkeits-Eisenbahnen in Peking ausgebaut hat.*

*Während unseres Besuchs in China hörten meine Kollegen und ich von Managern immer wieder, dass diese Firmen Forschungs- und Entwicklungszentren in China einrichten, weil dort die Produktions-Infrastruktur und die ultimative Nachfrage nach diesen Produkten existiert. Es ist also ökonomisch und geschäftlich sinnvoll, Forschung und Entwicklung nahe an andere Teile der Wertschöpfungskette zu verlagern. Aber dieser Trend stellt auch eine potenzielle Bedrohung der amerikanischen Innovationen dar, weil die Aktivitäten der Produktion sauberer Energie und die damit verbundenen Märkte im Ausland schneller wachsen.«*

Wie dieses Statement impliziert, legen die Chinesen nicht allzu viel Wert auf Eigentumsrechte, wenn es um die Entwicklung einer entscheidenden Technologie geht. Stattdessen verfolgen sie ein Ziel und sind entschlossen, es so schnell wie möglich zu erreichen. Und sie haben nichts dagegen, wenn technologische Durchbrüche in den USA sie näher zur Unabhängigkeit bei der Energieversorgung bringen.

Einige Tage später, am 18. Juli 2010, erschien in *Nature* unter der Überschrift »A New Strategy for Energy Innovation« ein Artikel, der Folgendes betonte: »Washington sollte ein machtvolles politisches Werkzeug einsetzen, das es größtenteils vernachlässigt hat: die Versorgung des öffentlichen Sektors. Beschaffungsmaßnahmen des amerikanischen Verteidigungsministeriums waren nach dem Zweiten Weltkrieg das Fundament vieler großer Innovationswellen.« Als Beispiel führten die Autoren an, dass »die Käufe von Chips mit integrierten Schaltkreisen durch die Regierung in den 1960er-Jahren die Fortschritte in der Mikroelektronik mindestens so wirksam vorangebracht haben wie die von der Regierung geförderte Forschung und Entwicklung«.

Große Käufe durch die Regierung helfen dabei, technologischen Fortschritten Schwung zu verleihen. Zum Teil deshalb, weil sie Firmen zwingen, sich auf die Preise je Produkteinheit zu konzentrieren. Auf diesem Gebiet sind uns die Chinesen weit voraus. Sie haben sich als die größten Hersteller vieler Technologien im Bereich der alternativen Energien etabliert und erhalten weiterhin die größten Aufträge. Und jeder große Auftrag bietet die Chance, ihre Kostenvorteile noch weiter zu steigern – die Chance, neue Methoden zur weiteren Kostenreduzierung zu erlernen. Das ist ein Teufelskreis, und wenn man ihn nicht unterbricht, wird die technologische Dominanz der Chinesen bei alternativen Energien weiterhin zunehmen.

In diesem Zusammenhang fiel uns ein Artikel bei Bloomberg auf. Er erschien am 23. Juli 2010 mit der Überschrift »Rutgers' Chinese Solar Panels Show Clean-Energy-Shift«. Die Story beschreibt, dass die in New Jersey gelegene Rutgers University eine chinesische Firma ausgewählt hatte, um ihren Campus mit Solarmodulen auszustatten, weil die Chinesen diese Module billiger anbieten als jeder andere. Der Reporter, Stuart Biggs, bemerkte: »China senkt die Preise und wird die Solarenergie so dominieren, wie japanische Hersteller vor Jahrzehnten die Konsumelektronik beherrscht haben.« Die Chinesen können ihre Preise senken, weil sie der Lieferant mit den niedrigsten Kosten sind. Das macht sie gleich doppelt zu Gewinnern: Sie gewinnen bei den Profiten, aber langfristig ist es viel wichtiger, dass sie auch gewinnen, wenn es um die Energiesicherheit geht. Und natürlich gibt es gewaltige Unterschiede zwischen Konsumelektronik und erneuerbaren Energien. Wir können in unserer Zivilisation auf eine ganze Menge Unterhaltungsgeräte verzichten, aber ohne erneuerbare Energien stehen wir so gut wie vor einem Zusammenbruch.

Die Chinesen sind keine Freunde von Quantensprüngen in der Wissenschaft oder in der Technologie. Sie konzentrieren sich lieber auf die Anwendung funktionierender Methoden – manchmal auf neuartige Weise, manchmal auf praktischere Weise, so wie es derzeit der Fall ist. Am 23. Juli 2010 enthielt der exzellente Blog China Dialog zwei Artikel von mehreren britischen Professoren, die Beispiele dafür nannten, was die Chinesen tun, um Energie zu sparen, die Umwelt zu schützen und neue Energiequellen zu erschließen. Sie zählten sieben solche Innovationen auf. Bei jeder von ihnen handelt es sich um eine relativ kleine Neuanwendung von Wissen, das bereits existiert. Zum Beispiel hat eine chinesische Nichtregierungs-Organisation Methoden entwickelt, die die Verwendung von Biogas für arme Bauern sozialverträglich machen. Andere Innovationen sind die Entwicklung von

Elektrofahrrädern und die Verwendung weniger energieintensiver Klimaanlagen mit recht anspruchsloser Technologie. Regierungsgarantien für diese »Technologien« sorgen für massive Einsparungen von Energie und großen Reduktionen des Kohleverbrauchs. Das alles wurde ohne nennenswerten technologischen Durchbruch erreicht.

Die Chinesen sind rücksichtslos pragmatisch. Bei sich entwickelnden Technologien blicken sie auf deren langfristigen Wert für ihre Volkswirtschaft. Das bedeutet, dass sie nach einer katastrophalen Ölpest im Meer wahrscheinlich weiterhin nach Rohöl bohren würden, solange sie glauben, die resultierenden Langfristgewinne seien höher als jeder ökologische Schaden. Nicht lange nach dem Macondo-Desaster führten die Chinesen Säuberungsmaßnahmen durch nach einem durch die Explosion einer Pipeline verursachten Ölaustritt, der wahrscheinlich mehr ökologischen Schaden angerichtet hat als die massive Ölverschmutzung im Golf von Mexiko. Von einem Moratorium in Bezug auf Pipelines ist überhaupt nicht die Rede – trotz des Unglücks laufen alle Systeme weiter.

Das war auch bei den seltenen Erden der Fall, deren Produktion furchtbar toxisch ist, deren langfristiger Wert nach den kühlen Berechnungen der Chinesen die kurzfristigen Kosten allerdings bei Weitem übersteigen wird. Und das Gleiche kann man natürlich vom Recycling von Metallen aus elektronischen Bauteilen sagen – ein weiterer enorm toxischer Prozess, dessen langfristige Erträge sehr hoch sein werden. Es ist keine Überraschung, dass die Chinesen die USA auf dem Gebiet der Kernenergie in höchstens zehn Jahren überholen werden.

## Ein amerikanischer Mythos

Es ist einer der großen amerikanischen Mythen, dass uns die Technologie immer retten wird. Einer der vorausschauendsten Artikel auf diesem Gebiet erschien in der September/Oktober-Ausgabe 1995 von *Foreign Affairs*. Der Autor des Artikels war ein brillanter japanischer Minister, Eisuke Sakakibara, der 2010 nach vielen Jahren in Diensten der japanischen Regierung in den Ruhestand gegangen ist. Sakakibara argumentierte, bei dem Ende des Kalten Kriegs habe es sich nicht so sehr um den Triumph einer Zivilisation gegenüber einer anderen gehandelt, sondern eher um einen Sieg im Wettbewerb um das beste Gedeihen von Materialismus oder Progressivität. Der Kalte Krieg sei seinerzeit eigentlich ein Bürgerkrieg zwischen den USA und der Sowjetunion gewesen, der nichts darüber ausgesagt habe, ob die Fortschrittlichkeit selbst die ultimative Zivilisation sei. Sakakibaras Kommentare zu China, fast eine Generation später, sind vielsagend:

> *»Ein wichtigeres Thema ist allerdings, ob die Demokratie und der neoklassische Kapitalismus die einzigen, ultimativen Ziele sind oder nicht, oder sogar ob man sich überhaupt ein bestimmtes Ziel setzen sollte. China hat sich vorgenommen, eine sozialistische Marktwirtschaft zu etablieren, und im Vergleich zu Russland war es bislang recht erfolgreich dabei, ohne einen bedeutenden ökonomischen oder politischen Umsturz viele Facetten eines Marktmechanismus einzuführen. Es dürfte noch zu früh sein, das aktuelle chinesische Experiment abschließend zu beurteilen, aber zumindest liefert es realistische Alternativen, was das Ziel und die Methodologie betrifft.«*

In einem späteren Abschnitt des Artikels beschreibt Sakakibara, was er als die Grenzen der westlichen Technologie betrachtet:

> *»Das Wissen, das Menschen über die Natur und über die Menschen selbst angesammelt haben, ist recht begrenzt. Weil die Naturwissenschaften riesige Systeme durch die Beobachtung winziger Einzelheiten zu verstehen versuchen, werden sie niemals in der Lage sein, die Auswirkungen menschlicher Aktivitäten auf die Umwelt zutreffend einzuschätzen, geschweige denn Umweltprobleme durch technologische Innovationen zu lösen. In bescheidenem Maß kann technologischer Fortschritt menschliche Einwirkungen auf die Natur kompensieren oder – bestenfalls – die Zerstörung für sehr kurze Zeit aufhalten. Das Vertrauen der Fortschrittsgläubigen in menschliche Kompetenz und Technologie könnte man tatsächlich einen Mythos nennen, weil es keinen logischen Grund für den Glauben gibt, dass es jemals einen wirklichen technologischen Durchbruch geben wird. Das ähnelt dem Glauben, eines Tages werde der Erlöser auf die Erde kommen – und zwar in Form technologischer Innovation – und aus irgendeinem Grund*

*alle Probleme lösen, die durch die Fortschritte der Vergangenheit verursacht worden sind. Dieser Mythos der technologischen Innovation geht mit ungebrochenem Vertrauen in das Wirtschaftswachstum einher.«*

Es ist kein Zufall, dass dieses Zitat an die Arbeiten des Sozialpsychologen Richard Nisbett erinnert, der Co-Chef des Culture and Cognition Program an der University of Michigan ist. Die westliche Vorgehensweise ist eine detaillierte Konzentration und Analyse der zentralen Ziele auf Kosten der Zusammenhänge. Sakakibara vertritt den Standpunkt, dass sich diese Methode für die Komplexität der natürlichen Welt nicht eignet. Wir werden in diesem Kapitel noch einige Beispiele liefern. Aber zunächst einmal wollen wir einfach Amerikas Innovationsbesessenheit mit der Methode der Chinesen vergleichen, die sich darauf konzentrieren, zu importieren, zu absorbieren und dann zu neuen Lösungen zu kommen. Der Westen mag entdecken, was er will – die Chinesen definieren es in einem gesellschaftlichen Kontext neu. Das gilt für alles, von der Solarenergie bis zur Geldpolitik (siehe Kapitel 10). Innovation um der Innovation willen ist nicht zielführend. Es geht immer um die Frage, mit den vorhandenen Errungenschaften – oder vielleicht besser gesagt: mit denen, derer man habhaft werden kann – das zu tun, was den größten Nutzen für die Gesellschaft verspricht.

Aus Nisbetts Experimenten und Sakakibaras Beobachtungen folgt, dass die fruchtlose Konzentration des Westens auf Details mit einer Konzentration auf Maschinen Hand in Hand geht, die Details manipulieren. Daher ist es auch keine Überraschung, dass das letzte halbe Jahrhundert den Höhepunkt der Entwicklung von Computern markiert hat. Es ist der blinde Glaube an die Macht der Technologie und deren wichtigstem Werkzeug, den Computer, der dazu beiträgt, dass wir immer noch auf der Suche nach dem Wundermittel sind – nach einer transformierenden Technologie, die in einer sprühenden Sekunde alle unsere Ressourcen- und Sicherheitsprobleme lösen wird. Diese Überzeugung ist nicht so harmlos, wie sie klingen mag, sondern sie stellt eine ernsthafte Bedrohung unserer Zukunft dar. Denn solange wir an die »Wunderkraft« von Technologie und Computern glauben, wird Amerika auf tragische Weise unfähig bleiben, die Probleme des Rohstoffmangels zu lösen, die uns innerhalb des kommenden Jahrzehnts größten Schaden zufügen könnten. In der Zwischenzeit wird China weiterhin das Beste aus dem machen, was ihm zur Verfügung steht. Und da das Land dies auch bisher schon auf dem Gebiet der alternativen Energien getan hat, wird es uns weit abhängen.

## Die wahren Gläubigen

Seit Jahren lesen wir über die wundervollen Fortschritte der Computer. Inzwischen glauben viele, es sei nur noch eine Frage der Zeit, bis Computer Menschen in intellektueller Hinsicht überlegen sein werden. Manche glauben sogar, wir hätten diesen Punkt schon erreicht.

Der Erfinder und Futurist Ray Kurzweil gehört zu den bekanntesten Befürwortern der These, Maschinen seien dem menschlichen Intellekt letztlich überlegen. In seinem Buch *The Singularity is Near* prognostiziert er, es werde – vielleicht schon innerhalb der nächsten 50 Jahre – zu einer Vereinigung von menschlicher und künstlicher Intelligenz kommen. Dies werde zu atemberaubenden Veränderungen und zu einem Quantensprung der Evolution führen.

Was Kurzweil und andere glaubhaft macht, ist die offensichtlich immer höhere Leistungsfähigkeit künstlicher Intelligenz. Ein Meilenstein waren in diesem Zusammenhang die Schachpartien zwischen dem damaligen Weltmeister Garri Kasparow und dem IBM-Computer Deep Blue. Deep Blue wurde zum Sieger erklärt. In unserem Buch *Defying the Market* (1999) haben wir diesen Wettkampf kommentiert und erklärt, warum – im Gegensatz zur allgemeinen Meinung – das Ergebnis in keiner Weise bewies, dass Deep Blue Kasparow intellektuell überlegen war. Der Computer hatte einfach den Vorteil, dass er physisch nicht müde wurde und sich vom Gegner psychisch nicht aus dem Gleichgewicht bringen ließ.

Vor Kurzem, im Sommer 2010, beschrieb eine Titelgeschichte des *New York Times Magazine*, dass IBM erneut einen Computer gebaut habe, der Menschen intellektuell überlegen sei. In diesem Fall hieß der Computer »Watson«, und man hatte ihn programmiert, das Spiel *Jeopardy!* zu spielen. (Falls

Sie sie noch nie gesehen haben: *Jeopardy!* ist eine seit Langem laufende TV-Quizshow, bei der das Allgemeinwissen der Kandidaten abgefragt wird. Dabei bekommt man keine Frage gestellt, sondern eine Antwort genannt, zu der ein Kandidat dann die passende Frage stellen muss. Zum Beispiel muss ein Kandidat die richtige Frage zu der Antwort stellen: »Er schaffte 1927 60 Homeruns.« Die passende Frage wäre natürlich: »Wer war Babe Ruth?«)

Anfangs war Watson, der pro Sekunde etwa eine halbe Billion Rechenschritte durchführen konnte, ein schlechter Kandidat. Aber nach einigen Jahren und mit der Arbeit von drei hingebungsvollen Programmierern zeigte sich, dass die Maschine den aktuellen *Jeopardy!*-Champions überlegen war.

Ein Freund – seines Zeichens Mathematiker – machte uns auf diesen Artikel aufmerksam und verkündete diesen neuen Triumph der künstlichen Intelligenz: ein Computer, der Menschen mit breitem Allgemeinwissen besiegen konnte. Unsere Reaktion war, uns die Frage zu stellen, was Watson auf die Frage antworten würde, wie man ein massives Leck im Meeresboden reparieren könnte, das die gesamte Golfküste bedrohte. Natürlich stellte sich heraus, dass kein Computer der Welt diese Frage beantworten kann. Stattdessen lieferte der gute, altmodische menschliche Einfallsreichtum schließlich eine Lösung. Dabei kamen zwar Computer zum Einsatz, aber sie waren nur wichtige Werkzeuge und gaben keine Leitideen vor.

Das führt zu einer sehr grundlegenden Frage: Haben wir den Aufwand für unser Research optimal eingesetzt? So viel Zeit und Geld wurden investiert, um Computer und das Internet noch schneller zu machen. Aber was haben wir damit eigentlich erreicht? Was wäre zum Beispiel, wenn Computer nur halb so schnell wären und wir das Geld für die Durchführung grundlegender ozeanografischer Forschungen investiert hätten? Wir denken, dass dies für die Welt wesentlich besser gewesen wäre.

Heute können die schnellsten Computer einige Billiarden Rechenschritte pro Sekunde durchführen, eine fast unvorstellbar hohe Geschwindigkeit. Die Schwierigkeit dabei: Selbst eine Geschwindigkeit von einer Trillion Rechenschritten pro Sekunde wäre angesichts der Komplexität der Natur und der heute daraus erwachsenden Probleme noch viel zu gering. Hinzu kommt: Natürliche Produkte wie Metalle – von komplexen Materialien ganz zu schweigen – können durch keine Gleichung und durch keinen Algorithmus dupliziert werden, die ein schon existierender oder ein vorstellbarer Computer entwickeln könnte.

In unserem 1999 erschienenen Buch stellen wir ein nach wie vor vielsagendes Beispiel vor. Es handelt von der Entdeckung von Hochtemperatur-Supraleitern. Viele Jahre lang nahm man an, dass Supraleitung (der Durchfluss von Elektrizität durch ein Metall ohne Widerstand) nur bei Temperaturen nahe dem absoluten Nullpunkt möglich ist. Dann, Mitte der 1980er-Jahre, entdeckte ein Team von Wissenschaftlern, dass man sie auch bei zwar immer noch sehr niedrigen Temperaturen erreichen konnte, die aber deutlich über dem absoluten Nullpunkt lagen. Supraleitung in der Nähe des absoluten Nullpunkts erfordert flüssiges Helium, während man die neuen Hochtemperaturmaterialien »nur« auf das Niveau von flüssigem Stickstoff kühlen musste. Und während dies noch immer fast sämtliche Anwendungen ausschloss – darunter auch den Transport von Elektrizität über größere Entfernungen – wurde 1986 der Nobelpreis für Physik denjenigen Wissenschaftlern verliehen, die das für Hochtemperatur-Supraleiter erforderliche Material entwickelt hatten.

Zum Zeitpunkt der Preisverleihung waren die Zeitungen voll mit Prognosen über Züge, die durch Supraleitung 300 Meilen oder noch schneller fahren könnten. Über die Speicherung von Elektrizität durch Supraleiter-Ringe und vor allem über die widerstandsfreie Übertragung von Elektrizität. Es sah so aus, als habe die Technologie einen großen Schritt nach vorn gemacht und eine Lösung für unsere zukünftigen Energieprobleme gefunden.

Bislang verlief die weitere Entwicklung allerding sehr enttäuschend. Der grundlegende Fehler dabei: Alle Prognosen gingen davon aus, dass es nur eine Frage der Zeit sei, bis technologische Fortschritte es ermöglichen würden, Materialien herzustellen, die sich für Supraleiter weit oberhalb der Temperatur von flüssigem Stickstoff eignen. Manche prognostizierten sogar, Supraleitung bei Zimmertemperatur werde bald verfügbar sein. Die Annahme lautete, dass die Entdeckung von Materialien, die sich für Hochtemperatur-Supraleiter eignen, schnell zu einem Verständnis dieses Phänomens und daher auch zur Fähigkeit führen würde, Materialien zu entwickeln, die Supraleitung auch bei noch höheren Temperaturen zu entwickeln. Aber diese Annahme hat sich in der Tat als naiv erwiesen.

Mehr als eine Generation später gelangten durch glückliche Zufälle noch etliche weitere Entdeckungen. Man fand andere Materialien, die ebenfalls als Supraleiter geeignet sind – vielleicht sogar bei etwas höheren Temperaturen, als es bei den ursprünglichen Materialien der Fall war. Aber ein Quantensprung erfolgte nicht: Für Supraleiter benötigen wir immer noch flüssigen Stickstoff und die nötige Energie, damit der Stickstoff auch flüssig bleibt. Für die meisten Anwendungen, von wenigen Ausnahmen abgesehen, stellt das keine energieeffiziente Methode dar und schon gar keine Entwicklung, die unsere Zivilisation verändern könnte. Was wir vor mehr als zehn Jahren über Supraleiter geschrieben haben, trifft leider immer noch zu.

Natürlich könnte man Bücher darüber schreiben, was Supraleiter eigentlich sind und warum es so sinnlos war, die Temperaturen zu erhöhen, bei denen die Technik funktioniert. Aber ein dauerhaftes Problem bleibt der Faktor, den wir in unserem früheren Buch herausgestellt haben: Statt den Computer als wertvolles, aber untergeordnetes Werkzeug zu verwenden, hat sich die Wissenschaft auf Computer verlassen, um eine neue Wissenschaft zu schaffen – etwas, das der Computer nicht leisten kann.

Im Fall der Supraleitung bedeutete dies, dass ein unangemessener Anteil der Forschungsausgaben in Disziplinen wie kombinatorische Chemie geflossen ist. Computer generieren endlose Kombinationen von Chemikalien auf der Basis von deren Eigenschaften. Das sieht aus wie eine logische Methode. Es gibt dabei aber ein Problem: Es spielt keine Rolle, wie viele Eigenschaften man einem bestimmten Material zuordnen kann, das Modell kann nicht beschreiben, was passiert, wenn man dieses Material mit einem anderen kombiniert, das abweichende Eigenschaften aufweist. Selbst scheinbar unbedeutende Veränderungen einer dieser Eigenschaften können die Leistungsfähigkeit des kombinierten Materials erheblich beeinflussen.

Ebenso wie die Supraleitfähigkeit eine zufallsbedingte Entdeckung war (sie war sicher nicht das Resultat einer chemischen Ableitung, sondern eher ein glücklicher Zufall), gilt dies auch für eine andere wunderbare Entdeckung: Graphen. Diese Karbonsubstanz kann man in Schichten auftragen, die lediglich wenigen Atomen entsprechen, und dennoch ist sie stabiler als Stahl und ein besserer Leiter als Kupfer. Ließe sich Graphen in große Folien schneiden, dann könnte man es als Transformator einsetzen und damit den größten Teil der weltweiten Ressourcenprobleme lösen. Leider steht man bei Graphen vor den gleichen Schwierigkeiten wie bei den Supraleitern. Um dieses wunderbare Material wirklich einschätzen zu können, muss man sehr viel von Chemie und Physik verstehen. Und es ist sehr unwahrscheinlich, dass oberflächliche Computeranalysen diese Anforderung erfüllen.

An dieser Stelle ist es angebracht, an einen berühmten Wissenschaftsphilosophen zu erinnern, an Rudolf Carnap. Eine seiner vielen brillanten Einsichten, die die heutigen Naturwissenschaftler zu übersehen scheinen, lautet, dass theoretisch kein Unterschied zwischen einem vollständigen Verhältnis eines Phänomens und einer Prognose besteht. Mit anderen Worten bedeutet das: Würden wir die Relationen zwischen Materialien und Supraleitfähigkeit vollständig verstehen, dann könnten wir exakt vorhersagen, welche Materialien die Hochtemperatur-Supraleiter ermöglichen.

## Gesucht: Einfallsreichtum, Hingabe und Dringlichkeit

Natürlich sind Computer geeignet, wenn es um relativ simple Phänomene geht. Zum Beispiel haben Computer das Problem des Damespiels allein wegen ihrer rohen Rechnerkapazität gelöst. (Wie sich herausgestellt hat, endet eine Dame-Partie immer unentschieden, wenn beide Spieler ihre besten Leistungen bringen. Schach ist eine andere Frage.) Aber wenn es darum geht, Materialien mit praktisch unbegrenzten Mengen von Eigenschaften miteinander zu kombinieren, ist der Computer überfordert, so schnell er auch rechnet. Materialien sind einfach zu komplex. Und das bringt uns wieder zurück zu unserem gegenwärtigen Dilemma: Wir leben in einer Welt mit einem immer dringender werdenden Bedürfnis nach immer seltener werdenden Metallen und anderen Materialien, die der Computer nicht duplizieren kann.

Lu Ke, Mitglied des Instituts für Metallforschung an der chinesischen Akademie für Naturwissenschaften, schrieb in einem am 16. April 2010 in *Science* veröffentlichten Artikel: »Metalle sind immer noch die Arbeitspferde unserer Gesellschaft. Dank der einzigartigen Eigenschaften, die sie unersetzlich machen, wird das auch in Zukunft so bleiben.« Eine dieser Eigenschaften, so schrieb er, sei »Zähigkeit«. Stahl ist zum Beispiel das zäheste bekannte Material. Metalle sind vielseitig verwendbar und ihre Eigenschaften lassen sich problemlos vorhersagen. Sollte es keinen Durchbruch bei den Supraleitern geben, werden Metalle – insbesondere Kupfer und Aluminium – für große Entfernungen die besten Stromleiter bleiben. (Und selbst im Fall eines Durchbruchs würde das zusammengesetzte Material wahrscheinlich Kupfer und möglicherweise auch Silber enthalten.) Zum Glück lassen sich Metalle auch recyceln; das ist eine Folge ihrer Fähigkeit, ihre Einheitlichkeit auch bei sehr hohen Temperaturen zu bewahren.

Lu weist auch darauf hin, dass Legierungen und Mischungen von Metallen und anderen Materialien einfach und in ihren Eigenschaften vorhersagbar sind. Zum Beispiel sind Titaniumlegierungen immer weniger dicht und weniger zäh als Stahl. Wenn es aber um Eigenschaften geht, die sich nicht aus der einfachen Kombination von Materialien mit bekannten Eigenschaften ableiten lassen – wie es bei den Supraleitern der Fall ist –, kann man nicht einfach Erfolg erwarten, indem man wahllos verschiedene Materialien miteinander kombiniert. Und das erklärt, warum wir es nach fast 25 Jahre währenden Versuchen immer noch nicht geschafft haben, Materialien zu produzieren, die bei weit höheren Temperaturen Supraleiter-Eigenschaften besitzen, als es schon 1986 möglich war. Dafür bräuchte man ein tiefes Verständnis der zugrundeliegenden Wissenschaft, und das haben wir nicht. (Beachten Sie, dass wir selbst mit diesem Verständnis vielleicht immer noch nicht in der Lage wären, die erforderlichen Materialien zu produzieren. Das Verständnis ist also eine notwendige, aber keine hinreichende Bedingung.)

Eine weitere höchst angesehene wissenschaftliche Publikation, die britische *Nature*, bringt in jeder Ausgabe eine einseitige Science-Fiction-Geschichte. Die Story vom 17. Juni 2010 präsentierte eine extrem fortgeschrittene Zivilisation, die gezwungen ist, ein weit primitiveres Universum um Hilfe zu bitten: Wegen ihrer fortschrittlichen Technologien gehen ihr die Vorräte an

Silikon und Phosphor aus. Das ist natürlich eine Fiktion, aber der entscheidende Punkt ist gut herausgearbeitet.

Die Kehrseite der wissenschaftlichen Pleiten, die wir erörtert haben, ist wissenschaftlicher Erfolg. Es ist erstaunlich, dass die größten wissenschaftlichen Erfolge menschlicher Einsicht zu verdanken waren – und nicht etwa der Anwendung von Computern: die Entdeckung des Blutkreislaufs, die Vererbungslehre und die Erforschung der DNA; von Darwin und Freud ganz zu schweigen.

Alan Lightmans im Jahr 2005 erschienene Buch *The Discoveries* belegt diesen Punkt. In diesem Buch werden die wichtigsten wissenschaftlichen Durchbrüche im 20. Jahrhundert herausgestellt. Lightman präsentierte 22 solche Entdeckungen, von Einsteins spezieller Relativitätstheorie über Heisenbergs Unschärferelation bis zu Watsons und Cricks Entdeckung der DNA-Struktur. Das letzte Kapitel des Buchs – der 22. Durchbruch – beschreibt eine Entdeckung aus dem Jahr 1972. Also erforderte keine dieser bahnbrechenden wissenschaftlichen Fortschritte außergewöhnliche Computerleistungen.

Und übrigens bringt Lightmans Buch – vielleicht unabsichtlich – noch einen weiteren entscheidenden Punkt zur Sprache. Viele der wissenschaftlichen Studien, die er präsentiert, haben nur einen oder zwei Verfasser. Nur bei zwei Studien sind es mehr als drei Autoren. 2008 führte *Nature* eine Erhebung durch, die ergab, dass die Zahl der Autoren von Studien, die in den 2000er-Jahren publiziert wurden, viermal so hoch war wie bei den in den 1950er-Jahren veröffentlichten Untersuchungen.

> *»Wissenschaftliche Veröffentlichungen enthielten schon immer zwei Quantitäten – den wissenschaftlichen Wert und die Ehre, ihn entdeckt zu haben. Vom späten 17. Jahrhundert bis etwa 1920 galt die Regel: ein Autor pro Studie. Ein Individuum liefert einen Zuwachs an wissenschaftlicher Erkenntnis und erhält auch den entsprechenden Ruhm. Diese Symmetrie wurde in den 1920er-Jahren durchbrochen, in den 1950er-Jahren weiter vermindert und in den 1980er-Jahren größtenteils aufgegeben. Die vorherrschende Meinung über multiple Autorschaft ist, dass jeder der Autoren mehr oder weniger gleich wichtige Beiträge zum Gesamtwerk geliefert hat,*

*und auch wenn der erste oder die beiden erstgenannten Autoren die Rolle der »Ersten unter Gleichen« einnehmen, könnten sich doch alle aufgelisteten Autoren den vollen Ruhm für die Inhalte der Studie an die Brust heften. Bei lediglich drei oder vier Autoren, ist das eigentlich leicht hinnehmbar. Bei acht bis zehn Autoren wird es schon schwierig, bei 20 bis 50 wird es fast unmöglich – und bei einigen Studien werden Hunderte von Autoren genannt.«*

| Entdeckung | Zahl der Autoren | Jahr |
|---|---|---|
| Das Quant | 1 | 1900 |
| Hormone | 1 | 1902 |
| Teilchennatur des Lichts | 1 | 1905 |
| Spezielle Relativitätstheorie | 1 | 1905 |
| Atomkern | 1 | 1911 |
| Umfang des Kosmos | 1 | 1912 |
| Atomstruktur fester Materie | 3 | 1912 |
| Aufbau des Atoms | 1 | 1913 |
| Kommunikation zwischen Nervenzellen | 1 | 1921 |
| Unschärferelation | 1 | 1927 |
| Die chemische Verbindung | 1 | 1928 |
| Ausdehnung des Universums | 1 | 1929 |
| Antibiotika | 1 | 1929 |
| Energieproduktion in lebenden Organismen | 2 | 1937 |
| Kernspaltung | 2 | 1939 |
| Beweglichkeit von Genen | 2 | 1948 |
| Struktur der DNA | 2 | 1953 |
| Struktur der Proteine | 6 | 1960 |
| Radiowellen vom Urknall | 2 | 1965 |
| Einheitliche Feldtheorie | 1 | 1967 |
| Natur der Quarks | 9 | 1969 |
| Schaffung veränderter Lebensformen | 3 | 1972 |

**Bedeutende Entdeckungen des 20. Jahrhunderts**
*Quelle: The Discoveries von Alan Lightman, Nature-Ausgabe vom Dezember 2010.*

Warum haben die heutigen wissenschaftlichen Studien so viele Autoren? Dafür gibt es vielleicht viele Gründe, aber eine wichtige Voraussetzung war sicher die Entwicklung des Internets. In der alten Zeit – vor 1980 – war eine mengenmäßig unbegrenzte und fast sofortige Kommunikation nicht möglich. Folglich waren Studien Ergebnis der kreativen und beharrlichen Arbeit eines oder weniger Wissenschaftler. Können Sie sich vorstellen, dass auch nur ein Dutzend Wissenschaftler mit gleichem Einsatz daran arbeiten, eine revolutionäre Idee zur Schaffung von Energie zu entwickeln?

Dagegen ist die Erforschung einer Gensequenz keine Erkenntnis, sondern eine Beschreibung, und noch dazu eine, die bislang nicht viel zur Entwicklung neuer Medikamente oder anderer Dinge beigetragen hat, um die menschliche Existenz aufzuwerten. Das ist keine Überraschung. Man weiß, dass es etwa 20.000 menschliche Gene gibt – und zudem noch eine Menge anderen genetischen Materials. Von diesem anderen Material, das man früher »Junk«-DNA nannte, weiß man heute, dass es eine wichtige, wenn auch schlecht definierte Rolle bei der Kreation von Organismen spielt. Aber vergessen wir die Junk-DNA und betrachten wir nur die 20.000 Gene. Diese Gene funktionieren nicht isoliert, sondern im Zusammenhang mit anderen. Und die Zahl potenzieller Kombinationen übertrifft bei Weitem die Zahl der Elementarteilchen im Universum – und sie ist in kaum vorstellbarem Maß höher als die Rechenkapazität der leistungsstärksten Computer. Und was für Menschen gilt, das gilt ebenso für viele andere lebende Organismen, sogar für Mais und Weizen, die in genetischer Hinsicht unglaublich komplex sind. Und selbst im Fall von Organismen, die wirklich einfach genug sind, damit wir alle möglichen Genkombinationen ermitteln können, besitzen wir keine Möglichkeit zu erklären, wie diese Kombinationen mit einem fast unbegrenzt komplexen Umfeld interagieren können.

Steven Chu ist ein bemerkenswert kompetenter Energieminister. Für seine computerbasierte Analyse des Verhaltens von Elementarteilchen erhielt er den Nobelpreis, und er ist ein außergewöhnlich begabter Administrator. In jeder Hinsicht ist er ein hingebungsvoller Volksvertreter. Aber er ist auch ein Opfer der heutigen Sichtweise der Wissenschaft. Der größte Teil der Forschungen, die das Ministerium finanziert, dreht sich um die Verknüpfung vorhandener Technologien – zum Beispiel um die Konstruktion besserer Materialien zur Umwandlung von Sonnenlicht in Energie oder bessere Baupläne für Kernkraftwerke.

Das alles sind Aufgaben, die die Margen zweifellos bedeutend verändern können. Aber das Energieministerium gibt nur ein erbärmliches Taschengeld für Grundlagenforschung aus. Und es trifft nicht diejenigen Unterscheidungen, die man für einen wirklichen Durchbruch braucht, der das Spiel verändern könnte.

Eine Abteilung des Ministeriums, abgekürzt ARPA genannt (in Anlehnung an die bekannte Abteilung DARPA des Verteidigungsministeriums), soll wirklich innovative Ideen fördern – eben die Art von revolutionärem Research, der notwendig ist, um das Überleben unserer Zivilisation zu sichern. Als dieses Buch entstand, war die Finanzierung vorläufig abgeschlossen. 117 Projekten wurden insgesamt etwa 350 Millionen Dollar oder ungefähr 3 Millionen Dollar pro Projekt zugestanden. Wenn das so klingt, als sei es nicht allzu viel, dann könnten Sie argumentieren, dass Heisenberg mit viel weniger Geld die Gleichungen herausgearbeitet hat, die die Quantenmechanik definieren. Wir machen uns viel weniger Sorgen über die Höhe der finanziellen Förderung als über die Kriterien, die man aufgestellt hat, um Fördergelder zu erhalten.

Zu den Empfängern dieser Gelder gehören Universitäten, kleine Unternehmen, große Unternehmen, staatliche Laboratorien und nicht gewinnorientierte Institutionen. Das bedeutet: Einzelpersonen oder kleine Gruppen, die außerhalb einer großen Institution arbeiten, brauchen sich gar nicht erst zu bewerben. Und dennoch stammt von exakt solchen Personen ein großer Teil der wissenschaftlichen Erkenntnisse, die heute die Welt beherrschen. Und obwohl wir diese Aussage nicht mit genauen Daten belegen können, darf man darauf wetten, dass exakt solche Einzelpersonen und kleine, unabhängige Gruppen (die keinen Zugang zu den Großrechnern haben) Computer sehr wahrscheinlich als nützliches Werkzeug sehen würden statt als Allheilmittel für ihre Forschungsarbeiten.

So leistungsfähig sie auch sein mögen – Computer werden keine neuen Metalle erschaffen oder von sich aus die massiven Hürden überwinden, um eine

Welt zu kreieren, die ihren Bedarf mit alternativen Energien decken kann. Sie können nur eine marginale Hilfe sein – bei der Erhöhung der Materialmengen, die man recyceln kann, bei der Verlängerung der Lebensdauer von Batterien oder bei der Verbesserung unserer Möglichkeiten, Vorkommen wichtiger Metalle zu lokalisieren. Aber gerade jetzt scheinen wir alles auf computerbasierte Entdeckungen zu verwetten. Wie sonst lässt sich unsere Selbstzufriedenheit angesichts der überwältigenden Probleme erklären, mit denen wir konfrontiert sind? Es ist zu einer selbstverständlichen Annahme geworden, dass die Wissenschaften weiterhin Fortschritte verzeichnen werden – vielleicht in exponentiellem Ausmaß – und dass die Lösungen für unsere Energie- und Ressourcenprobleme gleich um die Ecke liegen. Das ist eine zwar bequeme, nichtsdestrotrotz aber falsche Grundannahme, von der wir uns lösen müssen.

Die unerschütterliche Überzeugung unserer Gesellschaft, die Technologie werde unsere Energieprobleme lösen, ist nicht das einzige Hindernis, das wir überwinden müssen. Der Historiker und Anthropologe Joseph Tainter, den wir in diesem und in früheren Büchern schon erwähnt haben, hat dargelegt, dass das Auftauchen von Ressourcenknappheit oft der wichtigste Grund ist, warum Zivilisationen scheitern. Ihre Komplexität wird so überwältigend, dass die Kosten jedes bedeutenden Programms, sei es die Erschließung neuer Energiequellen oder etwas anderes, nicht mehr möglich ist. Im heutigen Amerika kann man das sehr deutlich beobachten.

Denken Sie an den American Recovery and Reinvestment Act von 2009, das Konjukturförderungsprogramm der Regierung im Umfang von 787 Milliarden Dollar. Es wurde zusammengestellt, um einen Neustart der Wirtschaft zu bewirken, als sie tief in der schlimmsten Wirtschaftskrise seit der Großen Depression steckte. Dem Energieministerium wurden nur 30 Milliarden Dollar für Energieforschung zugestanden; ein trauriges Statement zu Amerikas Entschlossenheit, energetische Unabhängigkeit im Land und für das Land zu erreichen. Aber weil es so zeitraubend ist, bis man entsprechende Anträge ausgefüllt hat und bis diese Anträge ausgewertet sind, war eineinhalb Jahre nach der Genehmigung der Fördermittel erst ein Fünftel davon ausgegeben worden. Der größte Teil dieser Gelder wird jahrelang nicht ausgegeben werden. Und es wird noch länger dauern, bis wir tatsächlich die

Resultate der geförderten Forschungen verwerten können – falls es überhaupt jemals dazu kommt.

Ein gutes Beispiel ist in diesem Zusammenhang die Unfähigkeit unserer Regierung, die strategischen Reserven des Verteidigungsministeriums an Metallen und Mineralien wieder aufzustocken, die wir in Kapitel 6 erörtert haben. Die Krankenversicherung und sogar die Bildungspolitik bieten weitere Beispiele für die erschöpfende Komplexität in unserer Gesellschaft. Auf beiden Gebieten könnten intelligent investierte 20 Milliarden Dollar zu großen Fortschritten führen, was dem Land auf lange Sicht vielleicht Billionen Dollar sparen und zudem die intellektuellen Grundlagen unserer Nation stärken könnte. Aber die Politik und Partikularinteressen beeinflussen oft auf unangenehme Weise die Suche nach einer optimalen Lösung.

Zusammen mit Jared Diamond und anderen hat Tainter herausgearbeitet, warum manche Gesellschaften überleben, während andere scheitern. Kurz gesagt: Gesellschaften, in denen es keine großen Unterschiede zwischen den soziologischen Schichten und weniger Aufteilung gibt, schließen sich mit höherer Wahrscheinlichkeit zusammen, um die notwendigen Opfer dafür zu bringen, dass die Gesellschaft in ihrer Gesamtheit überlebt. In komplexeren Gesellschaften mit beträchtlichen Unterschieden zwischen Herrschern und normalen Bürgern werden die einzelnen Gruppeninteressen meist wichtiger genommen als die Gesellschaft als Ganzes, was oft zu Aufständen und zum Zusammenbruch der gesamten Gesellschaft führt.

Zusammenfassend können wir sagen, dass die Überzeugung Amerikas von der Macht und dem endlosen Wachstum der Technologie ungebrochen ist. Allerdings zeigt sich unser Weg zu diesem Wachstum durch unseren Glauben an Computer und Internet mittlerweile extrem verworren. Daher sind unsere Chancen auf einen bedeutenden Durchbruch minimal. Eine wichtige Botschaft lautet: Falls wir durch Zufall tatsächlich einen wichtigen technologischen Entwicklungssprung erreichen, der alternative Energien wieder ins Blickfeld rückt, dann sollten wir das für uns behalten, bis wir absolut sicher sein können, dass das Teilen dieser Entdeckung uns bei ihrer Anwendung in keiner Weise einschränkt.

## Für Kreativität gibt es keinen Ersatz

Das vielleicht aufmerksamste Publikum, das der ältere von uns beiden Autoren bei einer Diskussion über die Begrenzungen von Computern je hatte, waren einige Manager des chinesischen Devisenfonds. Sie hörten sogar zu, als man ihnen zu Chinas jüngsten Erfolgen auf dem Gebiet des Schachs gratulierte. Es wurde kein Geheimnis verraten, als man ihnen riet, dass sie, um es ganz nach oben zu schaffen, Computer als Werkzeug zur Problemlösung und nicht als Problemlöser aus eigener Kraft betrachten sollten. Ein Beispiel:

1997 besiegte der IBM-Computer Deep Blue in einem aufsehenerregenden Schachmatch den Weltmeister Garri Kasparow. Das verlieh den Argumenten um Computer und künstliche Intelligenz enormen Auftrieb. Der Mensch war in einem Spiel geprüft worden, von dem man seit Jahrhunderten annimmt, es erfordere ein Maximum an intellektuellen Fähigkeiten.

Oder gab es eine andere Erklärung? In unserem Buch *Defying the Market* analysierten wir diesen Wettkampf. Wir kamen zu dem Schluss, dass hier in erster Linie Kasparow sich selbst besiegt hatte, statt von einer Maschine besiegt worden zu sein. Kasparow gab eine Partie verloren, die im Prinzip ein Unentschieden war, weil er auf psychologischer Ebene darüber verblüfft war, dass der Computer seine Züge von einer Partie zur anderen veränderte. (Der Grund war, dass einer der Programmierer eine Programmveränderung vorgenommen hatte.) In der letzten und entscheidenden Partie war Kasparow psychisch erschöpft und verlor wegen einer Variation der Spieleröffnung, die die meisten guten Schachspieler im Teenageralter nicht durchgeführt hätten.

Wirklich bemerkenswert an diesem Wettkampf war, wie bereitwillig die Presse auf den Zug aufsprang. Es wurde fast allgemein akzeptiert, dass Computerintelligenz das menschliche Denkvermögen übertroffen habe.

Man muss einräumen, dass Schachcomputer tatsächlich auf einem extrem hohen Niveau Schach spielen. Aber *spielen* Computer eigentlich, oder befolgen sie nur die Instruktionen von Menschen? Alles deutet auf Letzteres hin. Programmierer haben Schach auf ein Spiel reduziert, bei dem Computer nur Berechnungen vornehmen müssen. Grob gesagt werden die Beurteilungen der besten Schachgroßmeister verwendet und Positionen wird ein bestimmter Wert zugeordnet. Durch ihre Rechenkapazität sind Computer in der Lage, Positionen, die vielleicht noch sechs oder sieben Züge in der Zukunft liegen, Werte zuzuordnen. Menschen sind dazu nicht in der Lage.

Aber die besten Programmierer von Schachcomputern sind nicht unbedingt die besten Schachspieler. Präziser ausgedrückt: Es trifft nicht immer zu, dass die von ihnen entwickelten Algorithmen zur Einschätzung des Werts von Positionen alle wichtigen Aspekte berücksichtigen. Daher verwenden einige Schachspieler Bewertungen, die sich von den Standardeinschätzungen unterscheiden. Ein solcher Spieler ist der außerordentlich begabte Ukrainer Wassyl Iwantschuk. Geboren in einem kleinen Dorf, lernte Iwantschuk Schach durch eine vielseitige Kombination aus Lesen, Spielen und Denken. In seiner Jugend hatte er keinen Zugang zu einem Trainer, und daher wurde ihm auch nicht der allgemein anerkannte Schachkanon eingebläut. Wenn er in Bestform spielt, sind seine Partien in vielerlei Hinsicht außergewöhnlich. Sehr oft strebt er Positionen an, die nicht einmal von den spielstärksten Großmeistern bewertet werden können und – das ist der Punkt – auch nicht von Computern. Seine Partien können Albträume für Schachtrainer sein, denn er macht Züge, die schließlich zum Sieg führen – aber niemand versteht warum.

Der wichtige Punkt ist, dass Menschen im Nachteil sein werden, wenn man Schach in eine Reihe von Berechnungen transformieren kann. Aber sogar hier ist ein großer Teil des Nachteils psychischer Art und zudem eine Frage der Zeit. Wenn Sie manchen Menschen genug Zeit geben, sind sie Computern wahrscheinlich mindestens ebenbürtig. Wenn Menschen aber anders spielen, als die Computer programmiert wurden, schneiden Computer nicht sehr gut ab. Für Iwantschuk ist ein unkonventionelles Spiel ganz natürlich und er benötigt in der Regel keine zusätzliche Zeit. Für andere herausragende Großmeister würde eine unkonventionelle Spielweise mehr Zeit erfordern, aber sie könnten sie wahrscheinlich schaffen. Das Fazit lautet, dass Computern alles fehlt, was kreativen Fähigkeiten auch nur ähnelt – sie sind unglaubliche Rechenmaschinen, aber mehr auch nicht.

# Kapitel 9
# Die Grenzen der westlichen Demokratie beim Umgang mit entscheidenden Problemen: Tiananmen-Platz versus 9/11

Über die längste Zeit des 20. Jahrhunderts waren die USA in mancherlei Hinsicht die größte Nation, die die Welt je gesehen hatte. Aber in diesem Jahrhundert sind aus einigen unserer größten Stärken Schwächen geworden; vor allem im Vergleich zu China, einer autokratischen Kultur mit einer Vergangenheit von mehr als 2000 Jahren.

Es ist kein Geheimnis, dass die USA zu gewissen Zeitpunkten im 20. Jahrhundert Erfolg hatten, weil sie wussten, wann sie ihre großen Stärken ausspielen mussten. Zum Beispiel war das Land während des Zweiten Weltkriegs zwar weit von einer Diktatur entfernt, doch es wurde autokratischer, während es vereinigt und kraftvoll blieb. Wie Martin Jacques, Autor von When China Rules the World: The Rise of the Middle Kingdom and the End of the Western World darlegte, war die Demokratie in den USA schon immer stärker eingeschränkt, als wir glauben. In der Periode des stärksten Wachstums, gegen Ende des 19. Jahrhunderts, nahm nur ein kleiner Teil der Bevölkerung an politischen Wahlen teil. Tatsächlich haben – mit der möglichen Ausnahme Indiens – die meisten Länder ihre größten ökonomischen Fortschritte erzielt, als sie bestenfalls nur teilweise Demokratien waren. Der wichtige Punkt: Ein demokratisches Regierungssystem ist für starkes Wirtschaftswachstum weder erforderlich noch hinreichend.

Seit sie den Kapitalismus entdeckt haben, verfügen die Chinesen gegenüber den USA über einen großen Vorteil. Sie konnten sich fast ausschließlich auf Wachstum konzentrieren, während wir – größtenteils zufrieden mit unserem wirtschaftlichen Wohlergehen – wesentlich diffusere Ambitionen hegten. Wir hielten unsere grundlegenden Freiheiten für selbstverständlich und erklärten es tatsächlich zu unserer Mission, unsere demokratische Lebensweise über den ganzen Globus zu verbreiten. Unsere Militärmacht war unerreicht, wir fühlten uns sicher. Vielleicht am wichtigsten dabei: Die USA haben noch nie Krieg geführt, weil sie etwas haben wollten. Alle unsere Kriege wurden im Namen der Freiheit und der amerikanischen Werte geführt, nicht aber, weil wir Ressourcen benötigten.

Die Ereignisse vom 11. September 2001 hätten unsere Sichtweise verändern sollen. Wir hätten sie als Beweis unserer bevorstehenden Verwundbarkeit im Bereich der Ressourcen sehen sollen. Stattdessen zogen wir in den Krieg, um unsere Freiheit gegen Bedrohungen zu verteidigen, die sich später als Phantome erwiesen – Saddam Husseins angebliche Massenvernichtungswaffen –, und um unsere demokratischen Prinzipien in anderen Teilen der Welt zu verbreiten.

Das zu tun – ebenso wie die Entscheidung, zwei Kriege gleichzeitig zu führen –, war ein tragischer Fehler. Ein paar Jahre vor dem 11. September hatten wir ein Interview mit Arthur C. Clarke gelesen, das unsere Sichtweise der Welt wirklich veränderte. Clarke, der in keiner Weise ein Pessimist war, bemerkte, der unmittelbar bevorstehende Zeitraum sei wahrscheinlich der problematischste der gesamten Menschheitsgeschichte. Er nannte insbesondere vier Problemfelder, die eine rapide Konvergenz zeigten: Umwelt, Energie, Bevölkerung und die starke Ausbreitung der Kernenergie.

Die Schlussfolgerung war klar: Wer das Energieproblem löst, der löst alle Probleme. Energie im Überfluss würde reichlich Süßwasser durch Entsalzungsanlagen bedeuten. Erneuerbare Energien würden das Umweltproblem lösen. Was die Ausbreitung der Kernenergie betrifft: Denken Sie daran, dass die Länder, die uns am meisten Sorgen bereiten, diejenigen sind, die uns wegen unseres Ölbedarfs in Geiselhaft nehmen können. Die meisten Terroristen vom 11. September besaßen die saudische Staatsangehörigkeit. Es ist klar: Hätte uns die muslimische Welt ökonomisch nicht derart im Griff, wäre es viel einfacher, die Art von Überwachung (und vielleicht auch aggressivere Aktionen) durchzuführen, die das Potenzial nuklearer Bedrohung scharf beschränken könnte. Denken Sie darüber nach: Verfügte der Iran nicht über sein Öl als Waffe, dann könnte uns wenig davon abhalten, seine Nuklearanlagen zu eliminieren.

Die Attacken vom 11. September boten uns einen Anstoß, um das Energieproblem anzupacken und zu lösen. Der angemessene Kampf wäre damals gewesen, unserer Abhängigkeit von fossilen Brennstoffen den Krieg zu erklären, statt einen Krieg zu führen, der vielleicht versprach, die Lebensdauer fossiler Brennstoffe zu verlängern. Aber Richard Nisbett und andere Psychologen haben klargemacht, dass die westliche Perspektive fast immer darin besteht, auf die Mitte des Bildes zu blicken. Und im Zentrum des 11. September stand eine Attacke auf die USA, die eine direkte und angemessene Reaktion erforderte.

Wir haben es zwar schon erwähnt, aber es ist einer Wiederholung wert: Der Nobelpreisgewinner für Wirtschaftswissenschaften Joseph Stiglitz schätzt, dass wir für die Kriege im Irak und in Afghanistan bislang 3 Billionen Dollar ausgegeben haben. Es ist ein tragischer Gedanke: Hätten wir diese Summe für die Entwicklung alternativer Energien ausgegeben, dann befänden sich die USA in einer guten Position, ihre Hegemonie bis weit ins 21. Jahrhundert zu sichern. Wie oben erwähnt, könnte man Irans Entwicklung von Atomwaffen sofort stoppen, hätten wir nicht Angst, dass uns die Iraner durch die Sperrung der Straße von Hormus von der ökonomischen Blutversorgung abschneiden könnten – vom Ölnachschub. Man hätte Umweltprobleme lösen können, und mit fast unbegrenzten Quellen alternativer Energien hätte sich Amerika positionieren können, die Welt für mindestens ein weiteres Jahrhundert anzuführen – und wahrscheinlich noch für viel längere Zeit.

## Die eiserne Reisschüssel zerschlagen

In gewisser Weise haben die politischen Führer Chinas in einem konstanten Krisenmodus gearbeitet, seit Generalsekretär Deng Xiaoping 1978 seine Reformen einleitete, um ein Gleichgewicht zwischen dem Bedürfnis nach wachsendem Wohlstand und der Notwendigkeit zu schaffen, die Macht der Kommunistischen Partei abzusichern. Und die Chinesen waren recht erfolgreich dabei. Eine bedeutende Bedrohung, gegen die sie kämpfen mussten, ist zwar nicht direkt mit den Attacken vom 11.September vergleichbar, aber sie zeigt die unterschiedliche Art und Weise, wie Chinesen und Amerikaner auf Krisen reagieren, und warum die Chinesen für den Umgang mit knappen Ressourcen besser gerüstet sind. Zunächst ein wenig Geschichte.

1978 startete Deng das, was er als »zweite Revolution« bezeichnete, um die chinesische Wirtschaft zu öffnen und zu revitalisieren. In den folgenden 30 Jahren stieg Chinas Wirtschaftswachstum im Durchschnitt um mehr als 10 Prozent jährlich. Chinas Wirtschaftsreformen in diesem Zeitraum haben einige graduelle, aber deutlich voneinander getrennte Phasen durchlaufen. Jede von ihnen zielte auf einen steigenden Lebensstandard ab, diente aber auch zur Festigung der Macht der Partei. Das vorsichtige Tempo dieser Reformen ließ und lässt sich wohl auch in Zukunft am besten durch Dengs Ausdruck charakterisieren »auf die Felsen achten, während man den Fluss überquert« – eine Unternehmung, die man am besten langsam und sorgfältig durchführt.

Anfangs ermöglichte eine fast vollständige Planwirtschaft eine zentrale wirtschaftliche Planung, ergänzt durch Marktanreize und einige persönliche Freiheiten, die mit diesen Maßnahmen verbunden waren. Zunächst profitierte der landwirtschaftliche Sektor. Die Volkskommunen wurden dezentralisiert und erhielten die Autonomie zu entscheiden, welche Nutzpflanzen angebaut werden sollten. Zudem entfielen Handelsrestriktionen. Die Unternehmungen erhielten erstmals die Erlaubnis, einen Teil ihrer Gewinne für sich zu behalten.

Um ausländische Investitionen und Technologien anzulocken und um die Exportwirtschaft zu fördern, wurden entlang der chinesischen Ostküste Sonderwirtschaftszonen eingerichtet. Die Fabrikanten nutzten die niedrigen Lohnkosten und Steuervorteile, früher unterbeschäftigte Wanderarbeiter fanden Arbeit. Die Volkskommunen wurden aufgelöst und man ermunterte Einzelpersonen dazu, ohne Angst vor Denunzierung oder Verhaftung »als Förderer des Kapitalismus« unternehmerisch tätig zu werden. Auf dem konservativen Flügel der Kommunistischen Partei gab es beträchtliche Widerstände gegen diese Reformen, aber immer noch herrschte die Auffassung vor: »Reich zu werden ist ehrenhaft.«

Etwa fünf Jahre nachdem China begonnen hatte, sich von der totalen staat lichen Kontrolle der Wirtschaft zu lösen und sich den Prinzipien des freien Markts anzunähern – angeführt durch scharfe Gewinnanstiege im Agrarsektor –, erlebte das Land sein schnellstes Wachstum in der kommunistischen Ära. Aber man nahm an, dass weitere Erfolge das erfordern würden, was Deng das »Zerschlagen der eisernen Reisschüssel« nannte.

Nach 1984 wollte die Regierung ihre Reformen auf die städtische Bevölkerung ausdehnen. Die Führung erweiterte das Ausmaß der Reformen und näherte sich einer Regulierung der Verbraucherpreise durch den Markt. Sie stellte Quoten auf und kaufte produzierte Güter zu fixen Preisen. Alles, was über die Quoten hinaus produziert wurde, konnte dann am offenen Markt verkauft werden.

Das führte zu einer Beinahe-Katastrophe, die massive Inflation und blühende Korruption auslöste. Das große Problem: Die überwiegende Mehrheit der Unternehmen, die die Produktion kontrollierten, stand unter staatlicher Kontrolle. Die verschiedenen Preise gaben ihnen enorme wirtschaftliche Macht – auf Kosten der privaten Unternehmen. Soziale Ungleichheiten breiteten sich aus, und obwohl sich das Wachstum fortsetzte, hatte das Land mit Sicherheit einige Schritte nach hinten gemacht.

Mitte 1998 versuchte der Staat die Situation zu beruhigen, indem die verschiedene Bepreisung zugunsten von Marktpreisen aufgegeben wurde. Wang Hui fasste es in seinem Buch The End of the Revolution so zusammen: »Das führte natürlich zu Panikkäufen und zu sozialer Instabilität in großem Stil.« Er fügte hinzu: »Obwohl sich in dieser Reformphase einige Erfolge einstellten, führte sie auch zu gewissen neuen Umständen, die in verschiedener Hinsicht neue soziale Ungleichheiten verursachten. Sie wurden zu den motivierenden Faktoren, als 1989 soziale Unruhen ausbrachen.«

Die teilweise Dezentralisierung der staatlichen Unternehmen und die Einführung privater Firmen führten zu Massenentlassungen und wachsenden

Ungleichheiten. Während viele einen steigenden Lebensstandard genossen, fühlten weitaus mehr Chinesen den Stachel einer sinkenden sozioökonomischen Mobilität. Das Wachstum verlief weiterhin rasant, aber es wurde von steigender Arbeitslosigkeit und rasch steigenden Lebenshaltungskosten begleitet. Die Inflation stieg von etwa 5 Prozent (als Deng mit der Liberalisierung der Wirtschaft begann) auf 25 Prozent im Frühling 1989. Diese Umwälzungen führten zur Entstehung einer Protestbewegung, die ihren Höhepunkt auf dem Tiananmen-Platz in Peking erreichte.

Heute, mehr als 20 Jahre später, beschreiben die westlichen Medien die Proteste auf dem Tiananmen-Platz in dieser zweiten Reformphase tendenziell als von Studenten angeführte Demokratiebewegung. Schließlich versammelten sich die Studenten um eine Statue der Göttin der Freiheit (die unserer Freiheitstatue ähnelte), die 10 Meter hoch war und die sie auf dem Platz aufgestellt hatten. In Wirklichkeit protestierten die Menschen aus vielen Gründen. Und die meisten davon hatten nichts mit dem Wunsch zu tun, eine demokratische Regierungsform einzuführen. Mehr als der Wunsch, die Regierenden demokratisch zu wählen, war es die Sozial- und Wirtschaftspolitik der Regierung – ebenso wie Unzufriedenheit über die weit verbreitete Korruption, die sich im Rahmen der Wirtschaftsreformen entwickelt hatte –, welche die Leute dazu veranlasste, auf die Straßen zu gehen.

Es war ein offenes Geheimnis, dass hochrangige Parteimitglieder und ihre Angehörigen von den Reformen unverhältnismäßig profitierten, selbst als viele Arbeiter arbeitslos wurden, weil die unprofitablen Firmen Personal entließen (was es in diesem Land noch nie gegeben hatte). Andere, darunter Intellektuelle, hatten zwar noch Arbeit, litten aber unter einem sinkenden Lebensstandard, weil die Löhne gleich blieben, während die Inflation rasant anstieg. Man war der Ansicht, dass der Staat seine traditionelle Rolle nicht ausfüllte.

Gleichzeitig strebten die Studenten nach größerer persönlicher Freiheit. Damals übten die staatlichen Universitäten beträchtliche Kontrolle über ihre Studenten aus – ein Überbleibsel der Mao-Ära. Zum Beispiel bestanden Einschränkungen der Ausgangszeiten und des Kontakts zwischen Männern und Frauen. Die Freiheit der Meinungsäußerung wurde ebenso beschnitten wie die Verfügbarkeit populärer Bücher und Musik.

Der Tod Hu Yaobangs im April 1989 markierte den Beginn der Proteste auf dem Tiananmen-Platz. Hu, der frühere Generalsekretär der Kommunistischen Partei, wurde wegen seiner harten Linie im Kampf gegen Korruption seiner Position enthoben. Studenten ebenso wie Arbeiter sahen in Hus Tod das Dahinscheiden eines Märtyrers. Geschätzte 100.000 Menschen erschienen zu seiner Beisetzung auf dem Tiananmen-Platz, aber die Trauer verwandelte sich rasch in einen Massenprotest und zu Forderungen nach politischen Reformen.

Tiananmen ist der größte öffentliche Platz der Welt mit Raum für etwa eine Million Menschen. Der Platz war schon in der Vergangenheit der Schauplatz von Protesten, und auch bei der Entstehung der Kommunistischen Partei spielte er eine wichtige Rolle – eine Tatsache, die sowohl den Protestierenden als auch der herrschenden Elite bekannt war. 1919 versammelten sich Studenten auf dem Tiananmen-Platz, um gegen die Annahme des Versailler Vertrags durch die chinesische Regierung zu protestieren. Ihrer Auffassung nach wurde in diesem Vertrag, der den Ersten Weltkrieg formal beendete, China ungerecht behandelt. Diese Demonstrationen verbreiteten sich weiter bis nach Schanghai, und was als »Bewegung des vierten Mai« bekannt wurde, führte letztlich zur Entstehung der Kommunistischen Partei Chinas.

Obwohl »Tiananmen-Platz« im Westen zum Kürzel für die Protestbewegung und deren Niederschlagung wurde, reichten die Proteste weit über den Platz in Peking hinaus und verbreiteten sich schließlich über das ganze Land. Heute bezeichnet man die Ereignisse von 1989 in China einfach als »4. Juni« oder als »der unglückliche Vorfall«.

Als die Menschenmassen auf dem Tiananmen-Platz anschwollen und die Proteste in anderen Städten an Stoßkraft gewannen, wurde klar, dass dies die größte Bedrohung war, die die Kommunistische Partei je erlebt hatte. Drei Monate vor dem Sit-in der Studenten und Arbeiter auf dem Tiananmen-Platz äußerte Deng Xiaoping, obwohl er immer noch der Champion der Reformen war, seine Besorgnis über die Protestbewegung: »China kann nicht zulassen, dass so leicht Demonstrationen stattfinden … sonst werden keine ausländischen Investitionen mehr ins Land fließen.« Deng nahm die Protestbewegung als Bedrohung der Vorherrschaft der Kommunistischen Partei und der Fortsetzung seiner Wirtschaftsreformen wahr.

Damals stand auch der kommunistische Teil Europas unter dem Druck interner Dissidenten. Ebenso wie Deng steuerte Michail Gorbatschow die Sowjetunion in Richtung Offenheit (Glasnost) und ökonomischer Restrukturierungen (Perestroika) und versuchte, die Vorherrschaft seiner Kommunistischen Partei zu wahren. Gorbatschows geplanter Besuch in Peking im Mai 1989 war für chinesische Studenten und Intellektuelle ein Anlass, sogar noch größere Freiheiten zu fordern. Die wachsende Protestbewegung fand den Beifall der Arbeiter, die, wie schon erwähnt, ihre eigenen Probleme mit dem Staat hatten.

In der Hoffnung, der Rebellion ein rasches Ende bereiten zu können, verhängte Deng nur wenige Tage nach Gorbatschows Besuch das Kriegsrecht und ließ Truppen aufmarschieren. Aber diese Entscheidung verstärkte nur die Entschlossenheit der Protestierenden. Die Welt war fasziniert von der Videoaufnahme eines namenlosen Studenten, der sich mit Einkaufstüten in der Hand einer Reihe von Panzern in den Weg stellte, die sich den auf dem Platz versammelten Menschen näherten.

Am Morgen des 4. Juni setzten sich die Truppen in Bewegung. Man schätzt, dass bei dieser Aktion der Armee mehr als 800 Menschen niedergeschossen wurden. Weitere Aufstände wurden durch Repression unterdrückt, was auch die Verhaftung Zehntausender Menschen umfasste.

Die Strafaktion der Regierung führte zu einer kurzen Unterbrechung der Marktreformen, und die liberalsten der reformwilligen Mitglieder wurden aus den Führungsgremien der Partei ausgeschlossen. Aber die Kommunistische Partei zog sich nicht völlig von ihren Anstrengungen zurück, die Wirtschaft umzubauen. Das Kriegsrecht wurde im Januar 1990 aufgehoben. Die Menschen hatten immer noch die Möglichkeit, etwas zu produzieren und die Gewinne aus ihrer Arbeit für sich zu behalten. Und zusätzlich zur Erlaubnis, für ihr materielles Wohlergehen zu sorgen, wurden den Chinesen auch persönliche Freiheiten eingeräumt, die zuvor undenkbar gewesen waren – im Austausch dafür, die ultimative Autorität der Partei nicht infrage zu stellen.

Die Regierung unternahm auch Schritte, die sich überhitzende Wirtschaft zu zügeln. Ein Jahr nach den Tiananmen-Unruhen begannen diese Maßnahmen Früchte zu tragen. Das Bruttoinlandsprodukt wuchs immer noch zweistellig, und die Inflation war auf weniger als 3 Prozent gesunken.

Das Ende der Herrschaft der Kommunistischen Partei der Sowjetunion im Jahr 1991 bot die nächste Chance, Chinas Wirtschaft weiter zu restrukturieren. Die Führung realisierte, dass die Legitimation und die weitere Existenz der Partei auf dauerhaftem Wirtschaftswachstum basierten. Ebenso wichtig: Deng und andere Mitglieder von Chinas Führungsschicht bemerkten, dass sie immer noch die Freiheit hatten, die 1979 begonnenen Reformen weiterhin umzusetzen. Martin Jacques erklärt: »Eines der grundlegendsten Merkmale der chinesischen Politik betrifft die übertriebene Betonung der Einheit des Landes … Die Tatsache, dass China einen so großen Teil seiner Geschichte in verschiedenen Stadien der Trennung verbracht hat – und zu derart hohen Kosten –, hat die Chinesen gelehrt, dass die nationale Einheit sakrosankt ist.«

Es ist daher keine Überraschung, dass in Umfragen die Chinesen der Stabilität einen weitaus höheren Stellenwert beimessen als die Menschen aus anderen Ländern. Daher bot der Zusammenbruch der Sowjetunion den chinesischen Führern große Möglichkeiten zur Fortführung von Reformen – ironischerweise genau zu einem Zeitpunkt, als die ganze Welt erwartete, China werde zum autoritären Führungsstil der Mao-Ära zurückkehren.

Wir sagen nicht, dass es nach den Protesten von 1989 ein leichter Weg war. Infolge des Kriegsrechts hatte es viele Tote gegeben und viele Intellektuelle waren im Gefängnis gelandet. Aber eine bemerkenswerte Geschichte über das überragende Bedürfnis des Landes nach Einheit schilderte James Kynge in seinem Buch *China Shakes the World*. Vor 1989 war Cao Siyuan allgemein als brillanter und kraftvoller Verfechter ökonomischer Reformen bekannt. Ihm wurde der Entwurf eines Insolvenzgesetzes zugeschrieben, das ihm nach Kynges Angaben den Spitznamen »Mr Insolvenz« eintrug. Nach den Aufständen von 1989 saß Cao ein Jahr lang im Gefängnis – wahrscheinlich eher wegen seines Rufs als Reformer und seiner Nähe zu den »falschen« Politikern als aufgrund einer direkten Rolle, die er gespielt hatte.

Sie erwarten vielleicht, dass Cao bei seiner Freilassung zumindest ein wenig verbittert war. Ganz im Gegenteil: Er zeigte sich entschlossener denn je, die Neuerungen voranzutreiben, die er für nötig hielt, damit die Reformen in China erfolgreich sein konnten. Kynge zitiert Cao mit der Aussage: »Wenn ich Vorträge halte, fragen die Leute mich oft ... ob die Zentralregierung bereit sein wird, unsere Ansichten zu akzeptieren. Ich sage dann ... Was ist die Zentralregierung? Sie besteht aus Dienern. Sie sind Diener des Volkes.« Zumindest nach der Meinung Caos mussten staatliche Souveränität und populäre Souveränität keine diametralen Gegensätze bilden.

Die Geschichte geht weiter. 1999 litt China unter den Folgen der Asienkrise (wenn auch bei Weitem nicht so sehr wie andere Länder). Cao hatte die Gelegenheit, an einer Konferenz teilzunehmen, bei der der chinesische Staatspräsident Jiang Zemin in der ersten Reihe saß. Jiang war durch das Land gereist und hatte immer wieder betont, dass der Staat die Privatisierung öffentlicher Unternehmen nicht rückgängig machen werde. Cao hatte ein Buch geschrieben, in dem er argumentierte, dass für fortgesetztes Wirtschaftswachstum in China genau das Gegenteil erforderlich sei. Bei der Konferenz überreichte er Jiang das Buch, der es kommentarlos entgegennahm. Ob das Buch Auswirkungen auf die chinesische Wirtschaft hatte, kann sich jeder selbst ausmalen. Aber die Geschichte stellt klar heraus, dass es einen deutlichen Unterschied zwischen Kontrolle durch den Staat und Kontrolle durch das Volk gibt.

Im Januar 1992 unternahm Deng eine dreiwöchige Reise durch den Süden Chinas; er inspizierte Fabriken und besuchte Unternehmen in Shenzhen und anderen Sonderwirtschaftszonen. Diese Reise nutzte er dazu, marktorientierte Reformen voranzutreiben, für beschleunigtes Wachstum zu sorgen und das Land weiter für ausländische Investitionen zu öffnen. Diese politischen Maßnahmen wurden wenig später vom Politbüro gebilligt. Es kam zur Einrichtung weiterer Sonderwirtschaftszonen, und die Privatisierung staatlicher Unternehmen wurde beschleunigt.

Dennoch betonte Deng die graduelle Natur dieser Reform durch Aussagen auf seiner Reise: »Die Reform und die Öffnung müssen weiterhin diskutiert werden; die Partei wird noch jahrzehntelang darüber diskutieren müssen. Es wird Meinungsverschiedenheiten geben, aber auch das entspringt guten Absichten. Zunächst sind die Menschen (an Reformen und Öffnung) nicht gewöhnt. Zweitens haben sie Angst, dass Probleme auftauchen werden. Nur darüber zu sprechen, ist für mich nicht genug. Unsere Partei wird jahrzehntelang darüber diskutieren müssen.«

Deng verstand das ganze Mosaik, das zu den Ereignissen von 1989 geführt hatte, und darüber hinaus kannte er das richtige Rezept für die Korrektur dieser Probleme. Modifikationen waren notwendig, aber das Wirtschaftswachstum musste weitergehen. Und wenn sich das Wachstum in moderatem Tempo fortsetzte, dann war der Staat zudem nicht in Gefahr, seine Oberherrschaft über wichtige Entscheidungen zu verlieren. Auch dieses Verständnis der Gesamtsituation stand in deutlichem Gegensatz zu der Auffassung des Westens.

Unter dieser »sozialistischen Marktwirtschaft«, die heute nach wie vor gilt, verlagerte sich die Macht in vielerlei Hinsicht weg von der Zentralregierung in Peking zu den Regierungen der einzelnen Provinzen und Präfekturen. Preiskontrollen wurden aufgehoben und man überließ den Sonderwirtschaftszonen die Entscheidung, was sie produzieren und wie sie es vermarkten wollten. Die Sonderwirtschaftszonen konnten zudem Arbeiter nach Gutdünken einstellen und feuern. Gleichzeitig erhöhte sich die Wahrscheinlichkeit, dass ineffiziente Firmen geschlossen wurden, weil sie sich in diesem neuen Umfeld nicht durchsetzen konnten. In der Praxis allerdings hatten die Subventionen und Finanzhilfen für viele unprofitable Sonderwirtschaftszonen noch jahrelang Bestand, weil soziale und politische Unruhen vermieden werden sollten.

In Schanghai und Shenzhen wurden Börsen gegründet, um die Anwerbung von Kapital zu erleichtern. Auch der Bankensektor wurde weiterentwickelt, einschließlich der Gründung von Banken zur Unterstützung von Industrie, Landwirtschaft und Infrastruktur, die für das wirtschaftliche Wohl sämtlich von entscheidender Bedeutung sind.

Jiang Zemin wurde 1997 Dengs Nachfolger als oberster Führer des Landes und führte Dengs Reformvermächtnis weiter. Dazu gehörte auch die

Gewährung weiterer Rechte in China, ein entscheidender Schritt für die Mitgliedschaft in der Welthandelsorganisation. Und um die Korruption zu bekämpfen, wurden auch Parteimitglieder erstmals der Gerichtsbarkeit unterworfen, unabhängig von Rang und Status.

In politischer Hinsicht wurde das Land ebenfalls bis zu einem gewissen Grad liberalisiert. Die Direktwahl von Gemeinderäten, mit der bereits vor den Tiananmen-Ereignissen begonnen worden war, wurde ausgeweitet und galt nun im ganzen Land. Diese Gemeinderäte sind für die Verwaltungsangelegenheiten ihrer Dörfer verantwortlich; zum Beispiel für Finanzmanagement, Wohnungsbau, Bildung und Streitschlichtung.

Auch in den obersten Rängen der Regierung erfolgte eine gewisse Dezentralisierung der Macht. Die Mitglieder des Volkskongresses mussten sich einer Wahl stellen, statt einfach ernannt zu werden. Der Kongress beschränkte sich nicht mehr darauf, die Entscheidungen des Politbüros durchzuwinken. Politische Themen wurden nun stärker debattiert und es wurde darüber abgestimmt, statt per Dekret von oben entschieden zu werden. Man könnte sich dies als Mehrparteien-Demokratie vorstellen. Auch die Justiz wurde gestärkt und es wurden Gesetze zur Erhöhung der Transparenz erlassen.

Aber ebenso wie Deng unterstrich auch Jiang oft die Bedeutung der Erhaltung des Friedens und der Stabilität. Damit meinte er, dass die Regierung keinen Dissens zulassen würde. In einer Rede, mit der er seine Ansichten darlegte, erklärte Jiang: »Die breiten Massen der Menschen [würden] unter der Führung der Partei und auf dem Boden der Verfassung arbeiten.«

Unter Jiangs Führung erreichten private und durch ausländische Investments finanzierte Unternehmen einen wachsenden Anteil an der Produktion des Landes. Importbeschränkungen und Lizenzvorschriften wurden aufgeweicht und die Zolltarife reduziert. Die politische Bevorzugung der Sonderwirtschaftszonen wurde auf alle Provinzhauptstädte und eine Anzahl von Grenzstädten ausgeweitet.

Jiangs Nachfolger Hu Jintao hat dessen Erbe weitergetragen und eine gewisse Laissez-faire-Politik in die Wirtschaft eingeführt. Dieses Vorgehen wurde zu einem uneingeschränkten Erfolg, weil das Land ein Magnet für Investitionen aus dem Ausland war. Billige Arbeitskräfte und eine vorteilhafte Steuerpolitik machten China zum idealen Standort für Niederlassungen von produzierenden Unternehmen. Der Schwerpunkt lag auf der Herstellung billiger Produkte für den Export, aber ausländische Investoren wollten auch schon längst Produkte an die Hunderte Millionen Chinesen verkaufen, die sich dank des noch nie zuvor gesehenen Wachstums des Landes in den letzten Jahrzehnten von extremer Armut befreit hatten.

Neben dem ausländischen Kapital und den Millionen Jobs, die entstanden sind, hat China auch vom Import von Managementpraktiken profitiert. Diese wurden entweder willentlich von ausländischen Partnern zur Verfügung gestellt, die ihre Position im Land stärken wollten. Oder sie wurden einfach rekonstruiert beziehungsweise in Form eines Diebstahls geistigen Eigentums entwendet – oft unter stillschweigendem Einverständnis der chinesischen Regierung.

Ein Beispiel für die Doktrin der Kommunistischen Partei, sich mit allen Mitteln ausländische Technologie anzueignen, zeigte 2006 ein Regierungsartikel in Schanghai, der die Überschrift trug: »Vorschläge für die weitere Stärkung der Energieeinsparung.« Das Dokument erörterte Ziele, zu diesen gehörten auch »verstärkte Anstrengungen zur Überwindung von Engpässen in der Wissenschaft des Energiesparens und der Technologie. Kompetente administrative Abteilungen für Wissenschaft und Technologie auf allen Ebenen werden folgenden Themen Priorität einräumen: Unabhängige Forschung und Entwicklung, Import, Assimilation und Re-Innovation von Technologien zur Energieeinsparung, erneuerbare Energiequellen und neue Energiequellen als wichtigster Punkt der Regierungsinvestitionen in Wissenschaft und Technologie und ihrer Bemühungen, die Industrialisierung sowie Hoch- oder Neo-Technologien zu fördern (Hervorhebungen durch die Autoren).«

Viele der größten Unternehmen Chinas wurden von aktuellen und früheren hohen Regierungsbeamten gegründet und kontrolliert, die die Parteilinie hinsichtlich der Technologie sehr gut kennen. Denken Sie an Huawei Technologies, gegründet von Ren Zhengfei, einem früheren Offizier der Volksbefreiungsarmee und derzeitigen Mitglied der Kommunistischen Partei. In weniger Jahren wurde Huawei Technologics von einem winzigen Wiederverkäufer importierter Telecom-Geräte am chinesischen Binnenmarkt zu einem großen internationalen Hersteller von Handys und Netzwerkausrüstung.

Es ist allgemein bekannt, dass Huawei diesen Aufstieg schaffte, weil sich die Firma auf illegale Art und Weise die Technologie ihrer Rivalen aneignete. Zum Beispiel verklagte Cisco Systems, der weltgrößte Hersteller von Netzwerkausrüstung, Huawei, nachdem Cisco entdeckt hatte, dass Huawei nicht nur den Softwarecode seiner Router (der Maschinen, die Online-Netzwerke miteinander verbinden) kopierte, sondern auch Ciscos Benutzer-Interface, seine Modellnummern und seine Anwenderhandbücher. Das machte es den Anwendern leichter, zu den billigeren Ausrüstungsteilen von Huawei zu wechseln. Der Diebstahl war derart eklatant, dass ein Anwenderhandbuch von Huawei sogar die gleichen Tippfehler enthielt wie das Handbuch von Cisco für das entsprechende Produkt.

Cisco zog seine Klage schließlich zurück, nachdem Huawei die umstrittenen Produkte vom Markt genommen und versprochen hatte, seine Softwarecodes zu verändern. Keine der beiden Firmen gab bedeutende Einzelheiten des vereinbarten Vergleichs bekannt. Wir vermuten, dass Ciscos Entscheidung, über eine derart wichtige Bedrohung seines Geschäfts einen Vergleich zu treffen, eine Menge mit seinem Wunsch zu tun hatte, sich den Zugang zum potenziell lukrativen chinesischen Markt nicht zu verbauen.

China erhöht weiterhin seine Kapazitäten für Research und Entwicklung – und zwar zu einem nicht geringen Teil mithilfe internationaler Partner. Intel, DuPont, Applied Materials … zahlreiche große amerikanische Technologiefirmen führen in China Forschungs- und Entwicklungsarbeiten durch, wo die Grundstücks- und die Arbeitskosten niedrig sind und die Regierung großzügige steuerliche Anreize bietet. Viele dieser Unternehmen erkennen, dass ihr geistiges Eigentum früher oder später in die Hände der Chinesen fallen wird, entweder durch Technologietransfer, Kopieren oder simplen Diebstahl. Aber obwohl die Operationen in China ihr geistiges Eigentum langfristig gefährden, glauben die meisten Firmen, dass sie es sich nicht leisten können, auf die kurzfristigen Vorteile ihrer Präsenz in der Volksrepublik zu verzichten.

## Geordnete Verhältnisse erreichen

Obwohl sich das Bruttoinlandsprodukt (BIP) des Landes seit 1978 mehr als verzehnfacht hat, waren Chinas Fortschritte alles andere als gleichförmig. Die Städte an der Küste, die ersten Profiteure der Politik der offenen Tür, haben ein jährliches BIP-Wachstum erreicht, das weit über dem Landesdurchschnitt lag. Aber für die 900 Millionen Menschen, die immer noch auf dem Land leben, fielen die Zuwächse weitaus geringer aus.

2009 erreichte der Einkommensunterschied zwischen Land- und Stadtbevölkerung das höchste Niveau seit dem Beginn der Reformen 1978. Und das Problem geht weit über die Einkommenslücke hinaus. Die Themen der Lebensqualität sind noch gar nicht wirklich zur Kenntnis genommen worden. Es gibt zum Beispiel große Unterschiede bezüglich der Lebenserwartung, weil die Landbevölkerung mit höherer Wahrscheinlichkeit gefährliche Tätigkeiten ausübt, und auch ihre Gesundheitsversorgung ist vergleichsweise schlecht. Stadtbewohner haben in der Regel Zugang zu besseren Wohnungen und besserer Bildung als die Menschen auf dem Land. Sogar der Zugang zu sauberem Wasser kann für viele Landbewohner ein wichtiges Thema sein.

Die Beruhigung der Kleinbauern, die die traditionelle Machtbasis der Partei bilden, ist entscheidend für die Aufrechterhaltung der Legitimität der Kommunistischen Partei. Allerdings hat die Regierung erkannt, dass sie, wenn sie ihre Ziele erreichen will, die Fehler der meisten anderen Entwicklungsländer vermeiden muss. Dazu gehört die massenhafte Migration in die Städte, die zur Entstehung ungezählter Slums führte, wo chronische Arbeitslosigkeit einen Nährboden für eine Revolution entstehen lassen könnte. Die chinesische Regierung will offensichtlich viele Landbewohner in städtischen Zentren ansiedeln, wo sie sie besser mit sozialen Diensten versorgen kann, aber sie will diese Maßnahme nach ihrem eigenen Zeitplan durchführen.

Um dies zu schaffen, hat sich die Regierung lange auf legale Mechanismen verlassen, um die Zuwanderung in die Städte zu kontrollieren. Ein als Hukou bezeichnetes Gesetzessystem, das die Niederlassung regelt, setzt der Zahl der Arbeiter enge Grenzen, die legal von einer Region in eine andere ziehen dürfen. Das zwingt geschätzte 150 bis 200 Millionen Migranten, die das Land verlassen und sich auf den Weg in die Städte gemacht haben, um dort Arbeit und höhere Löhne zu finden, in den Wohnheimen ihrer Firmen zu leben. Die Hukou-Gesetze verbieten diesen Arbeitern zudem, ihre Familien nachkommen zu lassen, denn Kinder können außerhalb ihres registrierten Wohnorts nicht in Schulen aufgenommen werden und haben auch keinen Zugang zu anderen sozialen Leistungen.

In der Wirtschaft des modernen China ist die unsichtbare Hand also immer stärker am Werk, aber die eiserne Faust der Partei ist nach wie vor noch sehr präsent. Eklatante und den meisten Menschen im Westen bekannte Beispiele dafür sind die oft sehr rigiden Maßnahmen gegenüber Tibet und Xinjiang, der westlichsten Provinz Chinas.

Trotz stufenweiser Bewegungen in Richtung sozialer Liberalisierung, die sich in den vergangenen Jahren entwickelt haben (zum Beispiel berichten die Medien heute über Treffen des Politbüros), dürfen Journalisten die Kommunistische Partei nur bis zu einem gewissen Punkt infrage stellen. Berichte oder Leitartikel über Menschenrechte, Falun Gong (die verbotene religiöse Bewegung), das Massaker auf dem Tiananmen-Platz, freie Wahlen und bestimmte andere Themen sind streng verboten. Aber solange man den Menschen die Möglichkeit bietet, ihr materielles Wohlergehen zu steigern, akzeptieren sie bereitwillig die Zensur und andere soziale Kontrollen, die einen Teil ihres täglichen Lebens darstellen.

Zweifellos war die Entscheidung des Nobel-Komitees, den Friedensnobelpreis 2010 dem chinesischen Dissidenten Liu Xiaobo zu verleihen (der damals seit einem Jahr eine elfjährige Gefängnisstrafe für wiederholten Einsatz für die Menschenrechte verbüßte), als Signal des Westens gedacht, dass China seine demokratischen Reformen vorantreiben sollte – vergleichbar mit der Verleihung des Friedensnobelpreises 1991 an Aung San Suu Kyi aus Burma. Aber die Auswahl der Preisträger wird, wenn überhaupt, nicht mehr bewirken, als Pekings Position zu stärken, politische Reformen nur langsam und nach dem Zeitplan der Kommunistischen Partei durchzuführen.

Zudem ist die überwältigende Mehrheit der Chinesen der Meinung, dass die Staatsregierung ihre Pflichten recht gut erfüllt. Wenn es Probleme gibt, richtet sich der Zorn der Leute größtenteils gegen die lokalen Verwaltungsbehörden. Bei einer 2008 in 19 Ländern durchgeführten Umfrage ermittelte WorldPublicOpinion.org, dass 83 Prozent der befragten Chinesen der Meinung waren, dass »die Führer der Regierung durch Wahlen ermittelt werden sollten, an denen alle Bürger teilnehmen können«. Aber als sie in derselben Erhebung befragt wurden, inwieweit ihr Land derzeit gemäß des »Willens des Volkes« regiert wird, bewertete kein Volk die eigene Nation höher als die Chinesen. Mit anderen Worten: Obwohl sie in einem autoritären System leben, sind die Chinesen mit der aktuellen Regierungsform größtenteils zufrieden.

Die weltweite Finanzkrise bestärkte das allgemeine Gefühl der Chinesen, dass das Wirtschaftssystem des eigenen Landes gedeiht, während sich das im Westen vorherrschende System der freien Märkte im Niedergang befand. Die jährliche Umfrage des Pew Global Attitudes Project gelangt in der Regel zu ähnlichen Ergebnissen. Die befragten Chinesen geben meist an, dass sie die Entwicklung im eigenen Land positiv beurteilen: 2009 waren es 87 Prozent. In den USA waren es 36 Prozent, 2008 sogar nur 23 Prozent.

2004 führte der Soziologe Martin King Whyte von der Harvard University die erste landesweite Studie durch, in der chinesische Staatsbürger angeben sollten, wie sie die Ungleichheiten beurteilten, die durch die chinesischen Reformen seit ihrem Beginn 1978 entstanden sind. Er hat die Ergebnisse in seinem Buch Myth of the Social Volcano: Perceptions of Inequality and Distributive Injustice in Contemporary China veröffentlicht, und sie sind für konventionelle westliche Ansichten wie ein Schlag ins Gesicht.

Whyte fand heraus, dass trotz beträchtlicher Ungleichheiten innerhalb der chinesischen Gesellschaft die meisten Bürger des Landes, darunter auch die ärmsten Kleinbauern, mit dem aktuellen politischen System nicht unzufrieden sind. Das unterscheidet sich kaum von unserem amerikanischen Traum; Chinas Bürger stellen fest, dass Talent und harte Arbeit eine Menge in ihrem Leben erheblich zum Besseren verändern können. Und obwohl die marktbasierte Wirtschaft heute größere Ungleichheiten geschaffen hat als das alte sozialistische Verteilungssystem, legt Whytes Umfrage nahe, dass es keine unmittelbare Bedrohung durch soziale Unruhen in China gibt, die dadurch ausgelöst werden könnten, dass das System für unfair und korrupt gehalten wird. Solange die Menschen wahrnehmen, dass ihr Lebensstandard gestiegen ist und auch weiter steigen wird, werden sie wahrscheinlich weiterhin mit dem Status quo zufrieden sein.

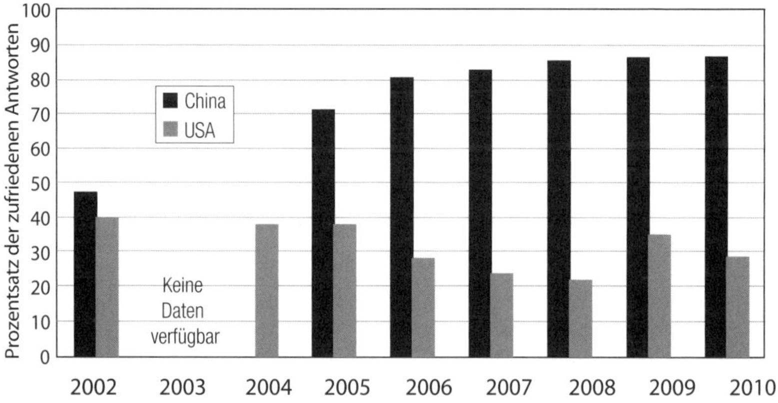


**Zufriedenheit mit der Ausrichtung des eigenen Landes**
*Quelle: Pew Research Center*

Vergessen Sie nicht, dass China im Gegensatz zu den autokratischen Regimes in Nordafrika und im Nahen Osten – oder auch zu vielen Regierungen im Westen – die in seiner Gesellschaft existierenden Ungleichheiten aktiv angepackt und sie zu einem wichtigen Thema im aktuellen Fünf-Jahres-Plan für wirtschaftliche und soziale Entwicklung gemacht hat. Und es handelt sich dabei nicht nur um Sonntagsreden, um die Bürger zu beruhigen. Zum Beispiel stiegen 2010 die Löhne der Landbewohner um 11 Prozent, was dazu beitrug, die Einkommensunterschiede zwischen diesen und den Stadtbewohnern zu verringern. Zusammen mit dem fortgesetzten Wirtschaftswachstum wird die Bevölkerung des Landes noch weniger Grund haben, sich gegen die Führung in Peking zu erheben.

In der Tat ersetzt der Nationalismus den Kommunismus als Chinas Leitideologie. Suisheng Zhao, Geschäftsführer am Zentrum für die Zusammenarbeit zwischen den USA und China und Professor an der Graduate School of International Studies der University of Denver schrieb im *Journal of Contemporary China*: »Bis zu einem gewissen Grad kann man argumentieren, dass die Rolle des kommunistischen Staats sich zum traditionellen und hochritualisierten konfuzianischen Staats zurückentwickelt hat, vor allem an der Basis der Gesellschaft.«

Das Land weist eine bürokratische Tradition auf, die Jahrtausende zurückreicht. Solange die Regierung ihre Pflichten erfüllt, werden die Menschen kaum eine bedeutende Veränderung des Status quo verlangen.

Die chinesische Regierung hat wiederholt bewiesen, dass sie dazu in der Lage ist, große Projekte rasch zu verwirklichen. Man kennt ja viele Geschichten über Autobahnen, die quasi über Nacht entstanden sind, oder über große Straßenzüge mit Apartmentwohnblöcken, die entstanden sind, wo noch vor kurzem Reisfelder waren. Neue Flughäfen, Universitäten und andere Infrastrukturmaßnahmen, die für ein prosperierendes Entwicklungsland typisch sind, haben die Landschaft der Nation in den vergangenen Jahren verändert. Im nächsten Jahrzehnt wird das eindrucksvollste öffentliche Projekt in China der noch nie dagewesene Aufbau von Kapazität zur Gewinnung alternativer Energien sein.

Die Parallele ist vielleicht alles andere als hundertprozentig stimmig, aber es ist der Mühe wert, unsere Reaktion auf den 11. September mit Chinas Reaktion auf die Ereignisse auf dem Tiananmen-Platz zu vergleichen. Während die Chinesen erkannten, dass die Fortsetzung der Reformen, wenn auch in moderatem Tempo, die richtige Medizin war, um sicherzustellen, dass abweichende Meinungen unter Kontrolle gehalten wurden und die Bevölkerung weiterhin ein besseres Leben genießen könnte, hatten die USA ihre realen Probleme im Jahr 2001 kaum im Blick. Wir können uns an einen Artikel in einem unserer Newsletter erinnern, in dem es hieß, trotz des Schreckens vom 11. September gebe es Anlass zum Optimismus. Die USA verfügten endlich über ein Mandat, gegen die grundlegenden Probleme vorzugehen, die letztlich unsere Zivilisation bedrohen könnten.

Vielleicht ist es für eine historische Beurteilung noch zu früh. Es scheint aber klar zu sein, dass wir im Zeitraum nach dem 11. September einem anderen Pfad gefolgt sind. Es ging um unseren Lebensstil, von dem wir erwartet hatten, er werde heute für unsere Kinder weit üppiger ausfallen, als es tatsächlich der Fall ist.

Wir lieben den American Way of Life. Es scheint aber klar zu sein, dass die Tendenz der Amerikaner, sich auf das Unmittelbare und auf »die Mitte des Bildes« zu konzentrieren, ihre Nachteile hat, wenn es um den Umgang mit einer Welt geht, die die Erkennung von Nuancen über Hintergründe und langfristige Planung erfordert. Eine Kritik zu diesem Buch, mit der wir schon rechnen, ist, dass wir der Führerschaft der Chinesen zu viel Aufmerksamkeit widmen, dass es trotz der Forschungsergebnisse von Nisbett und anderen keine Zweifel daran gibt, dass die Chinesen Fehler machen können – trotz der Vorteile der zeitlichen Perspektive und der breiter gefassten Gesamtperspektive.

Dennoch beunruhigen uns die Worte des angesehenen österreichisch-britischen Historikers Ernst H. Gombrich. In seiner *Kurzen Weltgeschichte* schreibt Gombrich: »China ist eigentlich das einzige Land der Welt, in dem durch viele Jahrhunderte nicht der Adel und nicht die Soldaten und auch nicht die Priester regiert haben, sondern die Gelehrten. Ob einer von vornehmer oder geringer Abkunft war, war nicht wichtig. Wer die Prüfungen gut bestanden hatte, wurde Beamter. Wer die schwersten Prüfungen am besten bestanden hatte, bekam das höchste Amt.« Die chinesischen Führer sind sich der Herausforderungen sehr bewusst, und sie haben aktiv einen Kurs eingeschlagen, um der größten Bedrohung zu begegnen, mit der die moderne Welt je konfrontiert war.

James Schlesinger, der erste Energieminister der USA, hat einmal bemerkt, dass die Amerikaner nur in zweierlei Hinsicht über Energie nachdenken: »Selbstzufriedenheit und Panik.« Alles deutet darauf hin, dass Amerika mit Herausforderungen konfrontiert ist, die wir bisher nie kennengelernt haben. Und als Ergebnis unserer Regierungsform, die von Politikern bestimmt wird, die ständig auf die nächsten Wahlen fokussiert sind und unerschütterlich politische Standardlösungen wählen, statt sich um die langfristigen Bedürfnisse der Nation zu kümmern. Voller Unbekümmertheit laufen wir in eine Krise von epischen Dimensionen. Wir müssen die Politik beiseitelegen und arbeiten, bevor es zu spät ist und Panik sich breitmacht.

# Kapitel 10
# Reaktionen auf die Finanzkrise von 2008

Im letzten Kapitel haben wir erörtert, wie verschiedene Einstellungen und Perspektiven zu großen Unterschieden geführt haben, wie die USA und China auf bedeutende Krisen reagieren – die Tiananmen-Ereignisse für die Chinesen und der 11. September für die Amerikaner. Werfen wir nun einen Blick auf die Ereignisse des Jahres 2008 und vergleichen wiederum unterschiedliche Reaktionen auf das, was man als die größte Bedrohung des Kapitalismus ansehen könnte: die Wirtschaftskrise, die durch die Spekulationsblase am Wohnimmobilienmarkt und durch steigende Rohstoffpreise beschleunigt wurde. Die Reaktionsunterschiede waren stark davon geprägt, wie die einzelnen Länder ihre Wirtschaft in den zehn Jahren vor 2008 gemanagt haben. Sie demonstrieren auch, warum China für den bevorstehenden Kampf um Ressourcen so viel besser gerüstet ist als die USA.

1998 sah sich die Welt mit einem weiteren Zeitraum extremer finanzieller Turbulenzen konfrontiert. Der steigende Wechselkurs des US-Dollars in den vergangenen Jahren wirkte sich schädlich auf die exportorientierten Volkswirtschaften Südostasiens aus, die ihre Währungen an den Greenback gekoppelt hatten. Die sogenannten asiatischen Tiger – den Namen bekamen sie aufgrund ihres dynamischen Wirtschaftswachstums in den zehn Jahren zuvor – spürten den Schmerz sich verschlechternder Handelsdefizite, weil ihre Exporte an Wettbewerbsfähigkeit verloren. Das war ein Ergebnis des steigenden Dollar-Wechselkurses und Chinas steigender Präsenz im Welthandel.

Im Juli 1997 warf die überschuldete Regierung Thailands das Handtuch und ließ seine zuvor an den Dollar gebundene Währung, den Baht, gegenüber dem Dollar frei flottieren. Die Auflösung der Dollarbindung führte zu einem erheblichen Abfluss ausländischen Kapitals. In den folgenden Monaten verlor der Baht mehr als 50 Prozent seines Werts und der thailändische Aktienmarkt brach um 75 Prozent ein. Noch schlimmer war, dass sich Thailands Notlage in den folgenden Monaten in der Region ausbreitete.

Diese Ansteckung setzte sich fort, die meisten asiatischen Währungen, Aktienmärkte und Volkswirtschaften brachen zusammen. Aber China, die größte sich entwickelnde Volkswirtschaft in dieser Region, war davon kaum betroffen. Chinas Finanzmärkte boten den Vorteil, dass sie weniger entwickelt waren als die seiner Nachbarländer. Sie mussten nicht auf unangemessene Art und Weise liberalisiert werden. Die Wirtschaftswissenschaftlerinnen Graciela Kaminsky und Carmen Reinhart haben dies als typisches Ereignis vor dem Ausbruch einer Währungskrise bezeichnet. China vertraute zur Finanzierung seines Wachstums weniger auf Kredite, und komplexe Derivatekonstruktionen gab es damals noch nicht. Daher wirkte sich der scharfe Kurseinbruch an der frisch gegründeten Börse Schanghai nicht negativ auf die Wirtschaft aus, weil damals nur wenige Chinesen aktive Investoren waren. Als notorische Sparer – teilweise die Folge des unzureichenden sozialen Sicherheitsnetzes des Landes – zogen es die Chinesen vor, ihr Vermögen in altmodischen Sparformen oder unter ihren Matratzen zu verstauen. Was für die meisten Staaten in Südostasien ein gähnendes Loch bedeutete, erwies sich so für China lediglich als kleines Hindernis.

Schon bald wirkte sich dies allerdings auf die Volkswirtschaften rund um den Globus aus. Die konjunkturellen Krisen führten zu einem scharfen Einbruch der Rohstoffpreise, angeführt von den Rohölpreisen, die 1998 um die Hälfte auf weniger als 10 Dollar je Barrel fielen. Diese Entwicklung, begleitet von einem katastrophalen Absturz des Rubels, zwang die russische Regierung dazu, die Zinszahlungen auf ihre Schulden einzustellen.

Obwohl ein großer Teil der Welt bereits in Scherben lag, musste sie einen weiteren, beinahe tödlichen Schlag hinnehmen. Das Absinken der Währungen der Emerging Markets führte zum Zusammenbruch des mit hoher Hebelwirkung ausgestatteten Fonds Long-Term Capital Management (LTCM), der mit hoher Hebelwirkung auf eine Kurserholung russischer Anleihen gewettet hatte.

Der in Greenwich, Connecticut, ansässige Hedgefonds LTCM wurde von den besten und klügsten Köpfen unter den Finanzingenieuren geleitet. Sein Gründer John Meriwether war früher stellvertretender Verwaltungsratsvorsitzender und Leiter des Anleihenhandels bei Salomon Brothers, als diese Firma ein dominanter Teilnehmer am Anleihenmarkt war. Meriwether und seine Kollegen im Anleihenhandel bei Salomon waren die Inspiration für die »Masters of the Universe« von der Wall Street in Tom Wolfes Roman *Fegefeuer der Eitelkeiten*. Meriwether wurde zudem in Michael Lewis' sehr unterhaltsamem Buch *Wall Street Poker* porträtiert.

Bald kamen David Mullins Jr., früher Vize-Verwaltungsratschef der Federal Reserve sowie die beiden führenden Wirtschaftswissenschaftler Myron Scholes und Robert Merton zu Meriwethers Hedgefonds. Der Ruhm der beiden wurde endgültig besiegelt, als man sie für ihre Pionierarbeit bei der Bewertung von Aktienoptionen mit dem Nobelpreis für Wirtschaftswissenschaften auszeichnete. Ihre Methodologie ermöglichte ein effizienteres Risikomanagement und führte zur Entstehung zahlreicher Finanzinstrumente. Die *BusinessWeek* bezeichnete die Firma als »Dream Team« der High-Tech-Trader, die sich in hohem Maß auf Computer stützten, um als Basis ihrer Investmententscheidungen in kürzester Zeit Billionen Berechnungen ausführen zu können.

Es war LTCMs Investmentmethode, kleine, aber profitable Chancen aufzuspüren, und zwar bei normalerweise mit niedrigen Risiken verbundenen Arbitragetrades, die andere übersehen hatten. Sie schafften einen atemberaubenden Start und fuhren in den ersten beiden Jahren für ihre Investoren jährliche Renditen von mehr als 40 Prozent ein. Es stellte sich allerdings heraus, dass die hochkomplizierten mathematischen Modelle der Firma, die in den ersten Jahren ausgesprochen gut funktionierten, den außergewöhnlichen Währungsschwankungen des Jahres 1998 nicht gewachsen waren.

Was das Problem noch verschärfte: Obwohl der Fonds für die Verhältnisse an der Wall Street relativ klein war – ein paar Milliarden Dollar an Investorenkapital –, arbeitete er mit enormer Hebelwirkung, hatte sich etwa 125 Milliarden Dollar geliehen und investierte diese Mittel in Derivatepositionen wie Zinsswaps und langfristige Optionen mit einem theoretischen Wert von nahezu 1,25 Billionen Dollar. LTCM hatte so hohe Kredite aufgenommen, dass die Pleite des Fonds einen Dominoeffekt auszulösen drohte, bei dem die größten Gläubiger ebenfalls pleitegehen würden – und das wiederum würde Pleiten bei weiteren Gläubigern auslösen. Manche argumentierten – wahrscheinlich mit Recht –, dass das gesamte Finanzsystem wegen der missglückten Wetten eines relativ kleinen Hedgefonds auf der Kippe stand.

Alan Greenspan – den man heute für die Ereignisse verantwortlich macht, welche die Finanzkrise von 2008 auslösten – wurde damals für die Rolle gepriesen, die er bei der Rettung der Volkswirtschaft spielte. Er half nicht nur dabei, die Rettung von LTCM durch die größten Gläubiger zu organisieren, sondern er vollzog auch einen dramatischen Richtungswechsel der Geldpolitik vom Anziehen der Zinszügel hin zu einer Lockerung. Die Leitzinsen wurden in kurzer Zeit dreimal gesenkt, um die Wirtschaft anzukurbeln. Die amerikanische Konjunktur reagierte positiv auf diese Maßnahmen, die Konsumenten gaben wieder mehr Geld aus. Volkswirtschaften rund um den Globus stabilisierten sich auf ähnliche Weise. Den Asiaten halfen zunehmende Käufe der amerikanischen Verbraucher, und die russische Konjunktur profitierte von gesteigerter Rohstoffnachfrage aus den USA und Asien.

Eine Lektion aus dem Zusammenbruch von LTCM ist wohl, dass Finanzmodelle unter Extrembedingungen große Probleme verursachen können. Diese Bedingungen werden manchmal als »Six-Sigma-Ereignisse« bezeichnet, weil sie so weit von der Standardabweichung einer statistischen Normalverteilung entfernt sind. Schließlich hatte LTCM ja extrem gut abgeschnitten, bis die Dominosteine zu fallen begannen und Ereignisse von katastrophalen Ausmaßen auslösten, die keines der Modelle auch nur entfernt für möglich gehalten hatte.

Roger Lowenstein beschreibt in seinem Buch *Der große Irrtum* ein Beispiel dafür. Es handelte sich um eine ungehörige Wette auf die doppelt gelistete Aktie von Royal Dutch Shell. Der Fonds kaufte die eine Aktie und verkaufte die andere in der Erwartung, die Kursdifferenz zwischen beiden werde sich verringern. Stattdessen weitete sich die Differenz von bereits extremen 8 bis 10 Prozent bis zu einem noch nie dagewesenen Niveau von 20 Prozent aus – weit über der Kursspanne, die irgendein Modell damals für möglich hielt. Die ungünstige Kursbewegung an sich war schon schlimm genug, aber durch die Hebelwirkung wurde der Schaden noch massiv vergrößert.

Einige Analysten wie Nassim Taleb, Autor der Bestseller *Der Schwarze Schwan* und *Narren des Zufalls*, haben argumentiert, die Grundannahmen vieler statistischer Modelle seien dadurch verfälscht, dass die Häufigkeit von Extremereignissen nicht erkannt wird. Wir halten es aber für lehrreicher, Extremergebnisse als das Scheitern der Grundannahmen zu sehen, die die Mehrheit akzeptiert hat. Von dem britischen Philosophen Bertrand Russell gibt es eine geistreiche Anekdote: Russell bat einen Gesprächspartner, eine falsche Annahme (oder ein falsches Axiom) aufzustellen, und versprach, er werde dann beweisen, dass er (ein überzeugter Atheist) und der Papst ein und dieselbe Person seien. Die prompte Vorgabe seines Gegenübers lautete, eins und eins ergäben eins. Russell antwortete: »Ich bin einer, der Papst ist einer, daher sind wir tatsächlich einer.«

Wir wollen damit sagen, dass Sie keine höhere Mathematik benötigen, um zu sehen, wo LTCM falschlag. Es trifft wahrscheinlich zu, dass man jede schreckliche Fehlberechnung auf eine falsche Annahme oder ein falsches Axiom zurückführen kann. Im Fall von LTCM erwies sich die Annahme als falsch, dass Irrationalität – kurzfristig und wegen extremer Ereignisse – genau definierte Grenzen aufweise. Die allgemeine Botschaft lautet allerdings: Egal wie leistungsstark Ihr Computer ist – er ist nutzlos, wenn Sie die grundlegenden Variablen nicht beherrschen, die Ihre Welt definieren. Und im Fall von LTCM war die Power der Computer mehr als nur nutzlos.

Wurde die Lektion gelernt? Leider nicht; das gilt zumindest für die USA.

## Kritische Annahmen in einer sich verändernden Welt

Zwischen 1998 und 2008 schlugen die chinesische und die amerikanische Wirtschaft völlig unterschiedliche Richtungen ein. Die Chinesen blieben dem Weg treu, den sie nach den Tiananmen-Ereignissen eingeschlagen hatten: Starkes und dauerhaftes Wachstum wurde von weiter zunehmender Privatisierung begleitet. Sogar Unternehmen, die von der Regierung kontrolliert wurden, wie zum Beispiel PetroChina, wurden beim Management ihrer Geschäfte viele Freiheiten eingeräumt. In der ersten Phase dieser zehn Jahre kaufte der Superinvestor Warren Buffett einen großen Anteil an PetroChina. Das kam einer bedeutenden Unterstützung des öffentlich-privaten Managements gleich, das eine ganze Anzahl großer chinesischer Unternehmen kennzeichnete. Buffett wurde nicht enttäuscht, als er seine Chance nutzte: Mit seinen Aktien gewann er über 2 Milliarden Dollar.

Chinas Wachstum konzentrierte sich auf die Industrie und die Infrastruktur. In der Industrie konnte es von seinen sehr billigen Arbeitskräften profitieren und wurde zum größten Exporteur der Welt. Das Land investierte zudem enorme Summen in den Aufbau seiner Infrastruktur. Ein Grund dafür war die Schaffung einer Verbindung zwischen der vielköpfigen armen Landbevölkerung und den wohlhabenderen Städten. Es gab auch noch andere Gründe für die enormen Infrastrukturprojekte, aber darauf kommen wir später noch zu sprechen.

Eine Folge des Wachstums in China und in anderen Entwicklungsländern waren die 2000 zu beobachtenden explosiven Steigerungen der Rohstoffpreise. Den meisten Leuten kommt Öl in den Sinn, wenn vom Rohstoffboom der letzten Jahre die Rede ist. Und es trifft auch zu, dass Öl in vielerlei Hinsicht die Schlüsselrolle unter den Rohstoffen einnimmt. Der Wert des konsumierten Öls ist höher als der irgendeines anderen Rohstoffs. Daher bekam Öl aus vielen guten Gründen die meisten Schlagzeilen. Aber nicht nur die Ölpreise stiegen in diesen Jahren massiv an – das traf auch für fast alle anderen Rohstoffe zu. Zum Beispiel bewegten sich die Preise für Eisenerz fast im Gleichschritt mit Öl. Kupfer, das oft als wichtigster vorauslaufender Konjunkturindikator gilt, stieg vom Tief 2001 bis zum Hoch 2008 etwa um das Siebenfache. Und so lief es bei fast allen Rohstoffen.

Ein Punkt, den wir gar nicht genug betonen können, ist, dass es zwischen den Rohstoffen gegenseitige Abhängigkeiten gibt, die man nicht voneinander trennen kann. Wenn der Ölpreis steigt, dann steigen auch die Transportkosten für Eisenerz, die Kosten der Kupferförderung, und im Rahmen eines sich selbst verstärkenden Zyklus steigen auch die Kosten der Exploration neuer Ölvorkommen und anderer fossiler Brennstoffe. Wie im letzten Kapitel dargelegt, trifft es zu, dass man fast alle Probleme löst, wenn man das Energieproblem löst. Die Crux an der Sache ist allerdings, dass man, um das Ölproblem zu lösen, auch das Problem der Seltenheit vieler anderer Rohstoffe angehen muss.

Der Run im Rohstoffsektor während der letzten Jahre wurde nicht von etwas begleitet, das man auf der Basis geschichtlicher Erfahrungen erwarten konnte. Im Gegensatz zu den 1970er-Jahren, als das amerikanische Wirtschaftswachstum trotz zweier Rezessionen insgesamt recht stark war, fiel das Wachstum bis 2008 bestenfalls mittelmäßig aus. Und wenn man die letzten beiden Jahre des Jahrzehnts mit einbezieht, war das Wachstum das langsamste seit der Großen Depression. Obwohl die Preise der Rohstoffe nach der Krise von 2008 stark fielen, stellten sie dennoch das beste Investment des Jahrzehnts dar. Diese Diskrepanz zwischen den Rohstoffpreisen und dem Wachstum in den USA hatte es noch nie gegeben.

Wahr ist auch, dass die steigenden Rohstoffpreise nicht zu einem scharfen Inflationsanstieg in den USA führten. Zumindest nicht bis 2008, als die Inflation sich der Marke von 5 Prozent annäherte. Der Grund für den Mangel an Wachstum und die relativ niedrige Inflation war der gleiche: Die Quelle der steigenden Rohstoffpreise lag nicht in den USA. Ursache war das steigende Wachstum in China und in anderen Entwicklungsländern. In der Tat hatten die USA die Kontrolle über die eigene Wirtschaft verloren. Übernommen hatten diese Kontrolle die Entwicklungsländer, deren Wachstum die Verfügbarkeit von Ressourcen massiv einschränkte.

Eine Analogie mag dies verdeutlichen: Stellen Sie sich zwei Gärten vor. Der eine wird von jemandem gepflegt, der den berühmten grünen Daumen hat, der andere von jemandem, der kaum in der Lage ist, Unkraut anzubauen. Für den Mann mit dem grünen Daumen könnten höhere Düngerpreise tatsächlich ein Erfolgszeichen sein. Für den armen Kerl mit dem braunen Daumen sind diese höheren Preise dagegen nichts anderes als eine konfiskatorische Steuer. Und so ist es auch im Verhältnis zwischen den USA und China sowie anderen Entwicklungsländern: Höhere Rohstoffpreise entstanden durch Chinas starke Nachfrage. Für die USA dagegen haben die steigenden Rohstoffpreise lediglich die Betriebskosten erhöht – ohne einen entsprechenden Zuwachs des Bruttoinlandsprodukts. Denken Sie auch daran: Wenn unser armer Gärtner mit dem braunen Daumen entschlossen ist, sich einen bestimmten Lebensstil zu bewahren, hat er nur eine Chance: Er muss sich immer mehr Geld leihen. Kommt Ihnen das bekannt vor?

Hinsichtlich der deflationären Auswirkungen der steigenden Rohstoffpreise auf die Volkswirtschaft ist es bemerkenswert, dass die Fed nur etwa einen Monat vor dem Zusammenbruch von Lehman Brothers, der die Finanzkrise in Bewegung setzte, darüber nachdachte, die Leitzinsen zu erhöhen, um die Inflation einzudämmen. Steigende Rohstoffpreise, und insbesondere steigende Ölpreise, bremsen die amerikanische Wirtschaft. Sie verlangsamten sie bereits in einem Ausmaß, dass wir schon mehr als sechs Monate in einer Rezession steckten, als Lehman kollabierte, obwohl das Business Cycle Dating Committee des National Bureau of Economic Research das noch nicht offiziell bekannt gegeben hatte. Dennoch debattierte die Fed tatsächlich darüber, ob sie die Leitzinsen erhöhen sollte, als die Wirtschaft unbedingt niedrigere Zinsen brauchte, um die Rezession zu bekämpfen. Die Botschaft einer sich verändernden Welt wurde von der Fed vollständig überhört.

Die Politiker hatten nicht nur die Makro-Botschaft verpasst, sondern sie waren sich auf einem Mikro-Niveau auch nicht der sprichwörtlich falschen Annahme bewusst, die viele quantitativ orientierte Analysten an der Wall Street ebenfalls ignoriert hatten. Die Krise im Wohnhäuserbereich ist bereits gut dokumentiert; daher werden wir sie hier nicht noch einmal diskutieren. Aber wir müssen darauf hinweisen, dass all die Finanzkonstruktionen, alle Derivate, die sich so schrecklich entwickelt haben, mit einer kritischen Annahme konzipiert wurden: nämlich dass die Häuserpreise, die nach dem Zweiten Weltkrieg nominell niemals gesunken waren, weiterhin nicht sinken würden. Ebenso wie bei LTCM war auch dies ein Fall unangebrachten Vertrauens in Computer. Es wurden Finanzinstrumente geschaffen, die kein normaler Mensch vollständig verstehen konnte, ehe er bemerkte (größtenteils erst im Nachhinein), dass auch sie auf falschen Annahmen beruhten. Die Computer liefen auf höchster Leistungsstufe – ohne Verständnis der Variablen, die der Situation zugrunde lagen.

Wir gestehen, dass auch wir 2007 und 2008 nicht glaubten, dass die Häuserpreise markant sinken würden. Wir waren sicher – so sicher, wie man sein kann, wenn es um ökonomische Themen geht –, dass die Fed alles Nötige tun würde, um sicherzustellen, dass die Preise stabil bleiben würden. Als die Fed politische Maßnahmen traf (stabile Leitzinsen angesichts steigender Rohstoffpreise), die sich 2008 de facto als restriktiv erwiesen, gingen wir davon aus, dass sie die Situation unter Kontrolle hatte. Warum waren wir so sicher? Werfen Sie einfach einen Blick auf ein paar Zitate aus unserem früheren Buch *The Coming Economic Collapse*, das 2006 veröffentlicht wurde:

> *»Sollten die Häuserpreise plötzlich zu fallen beginnen, könnte das Ergebnis leicht der Teufelskreis sein, der allen anderen Teufelskreisen ein Ende setzt. … Könnten die Politiker eine Rettung aus einer solchen Situation finden? Natürlich wäre es eine weitaus größere Herausforderung als die Rettung der Volkswirtschaft nach einer Technologieblase. Das würde enorm viel Geld kosten. Die Leitzinsen würden wahrscheinlich bis auf null sinken. Die Regierungsausgaben würden unvorstellbare Höhen erreichen. Mit anderen Worten: Würde die Wirtschaft dies überleben, wäre die Verschuldung danach viel höher als vorher. Zudem hätten wir immer noch dieses schreckliche Inflationsproblem, eine Energieknappheit und die Aussicht auf scharf steigende Ölpreise.«*

Unser Fehler bestand darin, dass wir die Fehlbarkeit unserer Wirtschaftspolitiker nicht einkalkulierten. Da die Folgen sinkender Häuserpreise derart dramatisch waren, hätten wir uns nie träumen lassen, dass die wichtigsten Entscheider sie zulassen würden. Diese Lektion haben wir gründlich gelernt.

Es gibt aber keine Hinweise darauf, dass die Politiker endlich gelernt haben, dass die wirklichen Probleme für die massive Bedrohung unseres Lebensstils im Rohstoffsektor zu finden sind. Leider agiert Amerika immer noch so, als sei es noch nicht davon überzeugt, dass sogar Öl eine strategische Bedrohung seiner Wirtschaft darstellt. Und das wurde durch den festen Glauben noch verschlimmert, die Häuserkrise werde sich auf die sogenannten Subprime-Hypotheken beschränken. Aber die außergewöhnliche Komplexität der Finanzinstrumente machte es sogar für die besten Köpfe der Wall Street unmöglich zu verstehen, welche gegenseitigen Verbindungen zwischen dem gesamten Häusermarkt und dessen Subprime-Segment bestehen.

Wenn wir uns ansehen, wie die Chinesen auf die Krise von 2008 reagierten, gibt es keine Zweifel, dass sie sich der Tatsache nur noch bewusster geworden waren, dass der Mangel an Rohstoffen mit weitem Abstand das entscheidende Thema unserer Zeit ist. Und nicht nur das. Das chinesische Finanzsystem war recht einfach und direkt, jeder Politiker konnte jede einzelne Aktion verstehen. Computer wurden in China als Werkzeuge verwendet, nicht als Dinge, die künstlichen Reichtum schaffen. Mit anderen Worten: Chinas Konzentration auf die langfristige Gesundheit seiner Wirtschaft und seine Weigerung, Computern die Kontrolle zu überlassen, stellte sicher, dass 2008 für das Reich der Mitte eher eine Chance als eine Katastrophe war.

Es gibt aber noch einen anderen Punkt, der sich auf Computer und das Wohlergehen der Gesellschaft bezieht. China verfügt hier über einen entscheidenden Vorteil, der erklärt, warum das Land Finanzkatastrophen vermieden hat. Aktienmärkte – im Prinzip fast alle Finanzmärkte – sind für die Ansammlung von Ressourcen gedacht. Wenn sie ihren Daseinszweck verlieren – wenn Aktien keine Kurse aufweisen, die nicht zu ihren langfristigen Aussichten passen, wenn Anleihen Wirtschaftswachstum und Inflation nicht mehr reflektieren oder wenn Rohstoffe so bepreist sind, dass die Produzenten kein Hedging betreiben können –, kommt es zu ernsten Problemen.

In Amerika wurden die meisten Märkte am Ende des letzten Jahrzehnts zu Casinos – und sie funktionieren immer noch so. Es gibt dort eine Unzahl von Rouletterädern, bei denen sich für diejenigen, die das Casino leiten, überwältigend hohe Gewinne ansammeln – für die Wall Street mit ihren Hochleistungscomputern. Nach einigen Zählungen umfasst das computerbasierte Trading mehr als 50 Prozent der Tagesumsätze an der New York

Stock Exchange. Die Strategien des sogenannten Hochfrequenz-Handels (*high-frequency trading*, HFT) sind computerbasierte Tradingaktivitäten die, vereinfacht ausgedrückt, Kursdifferenzen ausnutzen, die an den Märkten nur für Sekundenbruchteile existieren. Die Programme verlassen sich auf sehr komplexe Algorithmen, um Chancen aufzuspüren. Die Computer generieren Gewinne für ihre Betreiber, indem sie schnell große Mengen von Aktien kaufen und verkaufen.

Das Problem mit HFT ist, dass es keinen wirklichen Wohlstand schafft. Stattdessen belohnt es nur Leute dafür, das System zu täuschen, ohne Jobs zu schaffen oder irgendeinen Nutzen für die Welt zu kreieren. Schlimmer ist, dass HFT die Gesellschaft in ihrer Gesamtheit schädigt, weil Kapital von Unternehmungen und Individuen – zum Beispiel innovativen Wissenschaftlern – und von Investoren wegbewegt wird. Zudem verleidet es der Öffentlichkeit Investitionen in Aktien, weil Durchschnittsanleger wissen, dass sie es mit den Computern nicht aufnehmen können. Je manipulierter ein Markt aussieht, desto mehr legitimes Kapital wird von ihm abgezogen und desto schwerer fällt es guten Unternehmen, Kapital einzusammeln.

Im Gegensatz dazu funktionieren die chinesischen Märkte so, wie sie es tun sollten. Chinas Aktienmärkte haben die Aufgabe, Kapital für Firmen einzusammeln, die es verdienen. Mittelsmänner spielen zwar eine Rolle, aber sie sind den gut motivierten Käufern und Verkäufern völlig untergeordnet.

Aus den Unterschieden zwischen China und den USA kann man noch eine weitere lehrreiche Lektion ableiten. Während des größten Teils des Jahres 2010 wartete eine Gruppe amerikanischer Investoren auf den unvermeidlichen Kollaps der Häuserpreise in China, die ein extrem hohes Niveau erreicht hatten. Aber im Gegensatz zu den USA wurde der dortige Immobilienboom nicht von wildem Fremdkapitaleinsatz oder von Finanzinstrumenten angetrieben, nicht einmal von den Leuten, die sie geschaffen hatten. Folglich wurde die sogenannte chinesische Häuserpreisblase durch sehr konzentrierte Maßnahmen der Regierung gezähmt statt durch einen Kollaps, den die Amerikaner für unvermeidlich hielten. In den USA war ein konzentriertes Vorgehen 2008 nicht möglich – selbst als die Fed diesen Weg einschlagen wollte –, weil alles so eng mit allem verbunden war.

## Die kurze und die lange Zeitperspektive

Man bekommt nicht oft eine zweite Chance. Nach dem 11. September haben wir sicherlich eine Chance verpasst, unsere Energieprobleme zu korrigieren. Und wir haben diese Chance auch nicht ergriffen, als sie sich nach der Finanzkrise 2008 noch einmal bot.

Das amerikanische Stimulierungspaket im Umfang von knapp 800 Milliarden Dollar war das erste Gesetz, das ein neuer Präsident auf den Weg brachte. Das hochgesteckte Ziel war, in parteipolitisch neutraler Weise das zu überwinden, was man allgemein für die schlimmste Wirtschaftskrise seit der Großen Depression hielt. Der Schwerpunkt lag auf kurzfristigen Erfolgen und auf der schnellstmöglichen Verabschiedung des Gesetzespakets. Der Planentwurf wurde dem Repräsentantenhaus überlassen. Das Ergebnis war ein Mischmasch verschiedener Programme, die längerfristige Prioritäten kaum berücksichtigten. Trotz der allgemein anerkannten Wirtschaftskrise verlief die Abstimmung über das Paket völlig einseitig. Tatsächlich unterstützte kein einziger Republikaner die Maßnahmen, die viele für Amerikas wirtschaftliches Überleben für unverzichtbar hielten.

Am enttäuschendsten war vielleicht die Entscheidung im Kongress, dass fast jede Ausgabe eine gute Ausgabe sei. Der Großteil der Finanzmittel ging an die Konsumenten und an Projekte zur Steigerung der Konsumausgaben. Langfristige Investitionen nahmen einen vergleichsweise unbedeutenden Teil des Pakets ein; nur sehr wenig Kapital floss in die Lösung unseres Energieproblems. Man missachtete die Tatsache, dass wir fast ein ganzes Jahrzehnt hinter uns hatten, in dem steigende Energie- und Rohstoffpreise das Wirtschaftswachstum gebremst hatten und zweifellos zumindest teilweise für den immensen Schuldenaufbau in unserer Wirtschaft verantwortlich waren. Zieht man unsere oben geschilderte Gartenanalogie heran, so gab es kaum einen Zweifel, dass der amerikanische Verbraucher nicht nur mit einem braunen Daumen gestraft, sondern auch dazu entschlossen war, seinen Lebensstandard sogar noch zu steigern. Natürlich hatte er keine andere Chance, als sich weiter zu verschulden.

Dem Datenmaterial zufolge flossen etwa 12 Prozent des Stimulierungspakets in die Energie. Der größte Teil dieser Summe wurde in den Bau energieeffizienterer Häuser investiert. Wir haben nichts gegen Gebäude, die weniger Energie verbrauchen. Aber leider weist dies nicht den Weg in eine Wirtschaft, die Unabhängigkeit von nicht erneuerbaren Energien anstrebt. In einer Welt mit wachsendem Energiekonsum bedeutet weniger Verbrauch in den USA nur mehr Verbrauch in anderen Ländern. Zum Beispiel ist zwischen 2000 und 2009 der Ölverbrauch in den USA kaum gestiegen, aber die Ölpreise stiegen um ein Mehrfaches – aufgrund des erhöhten Konsums in China und anderen Entwicklungsländern.

Das chinesische Stimulierungspaket unterschied sich in fast jeder Hinsicht dramatisch von unserem Ausgabenplan. Zunächst war es in relativen Zahlen wesentlich umfangreicher: Es umfasste fast 18 Prozent des Bruttoinlandsprodukts des Landes, während es in den USA nur etwa 5 Prozent waren. Dieser Unterschied wurde durch die Tatsache noch vergrößert, dass sich die chinesische Wirtschaft in einem wesentlich besseren Zustand befand als die amerikanische. Beispielsweise war das chinesische Bankensystem viel stärker als das der USA und konnte neue Kredite schaffen, während unsere Banken ihre Kreditportfolios reduzierten, um ihre geschwächten Bilanzen aufzupäppeln.

Neben dem Umfang der beiden Pakete gab es noch weitere eklatante Unterschiede. Das chinesische Paket widmete fast 40 Prozent seines Volumens der Entwicklung erneuerbarer Energien. Wenn man abzieht, was die USA in Energieeffizienz investierten, bedeutete dies in absoluten Zahlen, dass die Chinesen mehr als viermal so viel Geld in erneuerbare Energien steckten wie die USA. Noch auffälliger: Obwohl die chinesische Wirtschaft nur etwa 5 Prozent der Weltwirtschaft entsprach, ergaben ihre geplanten Investitionen in erneuerbare Energien mehr als 50 Prozent der weltweiten Stimulierungsausgaben in dieser Kategorie.

Letztlich kann niemand genau einschätzen, wie viel Geld welches Land wofür ausgegeben hat. In den USA waren eine kurzfristige Problemlösung und politisches Posieren gefragt. Die Chinesen betrachteten ihre Stimulierungsausgaben als weit mehr als nur eine kurzfristige Notwendigkeit. Vielmehr verfolgten sie das Ziel, die Mittel für eine sauberere, nachhaltige Wirtschaft zu schaffen. Hätten sie so viel für Verteidigung wie für alternative Energien ausgegeben, dann hätten die USA dies fast mit Sicherheit bemerkt und entsprechend reagiert.

Das bringt uns noch einmal zurück zu dem Psychologen Richard Nisbett. Wenn sich der Krieg nicht direkt vor unseren Augen abspielt, wenn wir die Bedrohung nicht klar und zweifelsfrei identifizieren können, reagieren wir wahrscheinlich nicht. Andererseits stellten die Chinesen eine massive Bedrohung ihrer Volkswirtschaft fest und unternahmen alles, was in ihrer Macht stand, um dagegen zu kämpfen.

Ironischerweise haben einige Analysten argumentiert, dass das Wachstum in China viel zu sehr mit Investitionen verbunden sei und dass es daher fast zwangsläufig zu Spekulationsblasen kommen müsse. Diese gingen über die Immobilienblasen in manchen Städten hinaus. Hier geht es darum, wie viel das Land in Straßen, Stahlwerke, Eisenbahnen, städtische Zentren und dergleichen investiert. Es wurde argumentiert, es habe noch nie ein Land gegeben, in dem die Investmentausgaben einem so hohen Anteil des Wirtschaftswachstums entsprachen. Und das stimmt auch, wenn man nur Volkswirtschaften in Friedenszeiten betrachtet. Aber diese Annahme ist völlig falsch, wenn man zum Beispiel die USA im Zweiten Weltkrieg untersucht. Damals entsprachen die Investitionsausgaben einem noch höheren Prozentsatz des Bruttoinlandsprodukts, als es heute in China der Fall ist.

Unser Argument lautet, dass die Notwendigkeit der Umstellung von nicht erneuerbaren auf erneuerbare Energien so angegangen werden muss wie ein Krieg, in dem die gesamte Volkswirtschaft davon abhängt, ob wir gewinnen oder verlieren.

# Kapitel 11
# Das andere entscheidende Metall: Gold

Die Chinesen interessieren sich nicht nur für Metalle und Mineralien, die mit Energieproduktion zu tun haben. Wenn man sich die Handlungen der chinesischen Notenbank (People's Bank of China, PBoC) und die jährliche Goldförderung des Landes relativ zu den Reserven ansieht, dann ist Gold für die Chinesen wahrscheinlich das am stärksten begehrte Metall.

Trotz teils widersprüchlicher Botschaften seitens der PboC-Vertreter, die erklärt haben, Gold sei zwar ein gutes, aber kein großartiges Investment, scheint klar zu sein, dass China Gold akkumulieren will – so viel und so schnell wie möglich. Zum Beispiel argumentierten Ende 2009 einige Repräsentanten der PBoC, der Goldmarkt sei zu volatil und zu klein, um ein großer Teil der chinesischen Währungsreserven sein zu können, die damals mit 2,4 Billionen Dollar bewertet waren. Gleichzeitig wurde Ji Xiaonan, ein führender Offizieller, der bei der Regulierung staatlicher Unternehmen eine wichtige Rolle spielt, in der chinesischen Presse mit der Aussage zitiert, dass die chinesischen Goldreserven innerhalb von drei bis fünf Jahren auf 6000 Tonnen und innerhalb von zehn Jahren auf 10.000 Tonnen steigen sollten. Das sind gewaltige Zahlen, verglichen mit den offiziellen Reserven von 2009, die 1054 Tonnen betrugen. Zum Vergleich: Heute besitzen die USA mit etwa 8100 Tonnen die weltweit höchsten Goldreserven.

Interessanterweise lautete einer der Einwände der PBoC gegen Gold, der weltweite Gesamtmarkt – etwa 5 Billionen Dollar – sei zu klein, um für Chinas Gesamtreserven eine bedeutende Rolle zu spielen. Aber Gold zum doppelten Preis – in Übereinstimmung mit den massiven Käufen der Chinesen – wäre nicht mehr zu klein. Bei näherer Betrachtung bestand kein Widerspruch zwischen den beiden Aussagen.

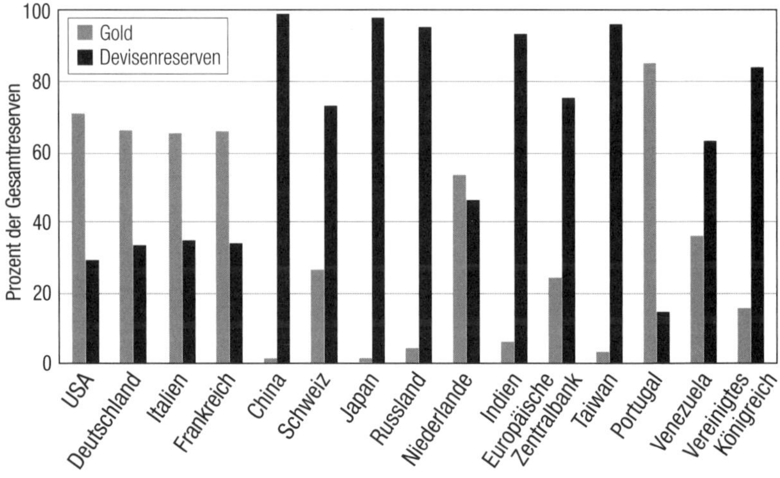


**Die höchsten offiziellen Goldreserven**
*Quelle: Internationaler Währungsfonds, World Gold Council*

China will nicht nur die Goldbestände der Regierung aufstocken, sondern es fordert auch seine Bürger zu Goldkäufen auf. Eine steigende Anzahl von Banken hat die Lizenz erhalten, das Edelmetall zu verkaufen. Außerdem haben Werbespots im chinesischen Fernsehen regelmäßig Gold als interessantes Investment herausgestellt. Wenn ein chinesischer Bürger eine Bank betritt und dort Gold kaufen will, wird ihm buchstäblich ein roter Teppich ausgerollt: Der Verkäufer präsentiert ihm auf einer roten Filzmatte Gold in verschiedenen Gewichten. Die Gewichte reichen vom Bruchteil eines Kilos bis zu Ein- oder Zwei-Kilo-Barren. Man kann das Gold problemlos in der Bank kaufen und es gleich dort aufbewahren lassen.

Denken Sie an Tiffany & Co., dann erhalten Sie eine Vorstellung davon, wie ein typischer chinesischer Bürger behandelt wird, wenn er Gold kauft. Aber vergessen Sie Tiffany's, wenn Sie dessen Gewinne mit den Gewinnen einer chinesischen Bank vergleichen wollen. Nach unseren Quellen verdienen die Banken höchstens 1 Prozent. Man kann auch in den USA von zahlreichen akkreditierten Händlern Gold kaufen, aber Ihre Chance, es mit einem kleineren Discount relativ zum Materialwert kaufen zu können als die Chinesen, ist sehr gering, wenn sie überhaupt existiert. Und es ist viel leichter, in China eine ehrliche Bank als in Amerika einen ehrlichen Händler zu finden.

| Land | Produktion 2008* | Produktion 2009* | Reserven* | Prozentsatz der Reserven |
|---|---|---|---|---|
| China | 285 | 300 | 1900 | 15,8 |
| Peru | 180 | 180 | 1400 | 12,9 |
| Kanada | 95 | 100 | 1000 | 10,0 |
| USA | 233 | 210 | 3000 | 7,0 |
| Papua-Neuguinea | 62 | 65 | 1200 | 5,4 |
| Ghana | 75 | 85 | 1600 | 5,3 |
| Usbekistan | 85 | 85 | 1700 | 5,0 |
| Andere Länder | 446 | 460 | 10.000 | 4,6 |
| Mexiko | 50 | 55 | 1400 | 3,9 |
| Australien | 215 | 220 | 5800 | 3,8 |
| Russland | 176 | 185 | 5000 | 3,7 |
| Südafrika | 213 | 210 | 6000 | 3,5 |
| Indonesien | 60 | 100 | 3000 | 3,3 |
| Brasilien | 50 | 50 | 2000 | 2,5 |
| Chile | 39 | 40 | 2000 | 2,0 |
| **Welt gesamt (gerundet)** | **2260** | **2350** | **47.000** | **5,0** |

* in Tonnen

**Goldproduktion als Prozentsatz der Reserven**
*Quelle: U.S. Geographical Survey*

Zusätzlich zu Goldkäufen am Weltmarkt sind die Chinesen begierig darauf, innerhalb ihrer Grenzen jede Unze des Edelmetalls aus dem Boden zu holen. Obwohl ihre Reserven an ungefördertem Gold viel kleiner sind als die vieler anderer Länder – zum Beispiel nicht einmal halb so hoch wie die Südafrikas –, war China in den vergangenen Jahren der bei Weitem größte

Goldproduzent der Welt. 2010 förderten die Chinesen mehr als 15 Prozent ihrer Goldreserven. Im historischen Vergleich liegt der höchste Fördersatz irgendeines Metalls bei etwa 10 Prozent der Reserven. Ein solch hoher Satz wie 15 Prozent war bislang unbekannt.

Der Drang des Landes nach Gold war so intensiv, dass die Zahl der Minenunglücke ständig steigt. Die Dinge verschlimmerten sich derart, dass Zijin Mining, der größte Goldproduzent des Landes, gezwungen wurde, die Förderung in mehreren seiner Minen einzustellen. Es gab auch mehrere Berichte über tödliche Unfälle in anderen Goldminen. Und die bekannt gewordenen Unfälle im Land sind höchstwahrscheinlich nur die Spitze des Eisbergs. Es ist einfach nicht möglich, einen so großen Teil der Reserven abzubauen, ohne dass es immer häufiger zu Unglücken kommt.

Wie wir in Kapitel 2 erörtert haben, ist China begierig auf jedes Stück Elektromüll, und ein Teil dieses Mülls enthält Gold. Das ist nur ein geringfügiger Grund, warum man nicht einmal abschätzen kann, wie viel Gold die Chinesen tatsächlich besitzen. Aber das Gold aus dem Müll ist kaum der Rede wert, wenn es darum geht, was die chinesische Regierung und ihre Bürger inzwischen akkumuliert haben.

## Ein Asset für alle Wetterlagen

Aus unserer Sicht ist klar, dass die Chinesen entschlossener als vielleicht jedes andere Land sind, sehr große Goldreserven anzuhäufen. Wenn man sich die hohen Förderraten ansieht, die einmalige Entschlossenheit der Regierung, ihre Bürger von Goldkäufen zu überzeugen, und die Initiative gegenüber dem World Gold Council (die Handelsorganisation der führenden Goldproduzenten), Produkte zu entwickeln, die mit Gold zu tun haben, sind dies alles solide Beweise, dass die Chinesen stärker als jedes andere Land darauf aus sind, Gold zu akkumulieren.

Hierfür gibt es einige überzeugende, miteinander verbundene Ursachen. Der nächstliegende lautet, dass Gold billig ist. Ja, trotz des enormen Preisanstiegs in den vergangenen Jahren ist Gold immer noch billig. Bedenken Sie dazu Folgendes:

Seit Anfang des 21. Jahrhunderts haben sich nur wenige Investitionen als profitabel erwiesen. Die Ausnahmen waren Aktien aus den sich entwickelnden Ländern wie China und Indien, Rohstoffe und Aktien aus Ländern, die zu den Netto-Exporteuren von Rohstoffen gehören, wie Kanada und Australien. Aber sie alle blieben hinter Gold zurück, das eine bessere Performance aufwies als praktisch alle anderen Investments.

Seit 2001 sind die Goldpreise in jedem Jahr gestiegen. Ab dem Tief bei etwa 250 Dollar Ende der 1990er-Jahre sind die Preise um ungefähr das Fünffache nach oben geklettert. Die jährliche Rendite seit 2001 betrug etwa 17 Prozent. Das liegt weit über der Inflationsrate und den Renditen so gut wie aller anderen Investments. Keine andere bedeutende Assetklasse war in diesem Zeitraum so profitabel.

Zudem war das letzte Jahrzehnt kein einzigartiges Ereignis. In den 5000 Jahren, die es schon für seine Schönheit und Dauerhaftigkeit gepriesen wird, hat Gold den Test durch die Zeit bestanden. In den USA wird es seit den frühen 1970er-Jahren öffentlich gehandelt, und seither hat es ähnliche Renditen erreicht wie der S&P 500. Tatsächlich wiesen zur Entstehungszeit dieses Buches Gold und S&P 500 (einschließlich Dividenden) über zwei Generationen fast die gleiche Rendite auf!

Traditionell haben Investoren Gold als Inflationsschutz betrachtet. In den 1970er-Jahren spielte es sicherlich diese Rolle. Gold ist aber mehr als nur ein Inflationsschutz oder ein Werkzeug zur Diversifizierung. Es ist auch ein wirkungsvoller Schutz vor Deflation. Wenn Sie sich ein Bild machen wollen, wie Gold langfristig abgeschnitten hat, müssen Sie sich nur die Geschichte von Homestake Mining ansehen. Dieses Goldunternehmen, das heute zu Newmont Mining gehört, wurde seit 1879 gehandelt und war länger an der Börse notiert als jedes andere Unternehmen. In der deflationären Phase der Großen Depression, also in den Jahren von 1929 bis 1936 (als Aktien allgemein sehr stark an Wert verloren), kletterte Homestakes Aktienkurs von 65 auf 544 Dollar. Der Goldpreis stieg auch in der deflationären Phase von

1814 bis 1830 um 100 Prozent. Die Preissteigerungen des Metalls seit Beginn dieses Jahrhunderts wurden ebenfalls unter deflationären Bedingungen in den Entwicklungsländern erreicht.

In der Tat ist es so: Wenn wir ein wenig gründlicher nachforschen, erkennen wir, dass Gold nicht wirklich ein Inflationsschutz ist, sondern ein Schutz vor der Entwertung von Währungen – vor allem, was den US-Dollar betrifft. Gold funktioniert eher wie eine Währung als wie ein Rohstoff – vor allem in Zeiten, die von Zweifeln über Papierwährungen geprägt sind. Historisch wurde es meist als Geld verwendet, und es ist immer noch das ultimative Geld, wenn alle Währungen scheitern. Später mehr dazu.

Sowohl Inflation als auch Deflation können zur Entwertung von Währungen führen, und deshalb lassen beide Phänomene die Goldpreise steigen. Die Goldpreise schossen in den 1970er-Jahren nach oben, als massiv steigende Ölpreise und Preissteigerungen anderer Rohstoffe zu höheren Lebenshaltungskosten und folglich zu einem schwächeren Dollar führten. Heute versuchen Regierungen auf der ganzen Welt, die Deflation zu bekämpfen (die, wie im Vorwort angemerkt, ironischerweise durch steigende Rohstoffpreise verursacht wird), und ebenso kämpfen sie gegen eine Rezession, indem sie ihre Währungen durch massive Liquiditätsspritzen und Ausgaben entwerten. Auch hier ist zu erkennen, dass schwächere Währungen höhere Goldpreise bedeuten. Welche »-flation« wir auch bekommen – sie ist gut für Gold.

Angesichts der starken Anstiege der Goldpreise stellen sich dennoch viele die Frage, ob es sich hier um eine Spekulationsblase handelt – und sie fragen sich auch, wie hoch die Preise noch steigen können, ehe sie ihr Hoch erreichen. Aber steigende Preise an sich bedeuten noch kein Hoch. Wenn die Faktoren stärker werden, die sie nach oben treiben, und ein Asset relativ zu diesen Faktoren billig ist, könnte dieses Asset bei höheren Preisen ein besserer Kauf sein als bei niedrigeren. Seth Glickenhaus, heute Ende 90, ist eine Legende der Wall Street. Einer seiner Kommentare, die uns im Gedächtnis geblieben sind, lautet: Es ist wenig sinnvoll, eine bankrotte Bank in der Hoffnung zu kaufen, dass sie überleben wird. Und das gilt für sämtliche Assets: Man kauft nicht wegen der früheren Kurse, sondern wegen der

Faktoren, die das Asset vorantreiben. Mit anderen Worten: Zu hohen Kursen zu kaufen, kann manchmal viel rationaler sein als der Kauf zu niedrigen Kursen.

Mit diesen Gedanken im Kopf gibt es ein gutes Argument für ein enormes Steigerungspotenzial des Goldpreises – vor allem wenn Sie wie wir und die Chinesen glauben, dass der Dollar weiter entwertet wird.

Um zu beurteilen, ob Gold über- oder unterbewertet ist, kann man sich zum Beispiel das Verhältnis zwischen der Goldmenge und der Geldmenge ansehen. Vergleichen Sie die Relation zwischen Gold, der ultimativen harten Währung, und dem Wert der Papierwährungen. Allerdings verwenden die Nationen heute sehr verschiedene Methoden zur Messung ihrer jeweiligen Geldmengen. Zum Beispiel berechnen die USA ihre Geldmenge M3 nicht mehr, eine breite Definition der Geldversorgung des Landes, die sich in der Vergangenheit als sehr nützlicher Maßstab erwiesen hat.

Eine weitere Methode der Goldbewertung ist der Blick auf die Relation zwischen den Goldpreisen und dem nominalen Brutto-Weltprodukt (dieser Wert, das *gross world product*, GWP, entspricht praktisch dem Bruttoinlandsprodukt der ganzen Welt), ohne die Inflation dabei herauszurechnen. Dies sagt uns, wie viel Gold es auf der Welt gibt, verglichen mit dem Nominalwert aller produzierten Güter. Weil Gold ein Rohstoff ist, der nicht wie zum Beispiel Öl oder Eisen verbraucht und dabei zerstört wird, ist sein Preis ein gutes Spiegelbild des Gesamtwerts des Goldangebots.

Die einfache Annahme lautet hier: Je volatiler und unsicherer die Weltwirtschaft ist, desto größer ist das Bedürfnis nach Schutz, und daher sollte der Wert des Goldes einem größeren Teil der zugrunde liegenden wirtschaftlichen Aktivitäten entsprechen.

Seit den frühen 1970er-Jahren lag die Relation zwischen Gold und GWP im Durchschnitt bei 0,65. Jetzt beträgt sie 0,57, was uns sagt, dass Gold, relativ zu unserem Maßstab, tatsächlich billig ist – trotz der Preissteigerungen seit dem Beginn des Jahrhunderts. Wie hoch müssten die Goldpreise also steigen, damit man sie tatsächlich als überbewertet betrachten müsste? Das letzte Hoch erreichte Gold 1980, als die Relation im Durchschnitt einen Wert von 1,72 betrug. Am absoluten Hoch im Februar 1980 war die Relation höher als 2. Folglich müssten sich die Goldpreise vom aktuellen Niveau aus (etwa 1500 Dollar je Unze) fast verdreifachen, damit man Gold, relativ zum letzten Hoch, als überteuert betrachten müsste. Wir reden hier also von einem Goldpreis von 4300 Dollar je Unze.

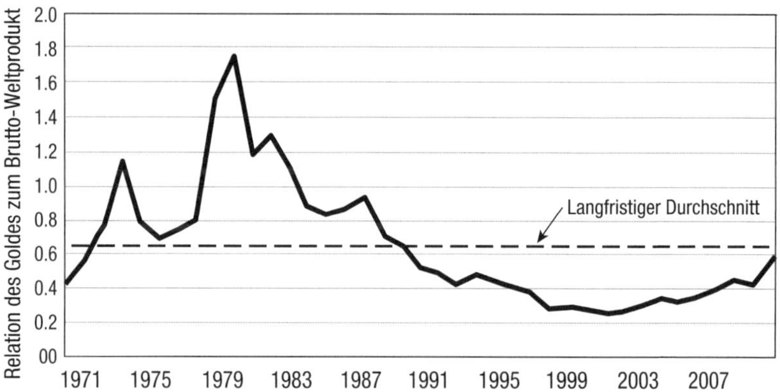


**Der Wert des Goldes relativ zum Brutto-Weltprodukt**
*Quelle: Bloomberg*

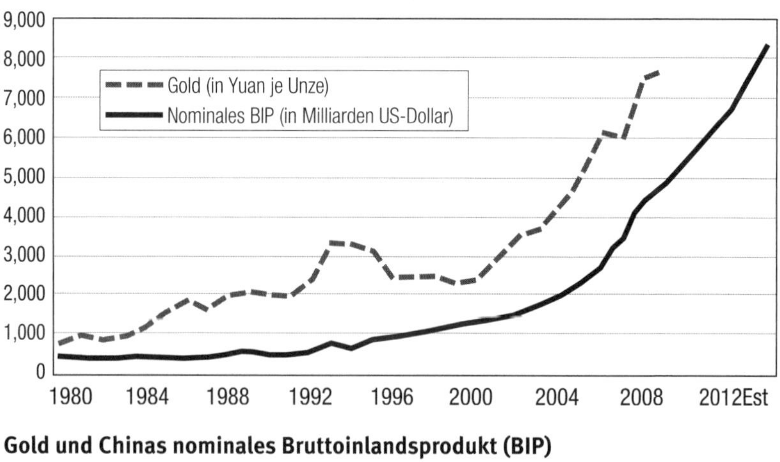


**Gold und Chinas nominales Bruttoinlandsprodukt (BIP)**
*Quellen: Internationaler Währungsfonds, Bloomberg*

Aus der Perspektive Chinas könnte Gold aber sogar noch ein höheres Potenzial aufweisen. Zum Beispiel gab es in den 1980er-Jahren klare Antworten auf die Frage, was in der Welt im Argen lag und was man dagegen tun könnte. Heute sind die Lösungen nicht so eindeutig. Wir haben heute keine Figur wie Paul Volcker, der uns versicherte, man könne durch einen Tritt auf die monetäre Bremse bewirken, dass die Rohstoffpreise nicht weiter steigen.

Heute steigen die Rohstoffpreise nicht wegen eines Überschusses an amerikanischem Geld, sondern wegen steigender Nachfrage in China und anderen Entwicklungsländern. Das bedeutet: In dem Maß, wie China an sein eigenes Wachstum glaubt, ist die Welt für die USA heute viel schwieriger als 1980. Es trifft zudem zu, dass es bei steigenden Rohstoffpreisen keinen Grund gibt, warum das reale (inflationsbereinigte) Einkommen der Amerikaner nicht weiter fallen sollte, aber jeden Grund für die Annahme, dass die Notenpressen weiterhin Überstunden machen werden. Im Gegensatz zu 1980 gibt es diesmal keine Allheilmittel, und keine Kavallerie kommt uns zu Hilfe.

Bei der Prognose des Goldpreises haben wir die Relation auf Basis des heutigen GWP berechnet. Wenn Sie annehmen, dass das weltweite Wirtschaftswachstum in den nächsten fünf Jahren um jährlich 5 Prozent steigen wird (denken Sie daran, dass wir hier von nominalem und nicht von realem Wachstum sprechen, also handelt es sich um eine sichere Einschätzung), dann steigt auch der Preis, den Gold erreichen muss, um die Relation an seinem früheren Hoch zu erreichen. Wenn man nachrechnet, kommt man auf Sicht von fünf Jahren zu einem Goldpreisziel von etwa 5500 Dollar je Unze.

Um auf das weiter oben Gesagte zurückzukommen: Sogar dieses hohe Kursziel geht davon aus, dass die Währungsentwertung nicht schlimmer sein wird als in den 1970er-Jahren. Tatsächlich könnte sie aber viel schlimmer werden, und das würde bedeuten, dass die Relation zwischen Gold und GWP noch beträchtlich steigen könnte, bis sie ein Hoch erreicht. Und aus Sicht der Chinesen wäre ein schlimmeres Szenario für die USA und die hoch entwickelten Länder tatsächlich mit weiterhin starkem Wachstum der eigenen Wirtschaft und der anderen Entwicklungsländer korreliert. Gehen wir noch einen Schritt weiter: Selbst wenn die Chinesen glauben sollten, dass sich ihr

Wachstum abbremst, würden sie in Erwartung einer darauf folgenden weltweiten massiven Deflation trotzdem Gold haben wollen. Das Fazit lautet: Bis wir eine Basis für Wirtschaftswachstum mit niedriger Inflation gefunden haben – also für Wachstum ohne Währungsentwertung –, wie in den 1990er-Jahren, werden die Goldpreise weiter steigen und dieser Trend wird sich beschleunigen. Zumindest ist es sehr wahrscheinlich, dass die Chinesen dies glauben.

## Wechselmedium

Die Chinesen glauben nicht nur, dass Gold billig ist, sondern sie haben wahrscheinlich auch noch etwas anderes im Sinn. Nehmen wir einmal an, Sie seien ein Land mit großen Kupferreserven und wollten eine gewisse Menge Kupfer für eine Währung verkaufen, mit der Sie andere Assets kaufen können. Ein Land bietet Ihnen eine bestimmte Menge Gold, das, weil es auf der Welt nur einen begrenzten Goldvorrat gibt, einen fixen Prozentsatz dieses Vorrats von etwa 165.000 Tonnen darstellt. Ein anderes Land bietet Ihnen Papierwährung, dessen aktueller Wert der Goldmenge entspricht, die das erste Land angeboten hat. Für welches der beiden Angebote würden Sie sich entscheiden?

Falls Sie wüssten, dass man die Papierwährung sofort für Assets eintauschen kann, deren Wert relativ zum Goldpreis steigen wird, fiele die Entscheidung leicht. Sie würden die Währung wählen. Tatsächlich war dies die Situation in den 1990er-Jahren, als die Wirtschaft und der Markt schnell zulegten, und das Wachstum der Geldmenge, das im Durchschnitt etwa 4 Prozent pro Jahr betrug, lag weit niedriger als das Wachstum des Bruttoinlandsprodukts und dramatisch niedriger als die jährlichen Kursgewinne am Aktienmarkt.

Aber das waren die 1990er-Jahre. Heute drucken wir jede Menge Dollars, das Wirtschaftswachstum ist viel niedriger als das Geldmengenwachstum, der Durchschnitt der Einkommen sinkt und die Gewinne der meisten Finanzassets sind gleich null. Wenn Sie Ihr Kupfer (oder Ihr Öl oder irgendeinen anderen Sachwert) gegen Dollar eintauschen, bekommen Sie einen immer kleineren Anteil an einer Währung, die problemlos in andere Assets getauscht werden kann, deren Wert allerdings auch nicht steigt. Bei Gold ist das Schlimmste, was Ihnen passieren kann, dass sie einen konstanten Anteil an einer Währung erhalten, die sie gegen jedes erdenkliche Asset eintauschen können. Sehen Sie es so: Wenn die Zahl der Dollars steigt, wird der Verkäufer für sein Kupfer, dessen verfügbares Angebot begrenzt ist, immer mehr davon haben wollen. Auf Gold, dessen Angebot ebenfalls begrenzt ist, trifft das nicht zu.

Wenn Sie in der bedauernswerten Situation sind, viele Dollars zu haben (oder irgendeine andere Währung, die im gleichen Boot sitzt) und viele Rohstoffe brauchen, sowohl jetzt als auch in Zukunft, bleiben Ihnen wirklich nicht viele Wahlmöglichkeiten. Sie müssen die benötigten Rohstoffe um jeden Preis kaufen. Und um sicherzustellen, dass sie in Zukunft noch mehr davon erwerben können, werden Sie Gold kaufen müssen. Und was für Amerika gilt, das gilt natürlich auch für jedes andere Land, das immer mehr Geld drucken muss, um sich über Wasser halten zu können.

Die Gewinner in diesem Endspiel sind Rohstoffe und Gold. Wenn die Rohstoffnachfrage vorübergehend sinkt, dann entwickelt sich Gold überdurchschnittlich – obwohl es weniger nachgefragt wird. Aber wenn die Rohstoffnachfrage steigt, entwickeln sich die Rohstoffe wahrscheinlich besser als der ohnehin schon steigende Goldmarkt.

In einer Welt, wo rare Rohstoffe dramatische und negative Auswirkungen auf die Volkswirtschaften der hoch entwickelten Länder haben – was genau das ist, was die Amerikaner seit Beginn des 21. Jahrhunderts erfahren haben –, sitzen diejenigen Länder am längeren Hebel, die Rohstoffe und Gold kontrollieren. Man kann ihre Güter gegen alles eintauschen, was man braucht.

Vergessen Sie nicht, dass es eine Unterscheidung zwischen Rohstoffen und Gold gibt. Letztlich wird das Rohstoffangebot derart knapp werden, dass derjenige, der sie besitzt, sie auch behalten will. Wie wir in Kapitel 7 erörtert haben, sehen wir in vielen Ländern schon Anzeichen für diesen Ressourcen-Nationalismus – in China mit seltenen Erden und in Saudi-Arabien, wo König Abdullah 2010 erklärte, er wolle die Ölexploration stoppen, um die verbliebenen Ölreserven für zukünftige saudische Generationen zu bewahren. Gesetze und Steuern, wie sie Indien Mitte 2010 erlassen hat, um die Exploration von Eisenerz einzuschränken, werden sich wahrscheinlich weithin verbreiten, wenn sich die Knappheit der Rohstoffe zuspitzt.

Ironischerweise weist Gold den Vorteil auf, dass es für das Metall nur wenige industrielle Anwendungen gibt – und bei jeder dieser Anwendungen kann es ersetzt werden. Gold wird jedoch wertbeständig bleiben – und das ist einer der Gründe, warum es die ideale Währung in problematischen Zeiten ist. Das bedeutet auch, dass das Land, das den Goldmarkt kontrolliert, optimale Kontrolle über sein eigenes Schicksal hat. Je höher Chinas Goldreserven sind, desto wahrscheinlicher wird das Land die Ressourcen kaufen können, die es für seine Entwicklung braucht. Ein ebenso wichtiger Punkt: Je mehr Gold die chinesischen Bürger besitzen, desto mehr Kontrolle übt die Regierung über den Wohlstand und das Wohlergehen seiner Bürger aus.

Zudem trifft es zu, dass es ein massiver Goldschatz ermöglicht, die eigene Papierwährung mit Gold zu hinterlegen. So wären die Chinesen in der Lage zu sagen, dass man einen Yuan gegen eine bestimmte Menge Gold tauschen kann (die natürlich niedriger wäre als der aktuelle Wert des Yuan). Und dies wiederum könnte den Yuan zu einem Substitut für Gold machen. In einer Welt der Ressourcenknappheit kann man sein eigenes Schicksal nicht wirksamer kontrollieren, als wenn man den Goldmarkt kontrolliert.

Die Amerikaner betrachten Gold allerdings größtenteils nicht als Asset, sondern nur als ein hübsches Metall, mit dem man modischen Schmuck herstellen kann. Wenn Sie übrigens Broker, Finanzberater oder Investoren bitten, die derzeit wichtigsten Assetklassen und Chancen zu nennen, erhalten Sie meist die üblichen Antworten: Aktien, Anleihen und Barinvestitionen. Rohstoffen und insbesondere Gold, wenn sie denn überhaupt genannt werden, billigt man allenfalls eine kleine Depotgewichtung von 5 oder höchstens 10 Prozent zu. Aber in der heutigen Welt, in der der Dollar ständig an Wert verliert, in der die Anleihenrenditen winzig sind und die Rohstoffe teurer werden, ist Gold bei Weitem die wichtigste Assetklasse, die Investoren – oder ein Land – besitzen können.

# KAPITEL 12
# Chinas zusätzliche Stärken

Wir haben dargelegt, dass China im Vergleich zu den USA einen ausgezeichneten Start in die beginnende Ära der Rohstoffknappheit erreicht hat: eine Periode, die zu einer heftigen Rivalität zwischen beiden Nationen führen wird. Diese Rivalität könnte eines Tages in einen offenen Konflikt münden.

Jeder Tag, an dem wir es versäumen, die Aufgabe der Konstruktion alternativer Energienetzwerke ernsthaft anzugehen, verschafft den Chinesen einen weiteren Vorsprung in einem Rennen, das zu verlieren wir uns nicht leisten können. Zögern wird nur die Kosten erhöhen, weil sich der Wettbewerb verschärft – vom Eisenerz, das wir für den Stahl in unseren Windkraftpylonen brauchen, bis zum Kupfer, das für eine intelligente Vernetzung der seltenen Erden nötig ist, wenn wir Elektromotoren herstellen wollen.

China hat früher damit begonnen, Windfarmen und Solarkraftwerke zu installieren, und das ist nicht sein einziger Vorteil. Das Reich der Mitte ist zwar insgesamt weitaus ärmer als die USA, aber es tritt in dieses Zeitalter in einem finanziell weitaus besseren Zustand ein. China stehen viele Werkzeuge zur Verfügung, um alternative Energien weitaus billiger zu entwickeln als die USA. In der Zwischenzeit haben wir immer weniger Kapital zur Verfügung, was unsere Entschlossenheit zu handeln schwächt.

In vielerlei Hinsicht fängt China praktisch am Nullpunkt an. Statt bereits existierende Teile seines Energieversorgungssystems ersetzen zu müssen, verlegt das Land vorwiegend neue Leitungen für sein intelligentes Netz, die zuvor nicht existiert haben. Das geschieht auf Anordnung der Zentralregierung, und es werden kaum rote Teppiche ausgerollt, die die Kosten oder die nötige Zeit für die Ausführung eines Projekts steigern könnten. Dieses Projekt musste ohnehin realisiert werden, aber ebenso wie die Chinesen mit der Einführung von Systemen drahtloser Telekommunikation die kostspielige Verlegung von Festnetzanschlüssen übersprungen haben, werden sie auch diese bedeutende Ausgabe nur einmal tätigen, nicht zweimal.

Im Gegensatz dazu haben die USA bereits beträchtliche Summen in ihr existierendes Energienetz investiert. Dieses wird von etlichen Kraftwerksbetreibern kontrolliert, die alle staatlichen Regulierungen unterworfen sind, die festlegen, wie viel Geld die Betreiber von ihren Kunden für die Installierungskosten verlangen dürfen. Sowohl die Kraftwerksbetreiber als auch die Regulierungsbehörden beschweren sich vielleicht über die zusätzlichen Ausgaben für den Ersatz des existierenden Stromnetzes, sogar wenn das neue Netz besser in der Lage wäre, die Anforderung zu erfüllen, Elektrizität aus verschiedenen Quellen zu beziehen (Solarenergie, wenn die Sonne scheint, und Windenergie, wenn Wind weht) und sie dorthin zu transportieren, wo sie benötigt wird – und wann sie benötigt wird. Dazu muss man nicht nur Strom liefern, sondern auch die Gewohnheiten der Verbraucher beobachten, um den Strombedarf antizipieren zu können.

Auch wenn die Stromerzeuger zu höheren Kapazitäten für die Erzeugung der Energieerzeugung bereit sind, werden sie wahrscheinlich auf harten Widerstand seitens der Regulierungsbehörden stoßen, die die finanziell ohnehin beanspruchten Bürger davor schützen wollen, jeden Monat höhere Stromrechnungen bezahlen zu müssen. Das könnte die Geschwindigkeit bremsen, mit der die USA zu alternativen Energien wechseln, auch wenn steigende Kohle- und Erdgaspreise diese alternativen Energiequellen bezüglich der Kosten wettbewerbsfähiger machen. Aber das ist wirklich die letzte unserer Sorgen.

Das nötige Programm, um die USA voll auf ein System alternativer Energien umzustellen, ist zu teuer, als dass man es völlig dem freien Markt überlassen könnte. Die Kraftwerksbetreiber allein werden das nicht schaffen. Es wird die beträchtlichen Ressourcen der Bundesregierung erfordern, wenn wir die geschätzten Kosten von mindestens 25 Billionen Dollar für ein alternatives Energieversorgungssystem bezahlen wollen, das in absehbarer Zeit fertig sein soll.

Aber die USA sind dabei, zu einer Bettlernation zu werden, die kaum in der Lage ist, die Rechnung zu bezahlen. Das Land trägt die Last einer Staatsverschuldung von über 14 Billionen Dollar, die sich ständig erhöht. Das Haushaltsdefizit der Regierung im Fiskaljahr 2010 betrug mehr als 1,3 Billionen Dollar nach 1,42 Billionen Dollar im Jahr 2009. Zudem werden für das laufende Jahrzehnt zukünftige Defizite von 9,1 Billionen Dollar prognostiziert. Allein die Zinszahlungen auf die Staatsschulden stellen eine immer schwierigere Aufgabe dar.

Diese Zustände veranlassten im August 2010 den damaligen amerikanischen Generalstabschef Admiral Michael Mullen dazu, unsere Verschuldung als »die wichtigste Bedrohung unserer nationalen Sicherheit« zu bezeichnen. Die für den Schuldendienst erforderliche Summe ist nun schon fast so hoch wie das jährliche Budget des Verteidigungsministeriums. Wenn das Verschuldungsniveau steigt, bleiben weniger Mittel für andere Ausgaben übrig, die Landesverteidigung eingeschlossen. Zudem wird der Tag immer weiter in die Zukunft verschoben, an dem das Land mit der Erzeugung alternativer Energie ernst machen wird, deren Kosten immer weiter steigen werden, wie wir bereits dargelegt haben. Und die Zeitbombe der Staatsverschuldung wird wohl immer bedrohlicher werden. Denn um Investoren anzulocken, wird das amerikanische Schatzamt auf seine Anleihen sogar noch höhere Zinsen bieten müssen, was die Finanzierung unserer Schulden deutlich verteuert.

Viele europäische Länder gerieten 2010 wegen steigender Staatsschulden in problematische Situationen. Exzessive Ausgaben zählten auch zu den Gründen für das Platzen der Staatsanleihen in Mexiko, Argentinien, Russland und vielen anderen Ländern während der letzten Jahrzehnte. Und sie sind auch der Grund, weshalb das souveräne AAA-Kreditrating der USA nun auf der Kippe steht. (Anm. d. Red.: Im August 2011 senkte Standard & Poor's die Bonität der USA um eine Stufe von AAA auf AA+.) Aber obwohl unsere Staatsverschuldung kurz davor steht, unser Bruttoinlandsprodukt zu übersteigen, ist das noch nicht die ganze Geschichte. Zum Beispiel sind die ungedeckten Verpflichtungen des Systems der sozialen Sicherheit in diesen Zahlen nicht enthalten. Wir werden die Ansprüche an dieses System massiv beschneiden müssen, um unser Haus in finanzieller Hinsicht in Ordnung zu halten. Aber Sonderinteressen, an die die Lobbyisten auf dem Capitol Hill jeden Senator und jedes Mitglied des Repräsentantenhauses erinnern, werden mit aller Macht solchen Einschnitten entgegenstehen.

Nachdem die kurzfristigen Zinsen auf null gesenkt worden sind, um die deflationären Auswirkungen der Finanzkrise und die Blutarmut der Wirtschaft zu bekämpfen, hat die Federal Reserve keine Pfeile mehr im Köcher. Sie beschränkt sich darauf, die Verschuldung zu monetarisieren (hauptsächlich wurde Geld gedruckt, um neu emittierte Staatsanleihen aufkaufen zu können). Die Kombination aus einer kolossalen Schuldenlast, einer Nullzinspolitik und den quantitativen Erleichterungen durch die Fed wird weiter für Druck auf den US-Dollar sorgen und letztlich die Kosten unserer Rohstoffkäufe beträchtlich erhöhen. Auf lange Sicht werden die Auswirkungen all dieser Dinge die schmerzhafte Inflation der 1970er-Jahre wie einen Spaziergang im Park aussehen lassen.

Bislang wurde der Abstieg des Dollars gebremst, weil er – als vorherrschende Reservewährung der Welt – als bestes Haus in einer schlechten Nachbarschaft galt. Ab einem bestimmten Punkt werden die Bewohner aber in schönere Gegenden umziehen. Allerdings sind weder der Euro noch der Yen stark genug, um den Dollar zu ersetzen. Der Euro wird vielleicht nicht mehr lange existieren, wenn man die Turbulenzen in der EU während der vergangenen Jahre und die strukturellen Ungleichgewichte betrachtet, die zu dieser Instabilität führten.

Chinas Kapitalmärkte sind für den Renminbi (oder den Yuan, wie man ihn auch nennt) nicht ausreichend entwickelt, um die Rolle einer Reservewährung einzunehmen – noch nicht. Aber das wird sich ändern – vielleicht sogar rasch.

Es spielt kaum eine Rolle, was den Greenback als globale Reservewährung ablösen wird, sei es eine einzelne Währung oder ein Währungskorb in der Form von Sonderziehungsrechten des Internationalen Währungsfonds (was China offiziell bevorzugt, aber nicht vorangetrieben hat). Sobald wir den Status des »sicheren Hafens« verloren haben, werden die Folgen unserem Land schaden. Und die politischen Führer Chinas wissen das sehr wohl.

## Sie haben uns angebunden

Im Gegensatz zu den USA haben die finanzielle Position Chinas und einige ökonomische Faktoren dem Land die leitende Position verschafft. Im letzten Kapitel haben wir Chinas Liebe zum Gold und die Bedeutung des Metalls als Austauschmedium in einer Welt erklärt, in der entscheidende Ressourcen immer rarer werden. An dieser Stelle wollen wir einige der weiteren Vorteile Chinas für die schwierigen Zeiten ansprechen, die vor uns liegen.

Um den Wettbewerbsvorteil seiner Exporte zu wahren, hat China den Yuan schon lange an den US-Dollar gekoppelt. Folglich gilt der Yuan allgemein als drastisch unterbewertet. Seit Jahren besteht diese Koppelung mit einem fixen Wechselkurs von 8,28 Yuan pro Dollar. Als China zum weltweit führenden Industrieland wurde, verzeichnete es riesige Handelsüberschüsse mit vielen Industrieländern, vor allem mit den USA. Das hatte dazu geführt, dass Peking immer stärker zu einer Aufwertung des Yuan gedrängt wurde.

Aber trotz wiederholter Appelle seiner Handelspartner, einen freien Wechselkurs des Yuan einzuführen, blieb die Regierung standhaft und erklärte, jede Veränderung der Wechselkurspolitik hänge von ihrer eigenen Einschätzung der Interessen Chinas ab, nicht aber von externem Druck. Allerdings hat die Regierung zumindest verbal auf ausländische Forderungen nach einem stärkeren Yuan reagiert. 2005 führten die Chinesen eine variable Koppelung ein, bei der der Yuan durch einen Währungskorb gemanagt wird. Seither hat der Wechselkurs deutlich zugelegt; als dieses Buch entstand, entsprach er 6,5 Yuan pro Dollar. Bei einer völligen Freigabe des Wechselkurses könnte der Kurs durchaus auf 5 Yuan je Dollar steigen.

Wenn es ihren Interessen entspricht – höchstwahrscheinlich nach einem Anstieg der Rohstoffpreise bis weit über das heutige Niveau –, werden die Chinesen eine Neubewertung ihrer Währung vornehmen. Das wird ihre Kosten für Rohstoffkäufe deutlich senken. Natürlich werden diese Rohstoffe für uns dann entsprechend teurer.

Amerikanische Politiker, sowohl im Weißen Haus als auch auf dem Capitol Hill, beklagen sich über das Schneckentempo, in dem sich China auf eine Neubewertung seiner Währung zubewegt. Sie sollten vorsichtig sein, was sie sich da eigentlich wünschen. Mit solchen Klagen können sie vielleicht bei ihren Wählern punkten, aber die Auswirkungen eines steigenden Yuan wären für amerikanische Verbraucher in Wirklichkeit schädlich. Die Preise vieler Güter würden steigen, und es ergäbe sich kein Vorteil für die Zurückführung unseres Handelsdefizits.

Handelsrestriktionen wären ein Mechanismus, den der Kongress nutzen könnte, um China in dieser Hinsicht herauszufordern. China exportiert dreimal so viel in die USA, wie es von uns importiert. Man sollte also meinen, dass es für China starke Anreize gibt, einen freien Güterverkehr zwischen beiden Staaten zu sehen. Aber wirtschaftlich schwierige Zeiten fördern oft den Nationalismus. 2009 war das mit Sicherheit der Fall, als weltweit neue Anforderungen für den Schutz vor Importen im ersten Halbjahr um 18,5 Prozent über das Vorjahresniveau stiegen (Angaben von der durch die Weltbank finanzierten Global Antidumping Database).

Bislang waren die Meinungsverschiedenheiten zwischen den beiden Nationen eher unbedeutend – als zum Beispiel die USA Importzölle auf in China hergestellte Autoreifen einführten und das Land beschuldigten, bestimmte Stahlprodukte zu Dumpingpreisen zu verkaufen. Die chinesische Regierung reagierte mit eigenen Zöllen auf amerikanische Stahlimporte und drohte mit Einfuhrzöllen auf amerikanische Autoteile und Hühnchen. Hierzulande könnte wachsender Zorn über Chinas Währungsmanipulationen und seinen dauerhaften Handelsüberschuss zu einer Eskalation der Handelsbarrieren führen, auf die China zweifellos entsprechend reagieren würde. China und die USA sind sich des Schadens bewusst, den globale Handelsbarrieren während der Großen Depression angerichtet haben. Dennoch kann man eine Wiederholung nicht ausschließen, obwohl diese Bedrohung weit weg zu sein scheint. Die Wahrheit ist jedoch: Sollte es dazu kommen, dann könnte China einen Handelskrieg viel besser überstehen als die USA.

Die Chinesen könnten ihren Handelsüberschuss reduzieren, ohne von ihrem Kurs abzuweichen, Spannungen im internationalen Handel zu riskieren oder den Yuan aufzuwerten. Sie könnten die Arbeitslöhne erhöhen. Das würde zwar die Wettbewerbsfähigkeit von Chinas Exporten reduzieren, weil die Unternehmen ihre Preise erhöhen müssten, aber eine solche Maßnahme würde die Binnennachfrage dramatisch steigern. Wenn Sie ein Beispiel für die positiven Auswirkungen einer solchen Maßnahme brauchen, dann sehen Sie sich Henry Fords Entschluss an, die Löhne seiner Arbeiter zu verdoppeln und somit auf ein Niveau zu heben, auf dem sie sich ein T-Modell leisten konnten, das sie auf Fords Förderbändern bauten. Hunderte Millionen chinesische Konsumenten wollen ihr erstes Auto kaufen, und daher könnte China bei einer Verdoppelung der Löhne enorm wachsen.

Zwischenzeitlich unternimmt die kommunistische Regierung langsam bestimmte Schritte, um die Bedeutung des Yuan für den internationalen Handel zu steigern. Sie hat Währungsswaps mit mehreren Nationen vereinbart, darunter Argentinien, Indonesien, Südkorea und Singapur. Diese Swaps ermöglichen es den betreffenden Ländern, chinesische Importe mit Yuan statt mit US-Dollar zu bezahlen. Zudem hat die Regierung ausgewählten chinesischen Firmen in Schanghai und vier Städten in der Provinz Guangdong erlaubt, ihre Importe mit Yuan zu bezahlen. Wie so viele andere Programme, die in China seit Beginn der Reformen unter Deng Xiaoping eingeführt worden sind, ist dies ein Vorspiel für das, was die freie Verwendung des Yuan für den internationalen Handel bedeuten wird.

Wenn es das Land schafft, seine Volkswirtschaft von der Konzentration auf Exporte zu lösen und eine stärker an den Bedürfnissen der Verbraucher orientierte Wirtschaft einzuführen (mehr dazu gleich), gibt es auch weniger Gründe dafür, die exportorientierten Unternehmen vor möglicherweise schädlicher ausländischer Konkurrenz zu schützen. Dies würde der Regierung den nötigen Spielraum für die vollständige Konvertibilität des chinesischen Kapitals bieten. Das wiederum würde helfen, die Position des Yuan als Nachfolger des Dollars als globale Reservewährung zu festigen.

Zudem besitzen die Chinesen ausländische Devisenreserven im Umfang von 3 Billionen Dollar. Darunter sind auch amerikanische Staatsanleihen im Volumen von mehr als einer Billion Dollar. Sie können dies ausnutzen, indem sie Ressourcen am freien Markt kaufen und – in steigendem Umfang – rund um den Globus Bergbauunternehmen erwerben, um sich die Verfügbarkeit von Ressourcen in der Zukunft zu sichern.

Die Chinesen haben die Laufzeiten ihrer Positionen in US-Staatsanleihen bereits scharf reduziert. Sollten sie eines Tages beschließen, diese Positionen massiv zurückzufahren, werden wir kaum eine andere Wahl haben, als diese Papiere zurückzukaufen, damit unsere Zinsen nicht steigen. Somit werden die USA in Zukunft den Chinesen unabsichtlich bei deren Ressourcenkäufen helfen.

Das wirklich starke Ass im Ärmel der Chinesen ist allerdings, dass sie vergleichsweise geringe Auslandsschulden haben. Als dieses Buch gedruckt wurde, waren es etwa 330 Milliarden Dollar. Die Regierung wird absolut keine Probleme haben, auf Yuan lautende Anleihen zu verkaufen, weil das Land gesundes Wachstum aufweist und die Währung daher deutlich zulegen könnte. China kann tatsächlich prosperieren, unabhängig vom Zustand der reiferen Volkswirtschaften dieser Welt, indem es seine eigene Verschuldung verwendet (gestützt durch steigende Steuereinnahmen), um den Inlandskonsum zu fördern, statt sich auf ausländisches Kapital und Exporte zu verlassen.

Chinas Bankensystem ist ein weiteres Instrument, welches das Land einsetzen kann, um seine hochgesteckten Ambitionen zu erreichen. Die chinesischen Finanzmärkte sind vielleicht nicht so weit entwickelt wie unsere, aber in den vergangenen Jahren waren die chinesischen Banken wesentlich stabiler als die Banken der westlichen Länder. Die größten Banken der USA warben 2009 und 2010 durch Kapitalerhöhungen zweistellige Milliardenbeträge ein. Damit zahlten sie Bürgschaften der Regierung zurück und stärkten ihre fragilen Bilanzen. Auch mehrere chinesische Banken warben 2010 durch ihre Börsengänge viel Kapital ein. Zum Beispiel kamen die Agricultural Bank of China und die Industrial and Commercial Bank of China bei den bisher größten Börsengängen auf jeweils 22 Milliarden Dollar. Aber anstatt dieses Kapital lediglich dafür zu nutzen, im Geschäft zu bleiben, wie es bei den amerikanischen Banken der Fall war, setzten die chinesischen Banken ihr Kapital für produktive Zwecke ein, um die Wirtschaft des Landes zu fördern. Die Kredite, die diese Banken heute für Infrastrukturprojekte und alternative Energien vergeben haben, werden sich in den kommenden Jahren reichlich bezahlt machen – nicht nur für die Banken, sondern für die chinesische Wirtschaft insgesamt.

Andererseits bleiben viele amerikanische Banken nur wegen fragwürdiger Veränderungen der Bilanzierungsregeln und des unausgesprochenen Versprechens der Regierung zahlungsfähig, notfalls weitere Hilfen zu vergeben. Die Banker vergeben keine Kredite an Unternehmen, sondern sie investieren in zinslose Titel der Zentralbank. Derweil verdienen die Banken und die Berater an der Wall Street Milliarden mit den Strategien des Hochfrequenz-Handels, die ihnen an den Aktienmärkten einen unfairen Vorteil ihren Kunden gegenüber gewähren und keinerlei Beitrag zur Produktivität des Landes leisten, sondern das Wachstumspotenzial der amerikanischen Volkswirtschaft beschränken. Normale Anleger wissen, dass die Voraussetzungen nicht fair sind, dass sie sich gegenüber den leistungsfähigen Computern an der Wall Street im Nachteil befinden. Und deshalb verspüren sie wenig Lust, das Risikokapital zur Verfügung zu stellen, das man dazu verwenden könnte, das Land auf den Weg zur energetischen Unabhängigkeit zu führen.

Letztlich konzentrieren sich die wichtigsten Teilnehmer an den amerikanischen Finanzmärkten auf kurze Zeiträume. Hier geht es nicht mehr um Quartale, sondern um Millisekunden. Dagegen funktioniert Chinas Finanzsystem vorbildlich: Die Banken sind gut aufgestellt, und sie haben das große Bild vor Augen, wenn sie ihre Kredite vergeben: Sie denken zehn, 20 oder noch mehr Jahre voraus und stellen Kapital zur Verfügung, das zum Aufbau einer alternativen Energie-Infrastruktur benötigt wird. Und weil die chinesische Regierung die Aktienmehrheit am Kapital dieser Banken hält, sind sie wirklich »zu groß, um zu scheitern«.

## Leben in der Stadt

In den 30 Jahren vor 2009 wurde das Schwergewicht der chinesischen Wirtschaft durch Exporte billiger Produkte angetrieben, die von den vielen Arbeitskräften des Landes hergestellt wurden. Diese Menschen leisteten für minimale Entlohnung viele Arbeitsstunden unter Bedingungen, die man nach westlichen Maßstäben nur als fürchterlich bezeichnen konnte. Aber als die USA und Europa in die Rezession abdrifteten und die Finanzkrise Ende 2008 ihren Höhepunkt erreichte, verspürte China die Auswirkungen, ohne sie selbst verschuldet zu haben. Es gab kaum noch Kredite, und Kredittitel waren nicht mehr verfügbar. Der internationale Handel kam zum Stillstand, die Handelsgüter stapelten sich in den Häfen. Der Zusammenbruch der Nachfrage aus dem Ausland reduzierte Chinas Rekordhandelsüberschuss im Jahr 2008 um mehr als ein Drittel. Die früher brummenden Fließbänder an Chinas Küste wurden entweder stillgelegt oder bestenfalls zurückgefahren und produzierten nun viel weniger als in früheren Jahren. Das Ergebnis war, dass Millionen von Wanderarbeitern plötzlich arbeitslos waren und in ihre Städte und Dörfer in Zentralchina zurückkehren mussten.

Eine der schmerzvollen Lektionen, die Chinas Führer daraus lernten, war, dass sie sich mehr auf sich selbst als auf die nun geschwächten amerikanischen Verbraucher verlassen mussten, um das Wachstum voranzutreiben. Obwohl sich der Konsum erholen würde, war klar, dass die amerikanischen Verbraucher nicht schnell, wenn überhaupt, zu ihren großzügigen und auf Kreditkarten basierenden Angewohnheiten der Vergangenheit zurückkehren würden.

Um die Fabriken wieder in Gang zu bringen und über zehn Millionen Arbeitslose wieder in Lohn und Brot zu setzen, entwarf die politische Führung einen Plan zur Wiederankurbelung der Wirtschaft. Dabei betonte sie den inländischen Konsum, statt auf Einnahmen durch Exporte zu hoffen. Ein großer Teil des Stimulierungspakets des Landes im Umfang von 4 Milliarden Yuan (585 Milliarden Dollar, oder genauer, auf Basis der Kaufkraft, 2,5 Billionen Dollar) wurde in den Aufbau der Infrastruktur investiert, wozu auch erhebliche Ausgaben für alternative Energien zählten. Solche öffentliche Ausgaben werden dabei helfen, das langfristige Wachstum des Landes voranzutreiben, und das wird China eine weit bessere Position verschaffen, eine Ressourcenknappheit zu überstehen. Aber eine andere Facette der Planungen des Landes zielte darauf ab, dass die Bürger, notorische Sparer, ihre Brieftaschen öffneten.

In China gibt es kein soziales Sicherheitsnetz, wie wir es aus dem Westen kennen, und aufgrund struktureller Differenzen in ihrer Volkswirtschaft (zum Beispiel wegen hoher Anzahlungen, die man brauchte, um ein Eigenheim zu erwerben) liegt die Sparquote in China bei fast 40 Prozent – die höchste unter den führenden Volkswirtschaften der Welt. Wir haben bereits erörtert, wie begierig die Regierung darauf ist, dass die Bürger einen Teil dieser Ersparnisse in Goldkäufe investieren. Sie hat die Menschen auch dazu angeregt, sich Konsumgüter anzuschaffen, beispielsweise über großzügige Subventionen für Haushaltsgeräte und Autos. Die Regierung wird wahrscheinlich auch ihre Sozialausgaben erhöhen, was die langfristige Produktivität des Landes steigern und die Notwendigkeit senken wird, dass die Chinesen so viel sparen.

Allein schon die Größe der chinesischen Bevölkerung, ein Binnenmarkt von mehr als 1,3 Milliarden Menschen, verleiht dem Land eine gewisse Gravitationskraft, die sonst niemand erreichen kann. Und während die Verbraucher etwa 70 Prozent der amerikanischen Wirtschaft entsprechen, sind es in China nur 35 Prozent. Wenn Chinas niedriger Pro-Kopf-Konsum steigt, wird das Land beträchtliches Wachstum fördern. Somit sinkt die Abhängigkeit Chinas von Exporten.

Ein noch bedeutenderer Faktor, der Chinas Wachstum in den kommenden Jahren beflügeln wird, abgesehen von der Bedeutung des Welthandels für die Wirtschaft des Landes und der Aufgabe, es in eine bessere Position zu bringen, um seine Vorteile bei der Produktion alternativer Energien zu bringen, ist der Antrieb zu verstärkter Urbanisierung. Die chinesische Akademie für Sozialwissenschaften, eine der führenden Denkfabriken der Regierung, prognostiziert, dass Chinas Urbanisationsquote von 52 Prozent 2015 bis 2030 auf 65 Prozent steigen wird. Dann wird es mindestens 200 chinesische Millionenstädte geben. Die Urbanisierungsquote in den USA liegt bei etwa 82 Prozent.

Für China bedeutet das, dass etwa 400 Millionen Menschen in den nächsten 20 Jahren die ländlichen Gebiete verlassen und in die Großstädte ziehen werden. Das wird durch die Regierung mit den Hukou-Gesetzen sorgfältig geplant und organisiert. Diese Vorschriften besagen, dass der Zugang zu sozialen Diensten inklusive preiswerter Gesundheitspflege sowie Zugang zu Schulen und Pensionen von Aufenthaltsgenehmigungen abhängig sind.

Sehr viele von diesen Kleinbauern verfügen derzeit in ihren Hütten weder über Elektrizität noch über fließendes Wasser. Die Bauern werden nicht nur in moderne Stadtwohnungen ziehen, sondern sie werden diese Wohnungen auch mit Kühlschränken, Herden, Klimaanlagen, Flachbildfernsehern und anderen Geräten ausstatten, die für den heutigen Lebensstil typisch sind. Zusätzlich zum Ausbau von Wohnhäusern, Straßen, sanitären Anlagen, Wasser- und Stromleitungen, Schulen, Krankenhäusern und dergleichen wird dies geleistet werden müssen, um diese noch nie dagewesene Massenbewegung und Industrialisierung zu managen. Diese Maßnahmen werden das jährliche Wirtschaftswachstum Chinas in Höhe von 10 Prozent bis weit in die Zukunft stützen. Dieses Wachstum, in Kombination mit daraus resultierenden Produktivitätsgewinnen und steigenden Einkommen, wird es wesentlich leichter machen, die alternative Energie-Infrastruktur des Landes zu finanzieren.

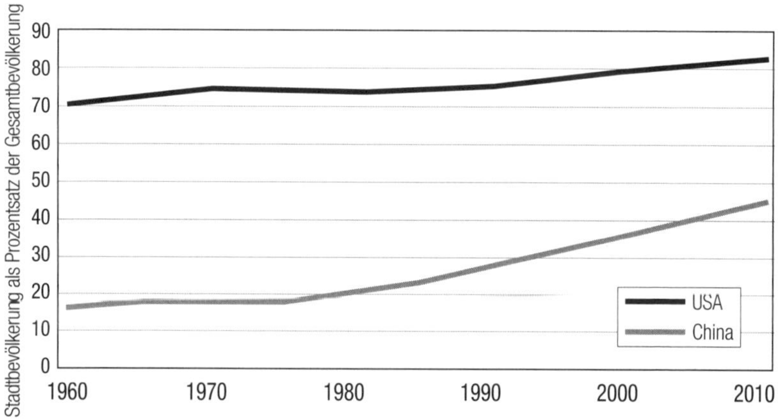


**Chinas rapide Urbanisierung**
*Quelle: Weltbank*

Eines ist klar: Während die Ausweitung der Verbraucherbasis im Inland Chinas Abhängigkeit von Exporten in die USA und andere westliche Länder verringert, wird sie auch die Knappheit im Rohstoffsektor verschärfen. Teure Konsumgüter, zum Beispiel Autos und Haushaltsgüter, sind hinsichtlich der Produktion und der Anwendung nicht nur sehr energieintensiv, sondern man braucht dafür auch zahlreiche Ressourcen, darunter Kupfer, Stahl und andere Materialien. Denken Sie daran, dass man für die genannten Wohnungseinrichtungen leicht mehr als 100 Pounds Kupfer pro Wohneinheit braucht. China verbraucht bereits jetzt fast 40 Prozent der weltweiten Kupferproduktion, und sein Wachstum droht in den nächsten 25 Jahren die gesamte Produktion des Metalls zu absorbieren.

Diese Expansion wird die Metallpreise durch die Decke schießen lassen. Dennoch ist China im Gegensatz zu den USA finanziell gut gerüstet, sich der Herausforderung einer schnellen Bewegung hin zu einer alternativen Energiewirtschaft zu stellen.

# Kapitel 13
# Mögliche Fallen: Chinas Infrastruktur, Nahrungsmittel und Wasser

Während wir dieses Buch schreiben, sind viele sehr gut ausgebildete Investoren, Ökonomen und Analysten überzeugt, dass China seinen Höhepunkt schon hinter sich hat. Zum Beispiel glaubt der legendäre Leerverkäufer Jim Chanos, China habe seine Investitionen in die Infrastruktur des Landes derart übertrieben, dass das ganze Land zu einer Spekulationsblase von epischen Dimensionen geworden ist. Kenneth Rogoff, einer der Autoren des hoch geschätzten Buches *Dieses Mal ist alles anders: Acht Jahrhunderte Finanzkrisen* argumentiert ebenfalls, ein finanzieller Kollaps in China sei unvermeidlich. Zudem glauben viele Leute, China werde dabei scheitern, seine Volkswirtschaft vom Export auf die Binnennachfrage umzustellen.

Wir vertreten eine völlig andere Meinung. Tatsächlich sind wir der Auffassung, dass solche Aussagen mehr Schaden anrichten als Nutzen stiften, indem sie ein Gefühl der Selbstzufriedenheit der Amerikaner gegenüber China fördern. Diese Einstellung könnte unser Land in die Knie zwingen, und China hat schon damit begonnen. Dennoch hoffen wir immer noch, dass wir etwas Wesentliches übersehen haben, und wir wollen an dieser Stelle diskutieren, was wir in unserer Einschätzung falsch eingeschätzt haben könnten, dass China unseren Lunch essen wird. Ist China wirklich auf dem besten Weg, ein drittklassiges Amerika zu beherrschen?

Natürlich besteht die Möglichkeit, dass wir uns aus Gründen irren, die wir nicht verstehen – und dass diese Gründe die aktuelle Sorglosigkeit der amerikanischen Regierung erklären könnten. Schließlich scheint es klar zu sein, dass die besten Köpfe in Washington China noch nicht als bedeutende strategische Bedrohung sehen. Oder zumindest sind sie sich nicht darüber einig, dass es sich dabei um ein massives Problem handelt.

Zum Beispiel neigt Amerika dazu, seltene Erden als notwendig für die Verteidigung anzusehen, aber nicht als entscheidende Faktoren für die gesamte Wirtschaft und die Sicherheit der Energieversorgung. Silber und Kupfer sind als potenziell rare Metalle nicht einmal auf Amerikas Radarschirm. Vielleicht haben die Wissenschaftler der Regierung das Problem sorgfältig geprüft und etwas bemerkt, das wir übersehen haben. Aber leider gibt es keinerlei Belege für diese Sichtweise.

Wir könnten auch aus einem wunderbaren Grund falschliegen – vielleicht steht ein bedeutender technologischer Durchbruch vor der Tür. In diesem Fall wäre die Welt kein Nullsummenspiel; es gäbe keine Gewinner und Verlierer mehr, sondern nur noch Gewinner. Welche Art von Durchbruch könnte diesen Unterschied bewirken? In Kapitel 8 haben wir als eventuelle Möglichkeit über Graphen gesprochen, ein experimentelles, auf Kohlenstoff basierendes Material mit einer Schichtstärke von einem Atom. Eine weitere technologische Rettungsmöglichkeit würde der sehr preiswerte Zugang zu enormen Energiemengen bieten. Die Kaltfusion wäre ein einschlägiges Beispiel gewesen – wenn sie denn funktioniert hätte. Eine billige Fusion könnte ebenfalls den Weg zu einer neuen Energiewirtschaft weisen. Obwohl die meisten Wissenschaftler die Vorstellung der Kaltfusion verwerfen, verfolgt doch eine Anzahl von Forschern weiterhin diesen Weg. Unsere Meinung dazu: Nachdem man eine Generation lang einschlägige Forschungen betrieben hat, wird es wahrscheinlich ein paar interessante Resultate geben, doch keines von ihnen wird den Weg zur vollständigen Entwicklung einer brandneuen, wunderbaren Technologie weisen, die in der Lage wäre, eine neue Energieplattform aufzubauen.

Vielleicht könnte es zu Durchbrüchen bei den bereits existierenden erneuerbaren Energien kommen. In dieser Hinsicht wäre die Solarenergie die Energiequelle mit bei Weitem dem größten Potenzial, und auf diesem Gebiet sollten wir auch die meisten Forschungsgelder investieren. Derzeit ist Windenergie noch viel billiger als Solarenergie und lässt sich viel leichter anwenden, aber was die Effizienz der Ressourcen betrifft, bietet sie viel weniger Spielraum für Verbesserungen. Und weil Solarenergie in weit größerem Maß zur Verfügung steht als Windenergie, liegt hier ein viel größeres Potenzial für technologische Durchbrüche.

Wie wir schon früher erörtert haben, mangelt es heute nicht an Sonntagsreden zum Thema Solarenergie – aber auch nicht viel mehr. Im Gegensatz dazu wenden die Chinesen bei der Solarenergie die Methoden an, die es uns in den 1960er- und 1970er-Jahren ermöglicht haben, die Kosten elektronischer Geräte dramatisch zu senken. Obwohl die Solarenergie innerhalb Chinas noch nicht in großem Ausmaß genutzt wird, ist das Land zum weltweit größten Hersteller von Solarmodulen geworden. So hat China für sich eine dramatisch ansteigende Lernkurve geschaffen und die Kosten reduziert. Denken Sie daran, dass massive Aufträge der Regierung im Bereich der Elektronik sehr schnell zu einer ähnlichen Lernkurve geführt haben. Hinzu kommt: Unsere dramatischen Vorteile im Flugzeugbau waren ebenfalls das Ergebnis massiver Käufe von Flugzeugteilen durch die Regierung. Eine kostensparende Herstellung könnte ein großer Vorteil sein, würde aber wahrscheinlich nicht ausreichen, um die Solarenergie zu einer Energiequelle zu machen, die unsere Zivilisation retten könnte.

Ein wirklicher Durchbruch der Solarenergie kann aus zwei möglichen Quellen stammen: enorme Verbesserungen bei der Speicherung der Energie, massive Steigerungen der Effizienz – oder beides. Ein Nachteil der Solarenergie ist natürlich, dass sie nur tagsüber verfügbar ist. Sollte sie zur entscheidenden Energiequelle werden, wären effiziente Verfahren nötig, den tagsüber erzeugten Strom für den Verbrauch in der Nacht zu speichern. Auf diesem Gebiet wurden bisher keine nennenswerten Fortschritte gemacht.

Mit Supraleiter-Kabeln ließe sich diese Energie wohl am besten speichern. Einfach ausgedrückt: Man könnte die tagsüber erzeugte Energie in zirkulären Supraleitern speichern. Der Vorteil von Supraleitern liegt darin, dass keine Elektrizität verloren geht. Die Energie, die hineinfließt, verbleibt auch dort. Im Gegensatz dazu geht bei typischen Kohlekraftwerken etwa ein Drittel der Energie der Kohle bei der Umsetzung in Elektrizität verloren. Und noch mehr Energie verpufft in den Stromnetzen, die von den Energieerzeugern bis in unsere Wohnhäuser reichen.

Wie Sie sich wahrscheinlich vorstellen können, besteht eine Reihe von Problemen, was die Supraleiter-Speicherung betrifft. Am wichtigsten ist wahrscheinlich, dass es Geld kostet – eine ganze Menge Geld –, die Kabel zu kühlen. Leider wurden nur sehr wenige Fortschritte gemacht hinsichtlich von Materialien, die ihre Supraleiter-Eigenschaften bei Temperaturen bewahren, die deutlich über dem Niveau von flüssigem Stickstoff liegen. Wir sprechen hier über Temperaturen von etwa minus 180 Grad Celsius im Gegensatz zu den minus 270 Grad vor der Entdeckung der »Hochtemperatur«-Supraleiter. Der zweite Grund ist, dass die Materialien, die bei der immer noch sehr niedrigen Temperatur von minus 180 Grad tatsächlich leiten, zerbrechlich sind. Daher ist es sehr schwierig und teuer, sie in elektronische Regelkreise einzubinden. Und schließlich erfordern supraleitende Stromkreise auch eine Menge Kupfer, von dem Sie inzwischen wissen, dass es sehr knapp bleiben wird.

Vielleicht könnte es einen bedeutenden Durchbruch auf dem Gebiet der Supraleiter geben – wenn man Materialien findet, die flexibel sind und Supraleiter-Eigenschaften bei Raumtemperatur aufweisen. Die Gesetze der Physik stehen einem solchen Durchbruch nicht entgegen. In einer Welt, in der das Vertrauen der Naturwissenschaft auf kombinatorische Problemlösungen über intuitive Einsichten triumphiert hat, ist die Wahrscheinlichkeit zwar gering, aber die Hoffnung darauf ist nicht irrational.

Ein Durchbruch bei den Supraleitern müsste wahrscheinlich von einem Durchbruch bei der Effizienz der Solarenergie begleitet werden. Wenn Solarmaterialien einen größeren Anteil des Lichts und der Hitze der Sonne in Elektrizität verwandeln könnten, würde man für die Produktion von Solarenergie weniger Silber und Indium benötigen. Hier steht man allerdings vor physischen Begrenzungen: Wenn man Solarzellen erhitzt, werden sie weniger effizient. Die Forscher der Universität Stanford haben vielleicht einen teilweisen Durchbruch auf diesem Gebiet geschafft, weil sie einen Weg fanden, sowohl das Licht als auch die Hitze der Sonne zur Stromerzeugung zu nutzen. Aber auch wenn man diese Lösung in großem Ausmaß umsetzen könnte, bliebe immer noch das Speicherungsproblem zu lösen.

Wir können zwar keine präzisen Berechnungen durchführen, aber es ist wahrscheinlich der Fall, dass selbst im Fall von großen Fortschritten bei Effizienz und Speicherung die Ressourcenknappheit eine bedeutende Rolle dabei spielen wird, der Solarenergie ihre Grenzen aufzuzeigen. Zum Beispiel würden Solarkollektoren, die sowohl Licht als auch Hitze in Elektrizität umwandeln, immer noch die Ressourcen erfordern, um die Kollektoren herzustellen. Und zu diesen Ressourcen würden wahrscheinlich Kupfer, Stahl und Silber gehören. Obwohl wir natürlich nicht prognostizieren können, welche neuen Materialien es geben könnte, kann als sicher gelten, dass sich die Ressourcenknappheit auch auf neuartige Technologien wie Supraleiter bei sehr hohen Temperaturen ausdehnen würde.

Das wahrscheinlichste Szenario bleibt mehr oder weniger der technologische Status quo. Fortschritte werden sich hauptsächlich auf skalierte Zugewinne bei der Herstellung beschränken. Der Löwenanteil davon wird den am schnellsten wachsenden Herstellern zufallen – mit anderen Worten: den Chinesen. Das verleiht China eine bessere Ausgangsposition für die Zukunft als den USA.

## Von Spekulationsblasen und Notwendigkeiten

Wenn die Technologie daran scheitert, einen atemberaubenden Durchbruch zu schaffen, kann das für die hoch entwickelten Länder katastrophale Folgen haben. Allerdings gibt es auch keine Garantie, dass China, trotz gewisser Fortschritte in der Effizienz der Herstellung, mit einem Lächeln davonkommen wird. Tatsächlich ist dies sehr unwahrscheinlich.

Noch unwahrscheinlicher ist allerdings – zumindest relativ kurzfristig –, dass China wegen der anfangs erwähnten »üblichen Verdächtigen« wie Spekulationsblasen und dergleichen scheitern wird. Jedes Land, das so schnell wächst wie China, bringt zumindest bei manchen Assets Blasen hervor. Vor dem Absturz 2008 gab es eine riesige Spekulationsblase bei chinesischen Aktien. In den 16 Monaten zwischen Juni 2006 und Oktober 2007 stiegen chinesische Aktien um mehr als 200 Prozent. Das waren Gewinne wie an der amerikanischen NASDAQ in ihrer verrücktesten Phase von 1998 bis 2000. Aber wie wir alle wissen, hat China diese Blase überlebt. Ja, der Aktienmarkt brach nach der Finanzkrise zusammen, aber die Wirtschaft (im Gegensatz zu unserer Wirtschaft 2000 bis 2002) brummte weiter.

Eine der aktuellen »Spekulationsblasen«, auf die sehr viele Leute aufmerksam geworden sind, ist der Immobilienmarkt. Zweifellos sind bestimmte Teile des Immobilienmarkts überteuert – wahrscheinlich sogar in extremer Weise. Zunächst muss man dazu festhalten, dass sich Inflation bei bestimmten Assets gar nicht vermeiden lässt, wenn die Regierung so viel Geld ausgibt wie noch nie und das Wirtschaftswachstum immer weiter steigt. Wichtiger ist allerdings, dass sich die schlimmste Inflation auf sehr spezielle Immobilien beschränkt – auf die schönsten Wohnungen in den Städten, wo jeder wohnen will. Und Anfang 2011 sah es so aus, dass die Regierung diese Exzesse mit lediglich moderaten Zinssteigerungen in den Griff bekommen hat.

Ironischerweise gibt es auf dem chinesischen Immobilienmarkt schwierigere Probleme, die nicht in den Schlagzeilen auftauchen. China braucht unbedingt billigen Wohnraum, und zwar in einem Ausmaß, wie es die Welt noch nie gesehen hat. Das Jahr 2009 war ein Anfang. Zum ersten Mal in der modernen Geschichte wurden in den Städten Chinas genügend Wohnungen gebaut, um alle Familien in diesen Städten aufnehmen zu können. Wenn China mit seinen Urbanisierungsplänen und mit dem Plan Erfolg haben will, seine Wirtschaft auf die Konsumenten umzustellen, dann wird das Land seine enorme Geschwindigkeit 2009 zumindest eine Generation lang jedes Jahr beibehalten müssen.

Manche führen Streiks in China als Symptome für wachsende Unruhen an – aber das stimmt nicht. Tatsächlich werden solche Streiks größtenteils durch die Regierung sanktioniert (wenn sie nicht gleich verboten werden), um den Konsumenten höhere Löhne zu gewähren. Es wird sogar berichtet, dass die

Chinesen darüber nachdenken, die Bezüge von CEOs zu senken – vor allem von denen, die staatlichen Firmen vorstehen.

Und dann gibt es noch Gold, das wir in einem früheren Kapitel bereits erörtert haben. China hat seine Bürger dazu gedrängt, Gold zu kaufen, und den Golderwerb sehr einfach gemacht. Wenn die Goldpreise steigen, dann steigt auch der Wohlstand von Chinas Bürgern. Chinas Erfolge seit den 1970er-Jahren – ein Zeitraum, in dem das Land einige Übergangsphasen vereinbart hat – sind ein starkes Argument dafür, dass es auch in dieser Übergangsphase Erfolg haben wird. Allerdings unter der Vorgabe, dass das Land enorme Mengen an Ressourcen benötigen wird, die es vielleicht gar nicht in den entsprechenden Mengen akkumulieren kann (wie wir bereits erörtert haben).

Chanos und andere haben vorgebracht, dass China noch ganz andere Probleme aufweist als nur die Blase am Immobilienmarkt – dass das Land nämlich bei Weitem zu viel in seine Infrastruktur investiert hat. Um ihre Argumente zu belegen, zeigen sie Bilder von leeren Städten (von neu gebauten Städten, die man mit Straßen, Gebäuden, Regierungsbüros, Massenverkehrssystemen und im Prinzip allem ausgestattet hat – in denen aber kein Mensch lebt). Die Pessimisten argumentieren, das chinesische Wirtschaftsmanagement funktioniere so, dass die politischen Führer der Provinzregierungen entsprechend bestimmter Wachstumsmaßstäbe entlohnt werden, die sie erreichen müssen.

Das bedeutet: Eine Stadt zu bauen, kann als Wirtschaftswachstum zählen, selbst wenn niemand diese Stadt braucht und sie leer bleibt. Ein Beispiel: In der Ausgabe von Barron's vom 6. September 2010 brachte der brillante Zyniker Alan Abelson Kommentare von Ben Simpfendorfer, einem Ökonomen der Royal Bank of Scotland, der behauptet, Chinas Infrastruktur sei bei Weitem überzogen. Speziell wurde der Ökonom mit der Aussage zitiert, in China bestehe das Risiko, dass das Land zu viel in den Bau von Fernstraßen und Fabriken investiert, was zu Überkapazitäten und schlechten Schulden führt. Wir glauben allerdings, dass die Chinesen viel schlauer sind.

Erstens: Wenn man die Urbanisierung einer außerordentlich hohen Zahl von Menschen anstrebt, muss man ihnen den nötigen Platz für Umzüge bieten. Sie würden Ihren Sohn oder Ihren Freund nicht ermutigen, in eine leere Stadt zu ziehen, und auch die Chinesen würden ihre Landbewohner nicht auffordern, in eine Stadt umzusiedeln, die gar nicht existiert. Wenn man so viel baut wie China, werden Fehler nicht ausbleiben, aber die Chinesen konzentrieren sich darauf, die wirklich großen Probleme zu vermeiden, mit denen sich so viele andere Entwicklungsländer auseinandersetzen mussten, die mit dem Phänomen massenhafter Migration in die städtischen Zentren konfrontiert waren.

Die kommunistische Regierung ist sich nur zu bewusst, dass ihre Existenz auf der Fähigkeit beruht, die Landbewohner zufriedenzustellen, die ihre wichtigste Machtbasis bilden. Die Chinesen haben fertig gebaute Städte zur Verfügung, mit angemessenem Immobilienangebot, noch bevor viele Millionen Menschen dort ankommen werden. Sie wollen damit die Armut, die Kriminalität und die soziale Instabilität verhindern, die in Städten in Ostasien, Afrika und Lateinamerika üblich sind. Und im Gegensatz zu anderen Ländern, die es mit diesen Themen zu tun haben, verfügt China über die Regierungs-Infrastruktur, um diese Pläne erfolgreich umzusetzen.

Der zweite Grund ist wesentlich realistischer, wird aber nie erwähnt. Die Chinesen – wenn wir recht behalten – wollen ihre Städte jetzt bauen, weil die nötigen Ressourcen noch reichlich vorhanden und nicht allzu teuer sind. In fünf bis zehn Jahren werden Baumaterialien wahrscheinlich wesentlich teurer sein als heute. Das Warten auf Urbanisierung, während der Aufbau alternativer Energien im Volumen von vielen Billionen Dollar im Gang ist, würde eine unglaubliche Nachfrage nach Ressourcen auslösen.

Länder, die vor der Urbanisierung stehen, brauchen jede Menge Infrastruktur, bevor die Einwanderung der Bürger in die Städte einsetzt – viel mehr als amerikanische Ökonomen zu verstehen scheinen. Trotz des angeblich übertriebenen Aufbaus der Infrastruktur erschienen 2010 in chinesischen und amerikanischen Zeitungen Berichte über massive Verkehrsstaus im Reich der Mitte – das Ergebnis des Gütertransports von einer Stadt zur anderen. Man könnte also höchstens feststellen, dass China noch nicht genug Infrastruktur aufgebaut hat.

Die Infrastruktur ist auch entscheidend für den Aufbau erneuerbarer Energien. Beim Eisenerz spielen die Straßen und Züge eine wichtige Rolle, um die Tausende Tonnen Material zu befördern. Wie soll man Windanlagen oder Solarmodule im Westen Chinas aufbauen, wenn es keine Straßen gibt, um die notwendigen Ressourcen zu transportieren? Viele Historiker führen den Nachkriegsboom in Amerika auf das landesweite Highway-System zurück. China hat das kopiert.

Denken Sie auch daran, dass ein Zweck des unter Eisenhower eingerichteten landesweiten Highway Systems darin bestand, die Einsatzbereitschaft des amerikanischen Militärs zu verbessern. Transportstrecken zur Beförderung von Ausrüstung und Personal sind für eine starke Armee unerlässlich. So ist es auch in China, das mehr als 1,3 Milliarden Menschen kontrolliert. Sie wissen, dass Kommunikation im ganzen Land eine Notwendigkeit ist. Und dann gibt es auch noch Chinas Bedürfnis, sich vor Bedrohungen von außen zu schützen – das sich noch weit stärker auswirken könnte, wenn die Ressourcen knapper werden.

Und das führt uns zu einem weiteren Problem, mit dem China sicherlich konfrontiert werden wird: zum Wettbewerb um Ressourcen aus anderen Entwicklungsländern. Wenn wir uns in dieser Hinsicht Chinas größten Nachbarn ansehen, nämlich Russland, dann blicken wir auf ein Land, dessen größte Stärke und zugleich größte Schwäche das Fehlen von Infrastruktur ist. Wie konnte das zu einer Stärke werden? Napoleon und Hitler wurden in Russland besiegt, weil die Infrastruktur fehlte und so die Invasionsarmeen keinen vernünftigen Nachschub gewährleisten konnten.

Heute macht sich Russland natürlich keine Sorgen mehr über Attacken aus dem Ausland und sieht seinen Mangel an Infrastruktur in erster Linie als wirtschaftliche Schwäche. In Sibirien zum Beispiel wird die Fähigkeit des Landes, Öl zu explorieren und danach zu bohren, dadurch behindert, dass es keine Straßen oder andere Transportkapazitäten gibt. Das sagt uns einiges über China und auch über die Frage, warum das Land bei der Förderung von Rohstoffen so erfolgreich war. Bei den meisten Metallen und Rohstoffen fördert China heute jährlich einen höheren Prozentsatz seiner Reserven als jedes andere Land. Die Infrastruktur eines Landes ist eng mit dessen Fähig keit verbunden, nach Mineralien zu suchen, und daher ist sie von entscheidender Bedeutung für sein Wachstum. Manche Analysten mögen bestimmte Straßen und Eisenbahnverbindungen für überflüssig halten, aber dennoch sind sie entscheidende Faktoren für zukünftiges Wachstum.

Eine sinnvollere Frage als die, ob China über zu viel Infrastruktur verfügt (während es in Wirklichkeit noch massive Investitionen in die Infrastruktur vor sich hat), ist die Frage, was passiert, wenn andere Entwicklungsländer die Botschaft verstehen, dass ihr dauerhafter Wohlstand von großen Infrastrukturprojekten abhängt. Die schrecklichen Brände im Westen Russlands 2010 haben diesen Punkt ins Bewusstsein rücken lassen. Hier ein sorgfältig ausgesuchtes Zitat von Tomas Hirst aus dem Blog der britischen Zeitschrift *Prospect* vom 9. August 2010: »Um Ihnen eine Vorstellung des Ausmaßes zu vermitteln: Obwohl Russland mehr als ein Fünftel der gesamten Landmasse der Erde ausmacht, gibt es dort nur halb so viele Eisenbahnlinien wie in den USA. Auf den meisten von ihnen fahren uralte Züge mit einer Geschwindigkeit von durchschnittlich 25 Meilen pro Stunde. Auch das Straßennetz ist in einem furchtbaren Zustand. Es entspricht nur etwa 10 Prozent des amerikanischen Netzes, und nur 5 Prozent davon sind in gutem Zustand. … Die Brände haben gezeigt, wie dringend notwendig die Modernisierung der Infrastruktur ist und wie idiotisch, ein Gebiet abzugrenzen, das man dringend für weiteres und dauerhaftes Wirtschaftswachstum braucht.« Damit spielte der Autor auf Einschnitte im russischen Infrastrukturbudget an.

Natürlich könnte man solche Kommentare, die jeder Moskauer bestätigen würde, als weitere Beispiele für die Weitsicht der Chinesen nennen. Unfälle und Umweltkatastrophen kommen in China häufig vor, aber sie wirken sich nicht derart zerstörerisch aus wie in Russland. Aber dennoch sind diese Kommentare eine bedeutende Bedrohung für die Chinesen. Was passiert, wenn Russland und andere Entwicklungsländer letztlich feststellen, dass sie ebenfalls massive Investitionen in die Infrastruktur benötigen, um weiter wachsen zu können?

Das Titelbild des Economist vom 21. August 2010 zeigt die Arme zweier Armdrücker. Der eine trägt das Tattoo eines chinesischen Drachen auf dem Bizeps, der andere das eines indischen Tigers. Der Artikel trug die Überschrift: »Der Kampf des Jahrhunderts«. In dem Beitrag wird geschildert, dass das Pro-Kopf-Einkommen in beiden Ländern in den frühen 1990er-Jahren noch gleich war, dass China Indien aber inzwischen weit überflügelt hat. Der Grund dafür seien Chinas ungezügelte Investitionen in die Infrastruktur. Dem Magazin zufolge war Indien jetzt aber bereit zur Aufholjagd. Die Autoren schrieben, Indiens Wachstum könnte in den folgenden fünf bis zehn Jahren sogar das Wachstum Chinas übertreffen.

Das wird aber nicht geschehen, wenn sich Indien nicht ebenfalls fast manisch auf die Entwicklung seiner Infrastruktur konzentriert. Woher sollen die Ressourcen kommen, nicht nur für die Entwicklung der Infrastruktur, sondern auch für das, was danach folgt, nämlich für den massiven Aufbau alternativer Energien? Der wichtige Punkt: Der Wettbewerb um Ressourcen findet nicht mehr nur zwischen den USA sowie anderen hoch entwickelten Ländern und China statt, sondern es werden dabei auch zahlreiche andere Länder in der entwickelten und in der sich entwickelnden Welt teilnehmen.

Anfang 2009 prognostizierte die angesehene Investmentbank CIBC World Markets, die globalen Infrastrukturausgaben würden in den kommenden 20 Jahren 35 Billionen Dollar erreichen. Es ist wichtig zu betonen, dass diese Schätzungen kaum Ausgaben für das größte aller Infrastrukturprojekte beinhalten: den Schritt hin zu alternativen Energien. In den USA, der größten Volkswirtschaft der Welt, sind lediglich 150 Milliarden Dollar für saubere Energie vorgesehen. Der größte Teil der weltweiten Ausgaben bezieht sich auf Straßenreparaturen, Brücken und Flughäfen, den Aufbau neuer Krankenhäuser und digitaler Technologien. Zudem bezieht sich nur ein sehr kleiner Teil dieser Schätzungen auf Russland und andere Entwicklungsländer, einschließlich China.

Der entscheidende Punkt ist aber nicht, *wie* hoch die notwendigen Ausgaben sein werden – und sie werden mit Sicherheit ein Vielfaches dieser 35 Billionen Dollar betragen –, sondern *dass* sie sehr hoch sind und mit Sicherheit eine große Menge an Ressourcen verschlingen werden. China ist bestimmt nicht blind für die Bedürfnisse anderer Nationen, und das ist mit Sicherheit ein Grund, warum es sich verzweifelt so viele Mineralien und Metalle wie möglich sichern will. Und dies erklärt auch mit Sicherheit sein vorausblickendes und manisches Vordringen nach Afrika. Aber am Ende – und das könnte China ein Bein stellen – verfügt das Land vielleicht doch nicht über genügend Ressourcen, um seine ehrgeizigen, aber notwendigen ökonomischen Ziele zu erreichen. Es könnte im selben Boot landen wie wir alle und mit einem dramatischen Mangel an Ressourcen konfrontiert werden.

Avi Tiomkin, ein höchst erfolgreicher Investor und Freund, hat die Makrotrends besser prognostiziert als jeder andere, den wir kennen. Er ist überzeugt, dass China wegen interner Auseinandersetzungen scheitern oder implodieren wird, ausgelöst von seiner rebellischen Bevölkerung. Wir erwähnen Avi nicht nur wegen seines Weitblicks, sondern auch weil wir denken, dass sein Szenario der wahrscheinlichste Grund ist, warum Chinas Ehrgeiz scheitern könnte.

Sollte es aber zu einer solchen Rebellion kommen, dann ist ein Auslöser dafür erforderlich. So etwas wird nicht einfach deshalb passieren, weil sich eine widerspenstige Arbeiterschaft organisiert und mehr Geld und Macht verlangt, wie wir es Anfang 2001 bei den Revolutionen in Tunesien, Ägypten und anderswo in der arabischen Welt gesehen haben.

Proteste sind in China nicht unbekannt. 2010 gab es im ganzen Land mindestens 180.000 Demonstrationen oder Streiks. Diese Proteste richteten sich allerdings oft gegen korrupte Lokalpolitiker oder ausländische Fabrikbesitzer als gegen die Zentralregierung. Sie wurden von Peking toleriert und von der Regierung oft stillschweigend unterstützt. Aber die Kommunisten dulden keine möglicherweise destabilisierenden Entwicklungen und haben bewiesen, dass sie recht gut darin sind, abweichende Meinungen zu unterdrücken. Außerdem – und das ist ebenso wichtig – glauben die meisten Chinesen, dass sie zu viel zu verlieren haben, wenn sich der Status quo deutlich ändert. Im Gegensatz zu den Protestierenden in der arabischen Welt ist Chinas Bevölkerung gut ernährt, genießt einen steigenden Lebensstandard und sieht noch Raum für unbegrenzte Fortschritte unter dem jetzigen Regime. Die ökonomischen Verschiebungen durch eine Revolution könnten ihren Wohlstand aufs Spiel setzen.

Nein, der wahrscheinlichste Auslöser für eine breite Revolte im Land wäre, dass die Chinesen, trotz ihres großen Vorsprungs, die gleichen Probleme bekommen wie der Rest der Welt: ein massiver Mangel an den wesentlichen Dingen des Lebens, von Energie bis zu Nahrungsmitteln. Mit allem Gold der Welt kann man keine Lebensmittel kaufen, wenn keine mehr da sind. Wenn China in diese Situation gelangt, wird die Welt jede Art von Kriegen um Ressourcen und internationales Chaos erleben. Aber selbst unter den schlimmsten Voraussetzungen besitzen die Chinesen wohl noch zahlreiche Vorteile.

Der wichtigste Punkt dabei: Obwohl sie in kurzer Zeit so große Fortschritte gemacht haben, können sie immer noch weit weniger tief fallen als wir. Die Anpassung an einen Mangel an Ressourcen fällt mit einem Pro-Kopf-Einkommen von 6500 Dollar weit leichter als in den USA (46.000 Dollar).

## Das Problem Wasser

Viele Beobachter glauben, dass in China auch die Wasserversorgung zu einem bedrohlichen Problem werden könnte. In China gibt es viel Wasser, aber nach Ansicht mancher Experten bei Weitem nicht genug für eine Bevölkerung, die wahrscheinlich bald mindestens 1,5 Milliarden Menschen umfassen wird. Derzeit hat China die sechstgrößten Wasservorräte der Welt, aber angesichts der großen Bevölkerung rangiert China weltweit im letzten Viertel, was die Süßwasservorräte pro Kopf betrifft.

Die Landwirtschaft ist von Wasser nicht zu trennen. China verfügt über etwa 7 Prozent des fruchtbaren Ackerlandes weltweit, und damit muss es fast ein Viertel der Weltbevölkerung ernähren. Cheng Hefa, Hu Yuanan und Zhao Jianfu veröffentlichten 2009 den Artikel »Meeting China's Water Shortage Crisis: Current Practices and Challenges« in der angesehenen Fachzeitschrift *Environmental Science and Technology*. Die Bevölkerungsentwicklung wird demzufolge 2030 ihren Höhepunkt erreichen und dann in den Grenzbereich des Wasserbedarfs vorstoßen.

Ein Freund, der seit vielen Jahren Geschäfte in China betreibt und zudem großen Respekt vor der langfristigen Planung und den Fähigkeiten des Landes hat, vertritt die Meinung, das Problem sei nicht so sehr das Wasser, sondern die Verteilung des Wassers. Im Süden des Landes gibt es sehr viel Wasser, während im Norden, wo Großstädte wie Peking oder Schanghai liegen, chronischer Mangel herrscht. Dieser Freund war auch der Meinung, in unserer Analyse des Landes sei Wasser der größte mögliche Schwachpunkt.

Auch wir sehen hier ein großes Problem, das China lösen muss. Aber nach den Ergebnissen unserer Analyse glauben wir nicht nur, dass China sein Wasserproblem erfolgreich lösen wird, sondern wir glauben zudem, dass die Meinung der Chinesen über Wasser unsere Hauptthese massiv stützt: Die Chinesen fördern zwar die Ressourcenschonung, um ihre wirtschaftliche Sicherheit zu stärken, aber diese Politik hat mit dem Klimawechsel wenig bis nichts zu tun. Wenn man die neueste Literatur sorgfältig studiert – vor allem zum entscheidenden Thema Wasser –, liegt tatsächlich der Schluss nahe, dass die Chinesen nichts gegen einen Klimawechsel einzuwenden hätten.

Obwohl die Temperaturen in China steigen, haben sich die Ernteerträge in den letzten 40 Jahren massiv vergrößert. Beim Reis waren es über 50 Prozent je Hektar, beim Mais mehr als 100 Prozent und beim Weizen erstaunliche 300 Prozent. Zumindest bislang haben die steigenden Temperaturen Chinas Anstrengungen befördert, die Ernteerträge zu erhöhen. Wie wird das in Zukunft aussehen?

Die Ungleichheiten zwischen dem Norden und dem Süden kennzeichnen die Geophysik Chinas schon seit Jahrhunderten. Und deshalb kann es auch nicht überraschen, dass China schon seit einem halben Jahrhundert an einer Lösung arbeitet. 1952 präsentierte Mao ein Projekt, mit dem man große Mengen Wasser aus dem Süden in den Norden umleiten wollte. In den letzten Jahren hat Maos Vorhaben ein massives Ingenieursprojekt befördert, das die vier größten Flüsse Chinas – Jangtsekiang, Gelber Fluss, Huai He, Hai He – auf drei Strecken verbinden soll. Damit sollen jährlich 45 Milliarden Kubikmeter Wasser aus dem Süden in die großen urbanen Zentren des Nordens umgeleitet werden. Nach Schätzung der Website Water-Technology.net wird dieses Projekt etwa 62 Milliarden Dollar kosten. Der erste der drei Kanäle, der durch die nordchinesische Ebene verläuft, soll 2014 vollständig fertiggestellt sein, obwohl die Realisierung des gesamten Projekts wohl erst Mitte des Jahrhunderts abgeschlossen sein wird.

Aber selbst wenn dieses enorme Ingenieursprojekt – das größte aller Zeiten – erfolgreich sein wird, umfasst es nicht alle Wasservorräte, zu denen das Land Zugang hat. Sollte sich die Klimaveränderung nicht nur als reales Phänomen herausstellen, sondern als eines, das entweder die Menge oder die Verteilung der Niederschläge in China beeinflusst, könnte sich das ganze Projekt als weitgehend nutzlos erweisen.

Die bislang beste Studie über die Auswirkungen eines möglichen Klimawandels auf Wasser und Landwirtschaft in China erschien in der Zeitschrift *Nature* unter der Überschrift »The Impacts of Climate Change on Water Resources and Agriculture in China«. Die Autoren waren 16 Forscher, von denen 15 mit chinesischen Forschungszentren verbunden waren. Die wichtigste Erkenntnis dieser Studie findet sich in der Zusammenfassung:

> »*Wir sind jedoch der Ansicht, dass man trotz der Klimaerwärmung, die in China in den letzten Jahrzehnten zweifellos stattgefunden hat, derzeit nicht klar einschätzen kann, wie sich der von Menschen verursachte Klimawandel auf Chinas Wasserressourcen, seine Landwirtschaft und somit auf die Fähigkeit des Landes auswirken wird, seine Bürger zu ernähren.*«

Die Autoren erwähnen, dass die Niederschläge mehr oder weniger konstant geblieben sind, obwohl die Temperaturen in China seit 1960 steigen. Es gab einige Veränderungen bei der Verteilung der Niederschläge, die insgesamt nahelegen, dass China tatsächlich vom Klimawandel profitieren könnte. Insbesondere hat das wasserarme Nordchina etwas weniger Regen abbekommen, der wasserreiche Süden dagegen mehr. Was sagen die Klimamodelle über die Zukunft aus? »In Nordchina, wo sich ein Rückgang der Niederschläge beobachten lässt, prognostizieren die Modelle überraschenderweise einen Anstieg der Niederschläge im Sommer.« Zudem prognostizierten die Modelle »einen Rückgang der Trockenheit im Nordosten Chinas«. Der Nordosten ist die Region, in der die größten städtischen Zentren liegen.

Das Abschmelzen von Gletschern wird für die Wasserversorgung und Verteilung in China ein bedeutender Faktor sein. Schmelzende Gletscher sorgen für höhere Wasserstände in den Flüssen, vor allem im sehr trockenen Westen des Landes. Im *Nature*-Artikel heißt es: »Kurzfristig wäre (die Erderwärmung) vorteilhaft für die bewässerten Felder im trockenen Westen Chinas. … Aber wenn ein großer Teil der Gletscher abschmilzt, könnte die Wasserknappheit zurückkehren und zur Norm werden.« Aber wenn wir uns, abgesehen von den Gletschern, einfach die aktuellen Trends ansehen, dann bemerken wir, dass seit mindestens einem Jahrzehnt »überraschenderweise trockene Regionen im Nordwesten Chinas unter weniger schweren Dürrephasen zu leiden hatten. Das zeigt sich an steigenden Wasserständen der Seen und einer Vegetation, die nicht mehr typisch für eine Wüste ist.« Mit anderen Worten: Das Schicksal der Gletscher mag unsicher sein, aber die aktuellen Trends sprechen dafür, dass Dürrephasen in China nicht mehr so schlimm ausfallen werden wie früher.

Am 3. März 2009 brachte das *New York Times Magazine* eine Titelgeschichte über den Universalgelehrten Freeman Dyson, dessen negative Ansichten über den Klimawandel massive Kritik ausgelöst hatten. Wir werden jetzt nicht den gesamten Artikel kommentieren oder uns einer bestimmten Meinung anschließen. Aber eines von Dysons Argumenten ist uns aufgefallen: Größere Mengen Kohlendioxid könnten die weltweite Versorgung mit Nahrungsmitteln verbessern. Das liegt daran, dass sich Pflanzen unter anderem von Kohlendioxid ernähren. Und in der Tat liegen einige Studien vor, die zeigen, dass Pflanzen um bis zu 50 Prozent schneller wachsen können, wenn die Kohlendioxidkonzentration beim Doppelten des aktuellen Niveaus liegt. Andere Studien weisen darauf hin, dass man Kohlendioxid nicht isoliert betrachten darf, da auch andere Faktoren sich auf diese positiven Effekte beim Pflanzenwachstum auswirken.

Aber man kann sagen, was man will – stärkeres Pflanzenwachstum geht Hand in Hand mit höheren Konzentrationen von Kohlendioxid. Natürlich könnte es auch sein, dass die eindrucksvolle Steigerung der Nahrungsmittelproduktion in China nur auf bessere Technologie zurückzuführen ist. Aber es gibt keinerlei Hinweise darauf, dass sich die Erderwärmung negativ auf eine gesteigerte Nahrungsmittelproduktion auswirkt.

Versetzen Sie sich nun einmal in die Lage der Chinesen. Wenn es Ihre schlimmste Befürchtung ist, Ihre Bevölkerung nicht ernähren zu können, haben Sie keine Veranlassung, sich vor dem Klimawandel zu fürchten. Das soll nicht heißen, dass der Klimawandel keine schrecklichen Auswirkungen haben wird, aber was Ihre größte Befürchtung betrifft, wird er eher Vorteile bringen.

# Kapitel 14
# Eine Botschaft von Konfuzius an Amerika

Im ersten Teil dieses Buchs haben wir erörtert, wie Präsident George W. Bush nach dem 11. September eine wichtige Chance verpasst hat, Amerikas Energiepolitik neu auszurichten. Nicht besser machte es Barack Obama nach der tragischen BP-Ölkatastrophe im Golf von Mexiko. Ihre Reaktionen auf diese Ereignisse erinnern an ein Zitat des chinesischen Philosophen Konfuzius: »Ein Mann, der einen Fehler macht und ihn nicht korrigiert, macht einen weiteren Fehler.«

Unser Land gibt heute allein für Ölimporte pro Jahr mehr als 500 Milliarden Dollar aus. Die Preise werden in den nächsten Jahren dramatisch steigen – und das wird bei allen wichtigen Ressourcen der Fall sein, die wir für unsere Gesellschaft brauchen. Noch schlimmer: Vielleicht sind diese Ressourcen bald zu keinem Preis mehr erhältlich. Wir können uns unsere Untätigkeit nicht mehr leisten, sondern müssen uns auf diesen Unglückstag vorbereiten. Unsere kollektive Einstellung des Business-as-usual angesichts immer weiterer Beweise, dass die Ressourcenknappheit eine sehr reale Bedrohung ist, könnte unseren Untergang bedeuten.

Diese Verletzbarkeit der amerikanischen Gesellschaft hat wohl am treffendsten kein Akademiker, sondern der Romancier Jonathan Franzen beschrieben. Der Autor von *Freiheit*, für viele der beste amerikanische Roman seiner Zeit, wurde mit Tolstoi verglichen. »Eine Person, die zum Traum von der grenzenlosen Freiheit neigt, neigt auch zu Menschenfeindlichkeit und Jähzorn, wenn sich dieser Traum nicht erfüllt.« Wir wollen hoffen, dass Franzens Worte eine Warnung bleiben und nicht zu einer Prophezeiung werden, die sich bewahrheitet.

Es sieht so aus, dass Chinas Kultur für die vor uns liegenden schwierigen Aufgaben besser gerüstet ist. Martin Jacques, der Autor von When China Rules the World, machte diese Beobachtung: »Eines der grundlegendsten Merkmale der chinesischen Politik betrifft die vordringliche Betonung der Einheit des Landes. … Deren Ursprünge liegen nicht in der kurzen Phase, seit aus China ein Nationalstaat geworden ist, sondern in der Erfahrung und der Idee der chinesischen Zivilisation.«

Jacques steht mit seiner Meinung nicht allein. Dem Astrophysiker J. Richard Gott von der Universität Princeton verdanken wir folgende weise Beobachtung: Je länger ein Thema, eine Institution, eine Zivilisation oder eine andere Einheit bereits existiert, desto länger ist auch ihre ab heute berechnete Lebenserwartung, wenn man alle anderen Faktoren außer Acht lässt. Gotts Argument klingt heute besonders ironisch, weil es bereits aus dem Jahr 1993 stammt. Wahrscheinlich war es eine Warnung, dass wir den Zusammenbruch des Kommunismus in Osteuropa als Mahnung und nicht als gute Nachricht verstehen sollten. Mit ihrer Tradition von mehreren Tausend Jahren (wobei die Kommunistische Partei die Rolle eines modernen Kaisers spielte) ist Chinas Kultur für die zukünftigen Herausforderungen besser gerüstet als die amerikanische Demokratie (mit ihren politischen Kämpfen), deren Ursprünge nur auf das 18. Jahrhundert zurückgehen.

## Das Konfliktpotenzial

Die rasche Förderung der Gewinnung alternativer Energien lässt keinen Zweifel daran, dass das Land für eine Welt plant, in der fossile Brennstoffe und andere wichtige Mineralien nur beschränkt zur Verfügung stehen. Das sind aktive Schritte, die den Chinesen helfen werden, die Kontinuität ihrer Gesellschaft zu gewährleisten. Wenn ihre Aktionen den Klimawandel bekämpfen, desto besser, aber alles, was wir auf diesen Seiten diskutiert haben, läuft auf das Überleben in einer Welt mit knappen Ressourcen hinaus – und das ist bei Weitem das wichtigste Ziel der Chinesen.

Derweil ist Chinas Außenpolitik von einer Maxime bestimmt, die Deng Xiaoping schon vor Jahrzehnten geprägt hat: »Verberge deine Ziele und verstecke deine Krallen.« Und genau das macht die Volksrepublik heute mit ihrer Energiepolitik. China verbirgt bei Verhandlungen über den Klimawandel nicht nur seine Ambitionen, wichtige Ressourcen aufzukaufen, ehe sie extrem rar werden, sondern es hält den Westen auch davon ab, dasselbe zu tun.

Weil sich China auf seine ökonomische Entwicklung konzentriert, wird es allgemein nicht als militärische Bedrohung gesehen. Aber wenn es beim Aufbau seiner Infrastruktur mit alternativen Energien Amerika übertrifft, wird das Land wesentlich mächtiger, während wir in dieser Hinsicht ins Hintertreffen geraten. Diese Verschiebung der Macht wird gleichzeitig mit unserem zunehmenden Bedarf stattfinden, unseren Nachschub an unverzichtbaren Ressourcen zu sichern.

Während die Politiker in den USA immer noch nicht öffentlich über die Welt der Zukunft sprechen, studieren die US-Armee und die Streitkräfte unserer Verbündeten bestimmte Aspekte dieses Themas. In einer im Februar 2010 erschienenen Studie des Oberkommandos der amerikanischen Streitkräfte, die sich mit zukünftigen Trends und ihren Folgen für die nationale Sicherheit beschäftigte, konnte man zum Thema Energie zum Beispiel Folgendes lesen:

> *»Um die Energie zu erzeugen, die wir bis in die 2030er-Jahre benötigen, müssen wir bis zu diesem Zeitpunkt jährlich zusätzlich 1,4 Millionen Barrel Öl pro Tag (MBP) finden.*
>
> *In den kommenden 25 Jahren werden Kohle, Öl und Erdgas unverzichtbar bleiben, um unseren Energiebedarf zu decken. Die Entdeckungen neuer Öl- und Gasfelder in den letzten beiden Jahrzehnten (mit der möglichen Ausnahme Brasiliens) gibt uns wenig Grund zum Optimismus, dass man in Zukunft bedeutende Vorkommen finden wird.*

*Derzeit beginnen die Investitionen in die Ölförderung zuzunehmen, und die Produktion könnte für längere Zeit auf einem hohen Niveau bleiben. 2030 wird die Welt 118 MBD benötigen, aber die Energieproduzenten werden vielleicht nur 100 MBD zur Verfügung stellen können, wenn es keine großen Veränderungen bei den Investitionen und der Förderkapazität gibt.*

*2012 könnte der Überschuss bei der Ölproduktion vollständig verschwinden, und schon 2015 könnte der tägliche Bedarf um fast 10 MBD unterschritten werden.*

*Wir brauchen signifikante Investitionen in die Energieproduktion und die Infrastruktur der Energielieferung, wenn wir unseren Energiebedarf zu Kosten decken wollen, die mit dem ökonomischen Wachstum und unserem Wohlstand kompatibel sind. Effiziente Hybrid- und Elektrofahrzeuge werden 2035 die Verkaufszahlen kleinerer Autos wahrscheinlich dominieren, und vielleicht wird ein großer Teil des Treibstoffbedarfs durch den Anstieg der Produktion von Bio-Kraftstoffen gedeckt. Ein wieder steigendes Interesse an Kernkraft und erneuerbaren Energien wie Solar-, Wind- oder geothermischer Energie könnten einen Ausgleich für fossile Brennstoffe bieten, falls aus geschäftlichen Interessen tatsächliche Investitionen werden. Aber die Kapitalkosten auf einigen Gebieten der Energiegewinnung und der Verteilung steigen ebenfalls. Das ist ein Ausdruck der weltweiten Nachfrage nach alternativen Energien und behindert deren Chancen, in einen effektiven Wettbewerb mit den noch relativ billigen fossilen Brennstoffen zu treten. Fossile Brennstoffe werden sehr wahrscheinlich auch in Zukunft die vorherrschende Energiequelle bleiben.*«

Hätte diese Studie die Wahrscheinlichkeit der Seltenheit anderer wichtiger Ressourcen berücksichtigt, dann wären die Schlussfolgerungen zweifellos noch viel ernster ausgefallen. Und selbst so, wie sie veröffentlicht wurde, ist die Einschätzung des Oberkommandos fast mit Sicherheit zu optimistisch.

Im September 2010 erhielt das Nachrichtenmagazin *Der Spiegel* ein Dokument des deutschen Verteidigungsministeriums zugespielt, das sich ebenfalls mit diesem Thema beschäftigte und zu noch erschreckenderen Schlussfolgerungen gelangte. Letztlich ging es darum, dass der Höhepunkt der Ölförderung (Peak Oil) erreicht ist. Laut der Studie wirkt sich Peak Oil auf alle Bereiche unseres Lebens aus. Neben Versorgungsengpässen in Industrie und Landwirtschaft beschäftigt sich die Studie auch mit einem möglichen kompletten Versagen der Märkte und sich verändernden politischen Bündnissen, politischer Instabilität und der Bedrohung des Überlebens der Demokratie. Neben anderen Dingen weist der Report auch darauf hin, dass es irgendwann in den nächsten 15 bis 30 Jahren zu Kriegen um Ressourcen kommen wird.

Leider können wir diesen Schlussfolgerungen nicht widersprechen. Und wir nehmen an, dass die chinesische Regierung ebenfalls dieser Meinung ist.

## Kosten und Vorteile der Kampfbereitschaft

Wir schätzen, dass die globalen Gesamtkosten des Problems der erneuerbaren Energien weit höher liegen werden als die 120 Billionen Dollar, mit denen wir auskommen würden, wenn Ressourcen reichlicher vorhanden wären. Daher werden die Kosten ein Vielfaches der jährlichen Wirtschaftsleistung der gesamten Welt betragen – und zudem geht es um technologische Entdeckungen und Entwicklungen, die wir uns noch gar nicht vorstellen können. Das ist in der Tat ein riesiger Aufwand, und vielleicht wird er unmöglich zu bewältigen sein. Aber je länger wir zögern, uns dieser Herausforderung zu stellen, desto höher werden die Kosten – und desto höher wird auch die Wahrscheinlichkeit, dass wir an dieser Aufgabe scheitern werden.

Natürlich werden viele Amerikaner davor zurückschrecken, angesichts der aktuellen Schulden- und Defizitprobleme unseres Landes ein derart massives Projekt in Angriff zu nehmen. Die Konservativen sind allesamt der Meinung, es müsse die wichtigste Priorität der Regierung sein, die Verschuldung zu reduzieren und die Steuern zumindest nicht zu erhöhen, sondern am besten zu senken – vor allem für die Reichen, die man dafür belohnen sollte, die Steigerung des Bruttoinlandsprodukts zu unterstützen. Natürlich könnte man beide Ziele gleichzeitig nur durch eine massive Kürzung der Regierungsausgaben erreichen.

Linke Intellektuelle und Ökonomen haben ihr eigenes überzeugendes Rezept für das heutige schwierige Wirtschaftsklima. Nach ihrer Überzeugung ist die hohe Arbeitslosigkeit von heute ein schwerer Nachteil für das Wirtschaftswachstum und zudem ein soziales Übel. Für sie wären Steuererhöhungen für die Reichen ein akzeptabler Weg zu einem ausgeglichenen Haushalt; hinzu kämen eine Reduzierung der Regierungsdefizite und steuerliche Erleichterungen für die Armen und für die soziologische Mittelschicht. Sie glauben, eine solche Politik würde auch dazu beitragen, die enorme Lücke zwischen den Armen und den Reichen zu verringern, die die Linken für ein weiteres Hindernis für Wachstum, Stabilität und Demokratie halten. Die Interpretation der Linken betrachtet die Ausgaben der Regierung als nützliches Werkzeug, um exzessive Härten zu vermeiden, bis das Land wieder auf eigenen Füßen steht. Aber man muss es noch einmal sagen: Angesichts der hohen Defizite ist es der Konsens der Linken, dass jede Ausgabe nur vorübergehend sein sollte und dass man das Verschuldungsproblem bald anpacken muss.

Wir ziehen es vor, uns bei politischen Diskussionen nicht auf eine bestimmte Seite zu schlagen, aber wir denken, dass beide Seiten einen entscheidenden Punkt übersehen haben. Das beginnt mit der Tatsache, dass – und wir stehen nicht allein mit dieser Meinung – das 2009 erlassene Programm für wirtschaftliche Anreize das enttäuschendste Gesetz war, das uns jemals begegnet ist.

Erstens: Eine Gesetzgebung, die das Land dermaßen entlang politischer Linien teilt, ist eine schlechte Methode, eine Krise zu bewältigen, die fast jeden betrifft. Was wir wirklich bräuchten, wäre ein Plan, der Menschen mit verschiedenen politischen Ansichten zusammenführt.

Zweitens: Wir glauben, dass nur ein Faktor zur Einigung der Nation zu führen vermag, nämlich ein fortgesetztes Wirtschaftswachstum. Außerdem kann reales und dauerhaftes Wachstum nicht von Verbrauchern kommen, die mehr Autos, größere Häuser, Flachbildschirm-Fernseher, Designerkleidung oder andere Verlockungen unserer Konsumgesellschaft kaufen. Reales Wachstum muss aus der Entstehung neuer Industrien und neuer Effizienz erwachsen. Ein solches Fundament des Wachstums würde jedem nützen – den Armen wie den Reichen. Es würde Jobs schaffen, Investoren Nutzen bringen und es dem Land ermöglichen, sich eine hohe Lebensqualität zu bewahren.

Man sollte allerdings streng zwischen Ausgaben und Investitionen unterscheiden. Auf kurze Sicht können Ausgaben (etwa von der Art des American Recovery and Reinvestment Act von 2009 und verschiedener Rettungsmaßnahmen in den letzten Jahren) dabei helfen, kurzfristige ökonomische Probleme zu lindern, aber ein großer Teil dieser Ausgaben war für die Welt von heute einfach unangemessen.

Statt Milliarden von Dollar auszugeben, um zum Beispiel Autohersteller zu retten, hätte man das Geld auch dafür aufwenden können, eine ganze Armee von Arbeitskräften auszubilden, um Millionen von Solarmodulen herzustellen. Statt Milliarden für den Fernstraßenbau auszugeben, hätte man mit diesem Geld auch die Eisenbahnen elektrifizieren können. Statt Milliarden von Dollar in Lieblingsprojekte irgendwelcher Politiker auf dem Capitol Hill zu investieren, hätte man an allen dafür geeigneten Standorten im Land ein vernünftiges Netz von Windkraftanlagen und Fortschritte bei anderen vielversprechenden alternativen Energien wie zum Beispiel bei Gezeitenkraftwerken finanzieren können.

Viele Unternehmen sind gewachsen, weil sie Geld in produktive Projekte investiert haben. Das kann auch unsere Regierung in Zusammenarbeit mit den amerikanischen Firmen schaffen. *Die Vereinigten Staaten haben schon einmal ein solches Projekt geschultert, und zwar kurz vor dem Ende des Zweiten Weltkriegs. Sicher, die Staatsverschuldung nähert sich allmählich 100 Prozent des Bruttoinlandsprodukts; das ist ein alarmierendes und vielleicht auf Dauer nicht tragbares Niveau. Dies ist aber nicht das erste Mal, dass wir es erreicht haben.*

Die Relation zwischen Staatsverschuldung und Bruttoinlandsprodukt erreichte ihren Höchstwert von 130 Prozent im Jahr 1946, also kurz nach dem Zweiten Weltkrieg. Damals wie heute hatte die Regierung den Gegenwert von mehreren Billionen Dollar ausgegeben. Allerdings wurde das in den 1940er-Jahren ausgegebene Geld dazu verwendet, ein solides Fundament für Wachstum zu schaffen. Nach dem Krieg besaßen die USA das höchste Industriepotenzial aller hoch entwickelten Länder. Unsere Exporte stiegen an, weil wir im Überfluss Produkte liefern konnten, die die Welt brauchte. Und die neuen Industrien schufen eine große Zahl gut bezahlter Jobs für die Mitteschicht. Der Lebensstandard der reichen wie der armen Amerikaner stieg. Das Wirtschaftswachstum zog deutlich an und blieb stark bis in die 1960er-Jahre – und darüber hinaus.

Eines ist klar: Wir brauchen wieder ein solches Fundament, und sein Aufbau wäre es wert, sich zusätzlich zu verschulden. Es ist einer der großen Vorteile starken Wirtschaftswachstums, dass man dann seine Schulden leichter managen kann. Das trifft auf Einzelpersonen ebenso zu wie auf Nationen. Wenn Sie hoch verschuldet sind, bleiben Ihnen nur wenige Optionen. Sie können Ihre verschiedenen Kredite konsolidieren, um einen besseren Zinssatz zu erreichen, oder Sie können Ihre Ausgaben zurückfahren, was psychologisch schwierig ist.

**Staatsverschuldung der USA in Prozent des Bruttoinlandsprodukts**
*Quelle: Bloomberg*

Die absolut beste Möglichkeit des Schuldenmanagements ist allerdings die Erhöhung der eigenen Einnahmen. Man könnte tatsächlich sagen, dass sich die Schuldenlast nicht primär auf das Einkommen, sondern auf das Wachstum des Einkommens bezieht. Daher stellt es ein gutes Investment dar, sich Geld für eine Ausbildung zu borgen, mit der man einen besseren Job bekommen kann.

Zudem versteht auch jeder, dass Unternehmen davon profitieren, wenn sie sich für Expansionszwecke verschulden. »Gute Schulden« sind ein Investment, das zu höheren Einnahmen führt.

Heute haben wir in den USA das Problem, dass niemand innerhalb oder außerhalb der Regierung, von der rechten oder von der linken Seite des politischen Spektrums, zwischen guten und schlechten Schulden der Regierung unterscheidet – also zwischen Ausgaben und Investitionen. Sie alle gehen davon aus, dass jegliche Art von Verschuldung schlecht ist – was nicht der Wahrheit entspricht. Das Anreizpaket von 2009 war nicht deshalb schlecht, weil es die Verschuldung erhöhte, sondern weil es nicht zu Investitionen in neue Wachstumsbranchen führte.

Beachten Sie bitte, dass wir nicht für Sozialismus werben, indem wir für Investitionen durch die Regierung eintreten. Der Kapitalismus profitiert oft direkt von Regierungsinvestitionen. So war es zum Beispiel beim Industrialisierungsprogramm im Zweiten Weltkrieg oder bei der Schaffung des landesweiten Fernstraßensystems. Beide Programme erhöhten die Produktivität, die Unternehmensgewinne und den Durchschnitt der Einkommen. Entscheidend bleibt, dass die Regierung produktiv und nicht nur ein Werkzeug für Spezialinteressen ist. Wenn wir klug investieren, haben wir eine Chance, den Schaden zumindest zu begrenzen, den der Mangel an wichtigen Ressourcen in unserer Volkswirtschaft anrichten wird.

Bedenken Sie in diesem Zusammenhang auch das Anreizprogramm der chinesischen Regierung kurz nach der Rezession 2008. Relativ zum Bruttoinlandsprodukt lag Chinas Ausgabenprogramm um ein Vielfaches höher als das der USA. Aber niemand kritisierte China für aus dem Ruder laufende Regierungsausgaben, weil es bei diesem Programm ausschließlich um Investitionen in neue Industrien und neue Arbeitsplätze ging. Ziel des Programms war die Steigerung des Bruttoinlandsprodukts und somit die Verbesserung des finanziellen Zustands des Landes.

Zur Behebung der Probleme durch die Ressourcenknappheit wird es nicht ausreichen, wenn unser Land so viel Energie aufbringt wie früher für das Apollo-Raumfahrtprogramm. Die ersten Salven eines Krieges gegen Amerika wurden schon abgefeuert, und wir müssen die gesamte Nation in den Kriegszustand versetzen, wenn wir eine Niederlage abwenden wollen. Die Kosten dieses Kriegs werden letztlich weit höher ausfallen als die jedes anderen Kriegs, den wir je geführt haben; sie werden die Kosten des Kalten Kriegs oder des Zweiten Weltkriegs bei Weitem übersteigen. Wenn wir uns diesem Krieg nicht aus vollem Herzen widmen, ehe es zu spät ist, wird dies irreparable Schäden für die heute lebenden und die noch gar nicht geborenen Amerikaner verursachen. Das Problem dabei: China weiß das und hat sich bereits einen gewaltigen Vorsprung erarbeitet.

Der Unterschied zwischen den Atomenergieprogrammen beider Länder ist nur eines von vielen Beispielen. In den USA wurden die Regierungskredite für den Bau der ersten beiden neuen Kernkraftwerke 2010 mit großem Tamtam gefeiert. In China dagegen werden derzeit *mehr als 30 Kernkraftwerke gebaut*, und für die nächsten drei Jahre sind noch viele weitere geplant.

Der katastrophale Unfall im Atomkraftwerk Fukushima macht unsere Ressourcensituation nur noch schwieriger. Wie es nach dem Unfall in Three Mile Island der Fall war (der, wie wir erwähnen müssen, keine Todesopfer forderte), wird wohl auch das tragische Ereignis in Japan die Entwicklung der Kernenergie in den USA und in anderen westlichen Ländern um Jahre, wenn nicht um Jahrzehnte zurückwerfen. Andererseits wird China aus dem Unglück in Fukushima lernen, aber dennoch weiterhin hoch konzentriert am Bau von Kernreaktoren arbeiten.

Denken Sie daran: Im Gegensatz zu Fukushima beinhalten die heute gebauten Reaktoren Nukleartechnologie der dritten Generation. Sie verfügt über viel höhere Drucktoleranzen und eine bessere Kühlung. Das reduziert das Risiko einer Wiederholung der Katastrophe in Japan. Lokale Opposition gegen die Entwicklung der Kernkraft in den USA wird solche Argumente aber wahrscheinlich ignorieren, wenn sie den Bau eines Reaktors verhindern will. Im Gegensatz dazu muss sich Chinas Regierung nicht mit organisierter Opposition beschäftigen, und der Bedarf nach verlässlicher Versorgung mit unverzichtbarer Energie wiegt schwerer als Sicherheitsprobleme.

Die USA beziehen weniger als 7 Prozent ihres gesamten Energiebedarfs aus alternativen Quellen, und der größte Teil davon kommt aus Kernkraftwerken. Wind- und Solarenergie spielen fast keine Rolle. Zudem haben wir auch für die nächsten Jahre und darüber hinaus keine ehrgeizigen Ziele für die Entwicklung alternativer Energien. Die U.S. Energy Information Agency schätzt derzeit, dass die erneuerbaren Energien (einschließlich der Kernkraft) bis 2035 nur 10,7 Prozent unseres gesamten Energieverbrauchs ausmachen werden. Das ist viel weniger als Chinas erklärtes Ziel für die nächsten zehn Jahre.

Ein wichtiges Beispiel für Chinas nachahmenswerte Entschlossenheit ist das sogenannte Programm 863 (das so heißt, weil es erstmals im März 1986 vorgestellt wurde). Es ähnelt dem Programm ARPA-E – Advanced Research Projects Agency-Energy – des amerikanischen Energieministeriums. Das Programm 863 leitet Gelder der Regierung an ein breites Spektrum wissenschaftlicher und technologischer Projekte weiter, die als strategisch entscheidend für Chinas wirtschaftliche und nationale Sicherheitsinteressen gelten. Seit 2001 liegt der Schwerpunkt des Programms auf alternativer Energie.

Gelder aus dem Programm 863 haben Chinas Windkraftenergie innerhalb von zehn Jahren praktisch vom Nullpunkt aus zum Weltmarktführer gemacht. Gleiches kann man über die Solarenergie und über die Gewinnung von Gas aus Kohle sagen – um nur zwei weitere Technologien zu nennen. Während die Regierung Obama ARPA-E mit einem mageren Budget von 400 Millionen Dollar im Jahr 2009 ausstattete, haben die Chinesen fast 80 Milliarden Dollar oder 1,6 Prozent ihres Bruttoinlandsprodukts in die Entwicklung von Hochtechnologie investiert. Der Löwenanteil davon floss in die Erforschung alternativer Energien.

Eine solche Maßnahme seitens der USA wäre nicht nur ein guter erster Schritt auf dem Weg zu sicherer Energieversorgung, sondern er würde auch zahlreiche Arbeitsplätze schaffen. Gut bezahlte Jobs, die unsere Volkswirtschaft stützen würden. Es ist aber noch mehr erforderlich als das: Amerikas Interessen können nicht länger hinter persönlichen, unternehmerischen oder politischen Interessen zurückstehen.

Der frühere Intel-Chef Andrew Grove fasste am 1. Juli 2000 in einem Editorial in der *BusinessWeek* ein Problem kurz und bündig zusammen, das unser Land schon lange plagt: »Jedes Unternehmen bemüht sich auf seine Weise, effizient zu expandieren und seine Profitabilität zu erhöhen. Aber das Betreiben unserer individuellen Geschäfte, bei denen es auch oft vorkommt, dass die Herstellung und ein großer Teil der Ingenieursleistungen ins Ausland verlagert wird, hat unsere Fähigkeit vermindert, Innovationen im Inland zu skalieren. Ohne Skalierung verlieren wir nicht nur Jobs – wir verlieren auch die Führungsposition bei neuen Technologien. Der Verlust unserer Fähigkeit zur Skalierung wird letztlich unserem Innovationsvermögen schaden.«

Wenn die amerikanische Volkswirtschaft eine gute Zukunft haben soll, müssen wir ohne Verzögerung in neue Technologien investieren, die bei der Ressourcenknappheit eine Rolle spielen – unserem dringendsten Problem. Und wir können es nicht zulassen, dass die aus diesen Investitionen resultierenden Jobs in fremde Länder verlagert werden, wo Grundstücks- und Arbeitskosten niedriger sind. Wie wir es am Beispiel Chinas in den letzten 30 Jahren wiederholt gesehen haben, wären die Folgen letztlich ein Geschenk an China und würden uns nur wenig Nutzen bringen. Aber trotz dieser Dringlichkeit haben unsere politischen Führer für die Bedeutung dieser Idee offenbar nur leere Worte übrig.

Es gibt keine einzelne Patentlösung für unsere Notlage. Wir müssen aus allen uns zur Verfügung stehenden Quellen schöpfen, um dieses Problem lösen zu können. Und wenn wir auf diesem Weg eine wichtige neue Technologie entdecken, müssen wir sie für uns behalten – zumindest so lange, bis wir sicher sein können, dass wir sie nicht an die Chinesen oder an andere verlieren, bevor sie in den USA vollständig entwickelt ist.

Wir haben in einem früheren Kapitel die Nobelpreisehrung für die beiden Physiker erwähnt, die 2004 Graphen entdeckt haben. Sie werden sich erinnern, dass Graphen einige einzigartige Eigenschaften aufweist, die neue Wege aufzeigen könnten, was die Speicherung und Produktion von Energie betrifft. Es könnte bessere integrierte Schaltkreise ermöglichen, bessere Windturbinen und Solarzellen, die dabei helfen könnten, unsere Abhängigkeit von Ölimporten aus dem Nahen Osten zu reduzieren.

Natürlich wird es Milliarden Dollar kosten, auf Graphen basierende Anwendungen zu entwickeln. Aber neben Hochtemperatur-Supraleitern könnte Graphen auch wichtige Lösungen für das Problem der Energieknappheit bieten. Diese Entwicklung sollte höchste Priorität besitzen, aber die meisten Leute wissen überhaupt nicht, dass es dieses Material gibt. Es ist von der Aufmerksamkeit der Öffentlichkeit so weit entfernt, dass die meisten modernen Textverarbeitungsprogramme auf PCs diesen Begriff nicht einmal als Wort erkennen – obwohl sie viele andere Dinge identifizieren können, die für unsere Zukunft weit weniger wichtig oder entscheidend sind. Ganz offensichtlich sind in unserer Gesellschaft die Prioritäten aus dem Ruder gelaufen.

## Ein glücklicheres Ende?

Wenn der Konsum auf der ganzen Welt nicht dramatisch sinkt, spricht die Ressourcenknappheit für eine sehr gefährliche und turbulente Zukunft der ganzen Menschheit. Und auch auf diesem Gebiet scheint uns China voraus zu sein. Wir haben zum Beispiel etliche Editorials in der *Shanghai Daily* und anderen chinesischen Tageszeitungen gelesen, in denen die einfachen Tugenden des Lebens gepriesen und Konsum um des Konsums willen kritisiert wurden. Das scheint zunächst widersprüchlich in einer Kultur zu sein, die den Konsum zu fördern versucht. Es ist aber kein Widerspruch, wenn man daran glaubt, dass es natürliche Grenzen dafür gibt, wie stark der Konsum steigen kann.

Und dann steht noch eine Frage im Raum, die wirklich den Kern des Kapitalismus berührt: Ist der Konsum um des Konsums willen ein sinnvolles Ziel, auch wenn die Ressourcen knapp sind? Die meisten von uns Amerikanern sind mit Wirtschaftswissenschaftlern aufgewachsen, die predigten, dass der Kauf weltlicher Dinge gleichbedeutend mit Wohlergehen sei. Der größte Teil der Wirtschaftswissenschaften basiert auf dieser Annahme. Aber in letzter Zeit – erst seit etwa zehn Jahren –, vielleicht als Folge der wachsenden Wahrnehmungen knapper Ressourcen oder Umweltthemen, haben manche Ökonomen begonnen, die Gleichung zwischen Glück und materiellem Wohlergehen in Zweifel zu ziehen.

Einen Versuch, sowohl die Vorteile als auch die Kosten der ökonomischen Aktivitäten eines Landes zu quantifizieren, stellt der Genuine Progress Indicator (GPI) dar, welcher Faktoren der Lebensqualität in die Gleichung einbezieht. Der GPI wurde von den Sozialwissenschaftlern Clifford Cobb, Ted Halstead und Jonathan Rowe entwickelt. Er nimmt Anpassungen bezüglich der Einkommensunterschiede zwischen Reichen und Armen vor, fügt den Wert von Aktivitäten hinzu, die nicht ins Bruttoinlandsprodukt (BIP) einfließen – etwa Hausarbeit, die Kindererziehung und ehrenamtliche Tätigkeiten – und substrahiert Dinge wie die Kosten verlorener Freizeit, Verbrechen oder die Verschlechterung der Umweltsituation.

Im Vergleich zum nominellen BIP ist der GPI in den USA seit Mitte der 1970er-Jahre markant gesunken. Mit anderen Worten: Unser tatsächlicher Wohlstand ist gesunken, obwohl unser finanzieller Wohlstand gestiegen ist und uns ein falsches Gefühl über unser Wohlergehen vermittelt hat.

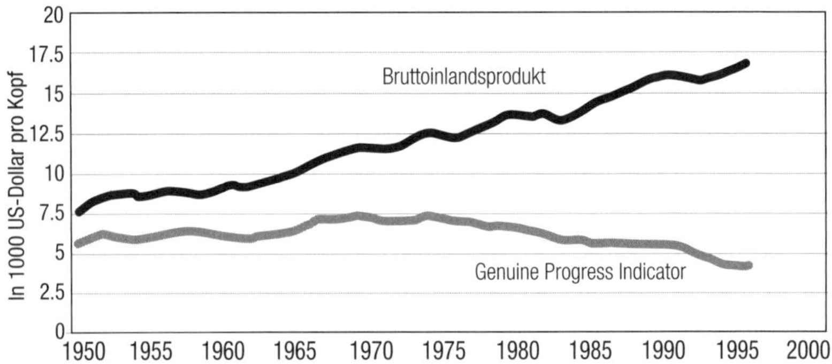


**Der Genuine Progress Indicator (GPI)**
*Quelle: Nature*

Von einem ähnlichen Hintergrund aus hat sich Peter Victor, Ökonom an der York University in Toronto und Autor von *Managing Without Growth: Slower by Design, Not Disaster,* für eine stabile Wirtschaft ausgesprochen, in der wir Ressourcen auf dauerhafte und schonende Art nutzen, indem wir unser Wachstum um des Wachstums willen einschränken und uns Ziele setzen, die dem Wohlergehen der Gesellschaft tatsächlich nützen. Victor erkennt an, wie schwierig eine solche dramatische Veränderung unserer Einstellung ist, argumentiert aber, dass der Kapitalismus eine solche Umstellung überleben kann und dass selbst in einer schrumpfenden Volkswirtschaft manche Sektoren, zum Beispiel die Entwicklung erneuerbarer Energien, gedeihen können. Auch andere Ökonomen, vor allem in Europa, haben für eine solche Zurückführung des Wachstums argumentiert. Dabei geht es um einen Schrumpfungsprozess der hoch entwickelten Volkswirtschaften der Welt, um sie ins Gleichgewicht mit den Grenzen der Umwelt zu bringen und gleichzeitig die Lebensqualität zu erhöhen. Diese Gruppe befindet sich heute zwar deutlich in der Minderheit, aber es handelt sich um eine Bewegung, die in Zukunft wahrscheinlich an Glaubwürdigkeit gewinnen wird – entweder freiwillig oder gezwungenermaßen, wenn die Ressourcenknappheit und steigende Preise den Verbrauchern in die Brieftasche greifen, was zu Veränderungen ihres Lebensstils führen wird.

2010 veröffentlichte die Sozialökonomin Carol Graham in ihrem Buch *Happiness Around the World: The Paradox of Happy Peasants and Miserable Millionaires* eine wunderbare Zusammenfassung der Trennung zwischen Glück und materiellem Wohlstand. In der Zeitschrift *Science* erschien eine begeisterte Rezension dieses Buchs. Einfach ausgedrückt: Wie es der Untertitel schon sagt, fasst das Buch eine große Anzahl von Untersuchungen zusammen, die beweisen, dass Glück nur wenig mit Geld zu tun hat. Eine von Graham zitierte Studie zeigt zum Beispiel, dass Nigerianer glücklicher sind als die Bewohner vieler hoch entwickelter Länder.

Das Buch gibt Anlass zur Hoffnung. Zur Hoffnung, dass die Notlage der Welt nicht zu Kriegen um Ressourcen führen muss, sondern vielleicht zu einer glücklicheren, besser vernetzten Welt. Im letzten Kapitel notiert Graham das Folgende:

> *»Das Verständnis, was uns glücklich macht und warum, kann uns dabei helfen, einige fundamentale Fragen der Ökonomie zu verstehen. Wie hängen Zufriedenheit und Einkommen miteinander zusammen? Oder Zufriedenheit und Gesundheit? … Was die Menschen glücklich macht, scheint in allen Ländern und in jedem Zusammenhang tatsächlich bemerkenswert ähnlich zu sein, vom durch Kriege geplagten Afghanistan bis zu neu-*

*en Demokratien wie Chile und etablierten Demokratien wie dem Vereinigten Königreich. Höhere Einkommensniveaus – und das Wachstum der Einkommen – gehen in der Regel mit steigenden Erwartungen und den entsprechenden Frustrationen einher. Auf dem Makro-Niveau gibt es das Paradoxon des unglücklichen Wachstums, auf dem Mikro-Niveau gibt es unsere frustrierten Aufsteiger. Das gilt für überraschend viele Länder auf verschiedenen ökonomischen Entwicklungsniveaus. Gleichzeitig fanden wir heraus, dass Menschen auf der ganzen Welt eine bemerkenswerte Fähigkeit aufwiesen, ihre Erwartungen zurückzufahren, wenn das nötig war. … Natürlich macht tiefe Verarmung die Menschen unglücklich, während viele Dinge auf einem höheren Niveau der Entwicklung wie bessere Grundversorgung und weniger Krankheiten die Menschen glücklicher machen.«*

Die Schlussfolgerungen zu Grahams Buch und den anderen bereits erwähnten geben Hoffnung, vor allem, wenn man bedenkt, dass geringerer Ressourcenkonsum zu weniger Krankheiten und zu einem gesünderen Lebensstil führen könnte. Das hoffnungsvollste Signal ist ja, dass größere Zufriedenheit keine ständig steigenden Zuwächse des Einkommens oder der materiellen Güter erfordert. Eines ist klar: Wenn dies das Ziel des Kapitalismus ist, dann weicht es von den grundlegenden psychologischen Einstellungen eines großen Teils der Weltbevölkerung ab – und das gilt auch für die USA.

Die Welt zu einer Ordnung zu führen, in welcher der Konsum um des Konsums willen nicht mehr das Ziel ist, kann kein Land für sich allein schaffen. Zweifellos muss eine solche Bewegung von den führenden Nationen aus den Entwicklungsländern und aus der entwickelten Welt angeführt werden – von Amerika und China.

Um es sehr zurückhaltend zu formulieren: Die Chancen dafür stehen nicht gut. China ist eine isolierte Gesellschaft, die dem Ausland nicht vertraut. Sein wichtigstes Ziel ist ein besseres Leben für seine Bevölkerung. Es gibt zwar Anzeichen, dass die Regierung bemerkt, dass die chinesische Bevölkerung niemals das Niveau des materiellen Konsums erreichen wird, das in den USA existiert, aber dennoch ist gar nicht daran zu denken, dass sie sich mit den Amerikanern an einen Tisch setzen und in absehbarer Zeit ein Abkommen zur Ressourcenteilung beschließen wird, um den Konflikt zu vermeiden, der durch immer stärker begrenzte Ressourcen verursacht wird.

Für die USA wird es ebenso schwierig werden, sich mit der Notwendigkeit abzufinden, sich mit China zu einigen und sich mit einem niedrigeren Lebensstandard abzufinden. Zunächst einmal ist China keine Demokratie, und daher sind sämtliche Verhandlungen zunächst einmal zweifelhaft. Wenn Sie uns eine Spekulation zubilligen: China könnte versprechen, am Ende der Verhandlungen den Übergang zu einer Demokratie zu vollziehen. Aber das sind nur Träume. Alles andere als das, was wir hier über die offensichtliche Notwendigkeit sagen könnten, sich so schnell wie möglich mit den Chinesen zu einigen und sich auf einen niedrigeren Lebensstandard vorzubereiten, wäre nichts anderes als reine Spekulation.

Wenn wir scheitern, wird uns das wahrscheinlich viel mehr schaden als den Chinesen. Das bedeutet, dass die Chinesen weit wahrscheinlicher mit dem zurechtkommen werden, was sie haben, als die Amerikaner. Denken Sie daran, dass China seit 1952 zwei grausame Wirtschaftskrisen überstanden hat. 1960 bis 1962, nach dem »Großen Sprung nach vorn«, sank die chinesische Wirtschaftsleistung um mehr als 30 Prozent – das kam der Großen Depression in den USA ziemlich nahe. Nach einigen Jahren des starken Wachstums erfolgte eine enorme Rezession während der »Kulturrevolution«. Doch trotz dieser beiden Einbrüche stieg Chinas annualisiertes Wirtschaftswachstum seit 1952 um 7,5 Prozent. Kein oder ein nur geringes Wirtschaftswachstum würde für die Chinesen durchaus ein Problem darstellen, aber für sie wäre der Umgang damit einfacher als für die Amerikaner.

Wir haben nicht nur eine größere Fallhöhe, sondern auch viel weniger Möglichkeiten, den Absturz abzufedern oder einen neuen Lebensstandard zu definieren. Es besteht die Hoffnung, dass unser eigener Rückgang sehr langsam verlaufen wird. Das könnte hilfreich sein. Wie Graham argumentiert, können sich Länder an sinkende Einkommen und Erwartungen anpassen, und in gewisser Hinsicht sind die vergangenen etwa zehn Jahre ein gutes Argument für diese Sichtweise. Wie wir schon in der Einleitung erwähnt haben, ist der Mittelwert der Haushaltseinkommen in den USA während dieses Zeitraums um etwa 10 Prozent gesunken. Vielleicht verschieben sich diese Erwartungen bereits. Die jüngsten Umfragen sprechen nicht für übertriebene Erwartungen, was das materielle Wohlergehen betrifft. Stattdessen sprechen sie dafür, dass wir uns auf einen weiteren Rückgang unseres Lebensstandards vorbereiten. In gewisser Hinsicht haben wir zu akzeptieren begonnen, dass die guten Zeiten vorbei sind. Amerika wird also dazu in der Lage sein müssen, mit einem langsamen Rückgang zu leben, aber wir bezweifeln, dass die Amerikaner einen plötzlichen und massiven Einkommensverlust einfach so akzeptieren würden.

Aber ebenso wie Grahams Zusammenfassung ihrer Forschungen über Zufriedenheit für Hoffnung sorgt, hinterlässt auch die Geschichte früherer Zivilisationen wenig Zweifel über die Hindernisse, mit denen wir es zu tun haben. Das 2010 erschienene Buch von David Wengrow *What Makes Civilization? The Ancient Near East and the Future of the West* argumentiert deutlich, dass die Vermischung der Zivilisationen nicht der natürlichen Entwicklung der menschlichen Gesellschaft entspricht. Er erwähnt, die Geschichte des Nahen Ostens zeige »die tiefe Beziehung menschlicher Gesellschaften zu ihren Lebenskonzepten und zu den Ungleichheiten, die zu ertragen sie bereit sind, um diese wichtigen Prinzipien zu bewahren«. Andrew Robinson schrieb in seiner Rezension des Buchs in *Nature*: »Diese Erkenntnisse sprechen gegen die Kriege im Irak und in Afghanistan.« Und sie implizieren ebenfalls, dass eine bedeutende Annäherung zwischen den USA und China – ganz zu schweigen von all den anderen Ländern auf diesem Planeten – keine einfache Aufgabe sein wird. Doch wir haben keine Wahl. Wir müssen es einfach versuchen.

# Über die Autoren

**Dr. Stephen Leeb** ist ein produktiver Autor, der in seinen Publikationen seine Makro-Perspektiven über globale ökonomische Trends darlegt sowie Ratschläge für Investoren gibt. In seinen Büchern hat er die Jahrhunderthausse prognostiziert, die in den 1980er-Jahren begann (*Getting in on the Ground Floor,* Putnam, 1986), den Crash der Technologietitel und den Anstieg realer Assets wie Gold und Öl (*Defying the Market: Profiting in the Turbulent Post-Technology Market Boom,* McGraw-Hill, 1999), und den Anstieg der Ölpreise (*The Oil Factor: Protect Yourself and Profit from the Coming Energy Crisis,* Warner Books, 2004; deutsch: *Der Ölfaktor: Wie das schwarze Gold Einfluss auf die Wirtschaft und Ihr Konto nimmt,* FinanzBuch, 2007). *Game Over: How You Can Prosper in a Shattered Economy* (Business Plus, 2009) prognostizierte ein historisches Hoch der weltweiten Rohstoffproduktion.

Dr. Leeb ist Gründer, Chairman und Chief Investment Officer der Leeb Group, die zahlreiche Börsenbriefe zu Finanzthemen veröffentlicht und damit über 200.000 Leser erreicht. Zu diesen Publikationen, die schon zahlreiche Preise für hervorragende journalistische Arbeit gewonnen haben, zählen The Complete Investor, Leeb's Income Performance Letter und Leeb's Real World Investing.

Als Chairman und Chief Investment Officer von Leeb Capital Management, einer registrierten Anlageberatungsfirma, managt Dr. Leeb zudem Aktienportfolios im Bereich der hochkapitalisierten Wachstumstitel. In den letzten zehn Jahren zählte sein Depot nach den Daten von Informas PSN zu den besten auf diesem Gebiet.

Als Mitglied der Verwaltungsgremien mehrerer Firmen vertritt Dr. Leeb dort seine strategischen Perspektiven zu Finanzmärkten und Rohstoffen. Seit 2008 ist Dr. Leeb Direktor von Plain Sight Systems, einer Technologieholding mit Sitz an der Yale University. Die Holding besitzt ein Weltklasse-Patentportfolio auf Gebieten wie Informationsorganisation und -forschung, computergestützter Analyse, Elektro-Optik und Spektroskopie. Diese Technologien sind entscheidend bei der Übersetzung riesiger Datenmengen in Informationen mit Anwendungsmöglichkeiten in vielen bedeutenden Branchen von Medizin über Internetsicherheit und Verteidigung bis zur Finanzanalyse. Er ist Verwaltungsratsmitglied von Deep Markets Corporation, einer Tochter von Plain Sight Systems, die Risikomanagementlösungen der nächsten Generation entwickelt.

Seit 2006 leitet Dr. Leeb das Beratungskomitee von Leor Exploration & Production LLC, einer Öl- und Gasexplorationsfirma mit Sitz in Houston. Seit 2007 ist er Mitglied des Beratungskomitees von Electrum USA Ltd., einer der weltweit größten privaten Goldexplorationsfirmen. Er ist weiterhin Mitglied des Beratungskomitees von Los Gatos, vielleicht die größte private Silberexplorationsfirma der Welt. Zudem nimmt er einen Platz ein im Verwaltungsrat von Water Intelligence plc, eines börsennotierten Londoner Unternehmens, das eine hochmoderne Technologie für das Management der Wasserversorgung entwickelt hat.

Dr. Leeb erhielt seinen Hochschulabschluss als Bachelor im Fach Wirtschaftswissenschaften an der Wharton School of Business der University of Pennsylvania. In den folgenden drei Jahren erwarb er einen Master-Abschluss in Mathematik und promovierte an der University of Illinois in Psychologie.

**Gregory Dorsey** war über 20 Jahre als Portfoliomanager, Aktienanalyst und Aktienmarktkommentator tätig. Er kam 2004 zur Leeb Group, wo er derzeit als Portfoliomanager und Mitglied des Investmentkomitees tätig ist. Seine Spezialgebiete sind Rohstoffe, Aktien mit geringer Marktkapitalisierung und festverzinsliche Wertpapiere. Neben seiner Arbeit bei Leeb Capital ist Mr. Dorsey derzeit auch Redakteur für mehrere Publikationen der Leeb Group.

Bevor er zum Managementteam von Leeb Capital kam, leitete Mr. Dorsey eine Investmentfirma, die ihren Kunden auf sie persönlich zugeschnittene und steuereffiziente Dienstleistungen rund um das Portfoliomanagement anbot.

Mr. Dorsey war mehr als zehn Jahre lang Newsletter-Redakteur bei einer der führenden Investment-Publikationsfirmen des Landes. Dort nahm er Aktienanalysen vor und versorgte seine Leser mit ausführlichen Informationen über unterbewertete Aktien kleiner Unternehmen und allgemeinen Ratschlägen zu Investments. Während dieser Tätigkeit lernte er, komplexe und oft geheimnisvoll scheinende Themen in präziser und leicht verständlicher Sprache zu präsentieren, was an der Wall Street heute eine Seltenheit ist.

Mr. Dorsey wird regelmäßig von der Presse zitiert; er hat seine Beurteilungen des Aktienmarkts und der Wirtschaft landesweit in vielen TV- und Radioprogrammen und bei Investmentkonferenzen vorgetragen.

Mr. Dorsey besitzt einen Universitätsabschluss in Wirtschaftswissenschaften und internationalen Beziehungen von der University of Delaware.

# Stichwortverzeichnis

# Kopf Geld Jagd

**Florian Homm**

Sein Ruf ist legendär. Sein Leben ein Abenteuer. Seine Häscher gnadenlos. Florian Homm. Ein Zweimeterhüne. Ein Plattmacher. Ein skrupelloser Hedgefonds-Manager. Einer, der mit gerade einmal 26 Jahren für südamerikanische Regierungen und Vermögende Millionen bewegte. Wie im Rausch pflügte Florian Homm mit brutaler Effizienz durch sein Leben, das im kleinen Oberursel begann und ihn über Harvard ins Herz der Finanzmärkte führte. Gleichermaßen brillant und charismatisch beginnt er seinen kometenhaften Aufstieg im härtesten Business der Welt. Im Laufe seiner Karriere verdiente er am Bankrott der Bremer Vulkan-Werft, sanierte den Fußballklub Borussia Dortmund und wurde in Venezuela niedergeschossen. Doch auch dann, dem Tod nur knapp entronnen, gibt es für Florian Homm nur eine Richtung: die Flucht nach vorne. Bis ihn sein rücksichtsloses Leben plötzlich einholt.

368 Seiten | Hardcover mit Schutzumschlag | 19,99 € | ISBN 978-3-89879-788-7